HET BEKLEMDE LAND

Van dezelfde auteur verschenen:

Een koningin met mannenbenen. Fanny Blankers-Koen, atlete van de eeuw
Heimwee naar Hairos. 100 jaar paardenkracht op Duindigt
De marathon. Kinderen van Pheidippides
Als je wint heb je vrienden. Zestien volleybalvrouwen en één man vier jaar tot elkaar veroordeeld
Een killer in kimono. Anton Geesink, van volksjongen tot VIP. Herziene editie: *De man die alles anders deed*
De woekerpolisaffaire
Eerlijk over later. In de wurggreep van Aegon
Boerenbloed
Sprintkoninginnen. Van Fanny tot Dafne
Dit is uw land. Het einde van een boerenparadijs (i.s.m. Hans van Grinsven)
Nieuw boeren. Je leent het land van je kinderen

Kees Kooman

Het beklemde land

Hoe een boerenparadijs kan worden terugveroverd

De Kring

Omslagbeeld: illustratie van de *Nieuwsblad van het Noorden*-kalender 1911
Omslag en binnenwerk: Studio Mulder van Meurs
Foto's binnenwerk: Fjodor Buis
Foto titelblad: De koeien van Ben van Tilburg
ISBN 978-94-6297-216-2
NUR 410 natuur populair algemeen
www.uitgeverijdekring.nl/het-beklemde-land

'De stad bepaalt en beslist hoe het er op het land aan toe moet gaan. Terwijl de stad van het land geen verstand heeft. Het land kan wel zonder de stad, de stad nooit zonder het land.'
Herman Verbeek, politicus (PPR), lid Europees Parlement

'Door de mens toe te laten heeft de natuur meer dan een rekenfout gemaakt: zij heeft een aanslag op zichzelf gepleegd.'
Emil Cioran, Roemeens-Franse filosoof

'De geschiedenis is de totale som van de dingen die vermeden hadden kunnen worden.'
Konrad Adenauer, Duits politicus

De hoofdrolspelers

AEDSGES Marten (1742-1806). Groningse landbouwpionier uit Zuurdijk, geboren Fries en chroniqueur van een beroemd document, het *Schrijf-boek*. Zijn zonen Douwe en Aedsge Martens zetten zijn werk voort onder de familienaam TEENSTRA.

BAKKER Wridzer (vader) en Jan Willem (zoon). BD-boeren Munnekezijl.

BROERSMA Geert (vader) en Nynke (dochter). Melkveehouders Damwoude en bovenal 'bodemboer'.

DIJKHUIS Willem Lammerts (1804-1893). Invloedrijk herenboer en een van de initiatiefnemers tot inpoldering van De Westpolder. Neef van Marten Aedsges.

JOCHEMS René. Bodemdeskundige uit Zundert. Transformeerde bij cursussen tot dusver naar schatting 3000 agrariërs tot 'bodemboer'.

DUISTERWINKEL Geert Jan. Eigenaar boerderij Klein Midhuizen (Vierhuizen) en 'de rekenmeester' van de drie samenwerkende 'fietsvrienden'.

LOUWES Jacobien en Klaziena. Eigenzinnige eigenaars boerderij Nieuw-Midhuizen (Vierhuizen).

LOUWES Hendrik Jan (1861-1939). O.a. lid van de Eerste Kamer, overgrootvader van Jacobien en Klaziena.

LOUWES Herman Derk (1893-1960). Invloedrijk landbouwer, 'burgemeester van de landbouw', grootvader Jacobien en Klaziena.

LOUWES Herman Derk (1921-1999). O.a. namens VVD lid van Europees parlement, vader Jacobien en Klaziena

MANSHOLT Derk Roelfs (1842-1921). Landbouwer, activist en schrijver van o.a. *De donkere zijde van de(n) handel*. Kocht in 1882 de boerderij Torum in de Westpolder. Bevriend met schrijver Multatuli.

MANSHOLT Jochem Helmers (1844-1914). Broer van Derk Roelfs, startte op boerderij Fletum (de Westpolder) een veredelingsbedrijf. Ontkwam ternauwernood aan de Watersnoodramp van 1877.

MANSHOLT Jochum Ubbo. Akkerbouwer en eigenaar van o.a Fletum.

MANSHOLT Sicco (1908-1995). Als minister van Landbouw na WO II gangmaker intensivering Nederlandse landbouw. Betuigde later grote spijt. Stond ook aan de wieg van Europese eenwording.

MULDER Theo. Eigenaar bedrijf landbouwmiddelen te Kollumerzwaag en pleitbezorger 'boeren als apothekers van de toekomst'.

REINDERS Geert (1737-1830). Boer, koopman, politicus. Ontwikkelde als eerste een vaccin tegen de veepest, bevriend met Marten Aedsges.

SMIT Meino. Tegendraadse boer die pleit voor veel meer boeren in Nederland aan de hand van een revolutionair proefschrift.

TEENSTRA Marten Aedsges Douwes (1795-1864). Kleinzoon Marten Aedsges, avonturier en schrijver.

TILBURG, Ben van. BD-melkveehouder op boerderij Nieuw Bromo (Hornhuizen). Wees zijn vrienden Duisterwinkel en De Weerd de weg naar duurzamer coöperatief.

TILBURG, Max van. Vader van Ben van Tilburg, oorspronkelijk akkerbouwer in het Utrechtse rivierengebied.

WEERD, IJsbrand de. Met zijn ouders (Jan en Janny) eigenaar van 'naamloos' akkerbedrijf te Hornhuizen. Fietsvriend van Geert Jan Duisterwinkel en Ben van Tilburg.

WESEMAEL, Dolf van. Geboren en getogen in de Westpolder, nu akkerbouwer te Alltrich, Duitsland.

ZIJLMA Jan (1824-1907). Landbouwer te Zuurdijk en geschiedschrijver. Zijn broer Geuchien (1842-1922) schreef ook een aantal boeken.

Inhoud

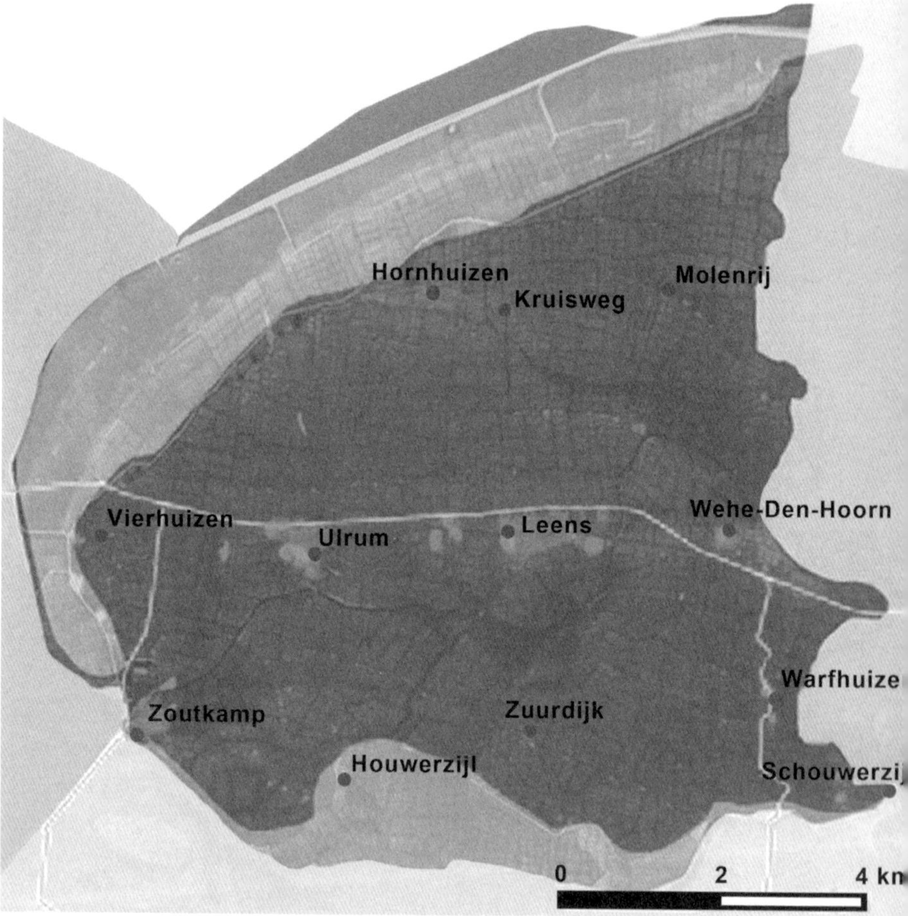

De Marne (tegenwoordig fusiegemeente Het Hogeland)
© Kenniscentrum Landschap Rijksuniversiteit Groningen (www.landschapsgeschiedenis.nl)

Inleiding

'De lastigste en meest onverdraaglijke schepselen van Gods aardbol' werden ze in de achttiende eeuw wel genoemd. Driehonderd jaar later zal niemand dat nog durven zeggen over de boeren, al zijn onze primaire voedselproducenten nog altijd geregeld mikpunt van felle kritiek. Voor zestig procent bepalen zij hoe ons land eruitziet, eenvoudigweg omdat zij het beheer hebben over het grootste deel van Nederland.

Sinds de nadruk kwam te liggen op de export, verkeert de agrarische sector in een krankzinnige spagaat van beperkte oppervlakte en zo goedkoop mogelijke productie. Stallen volgepropt met dieren, en akkers die dankzij chemie ('gewasbeschermingsmiddelen'), kunstmest en zaadveredeling recordopbrengsten leveren.

Schaalvergroting en groei leken van elastiek, totdat de schadelijke effecten van de roofbouw met de enorme mestoverschotten niet meer konden worden gebagatelliseerd. Want dat was sinds de jaren zestig van de vorige eeuw decennialang gebeurd, dankzij onvermoeibare en onverbeterlijke opportunisten, overheid en toeleveranciers van de industrie. Landbouw was grotendeels industrie geworden, veel akkers waren van noord tot zuid volgebouwd met mais, bestemd voor veevoeder.

Het is eigenlijk een verhaal om verdrietig van te worden. Experts kunnen heel goed voorrekenen dat de opbrengsten van al die hardwerkende boeren niet of nauwelijks opwegen tegen de kosten. Nederland is weliswaar na de Verenigde Staten de tweede landbouwexporteur ter wereld, maar de maatschappelijke kosten van de vervuiling die de sector met zich meebrengt (door het Planbureau van de Leefomgeving recent voorzichtig geschat op 6,5 miljard per jaar) doet de opbrengst voor een belangrijk deel teniet. Waarom doen we het dan nog steeds zo? Een goede vraag.

Toch wordt dit geen jankverhaal. U mag onderweg best af en toe een traantje wegpinken om de mensen en dingen die onverbiddelijk voorbijgaan, maar u zult uiteindelijk belanden in wat een akkerbouwer 'het land van hoop en glorie' noemt. Ik zal u meenemen naar de landbouw van vroeger en laten zien wat daar helaas van is geworden, maar de nadruk zal liggen op hoe het weer goed kan komen.

In een van mijn eerdere boeken over de agrarische sector, *Dit is uw land*, stond een grafiek over de consumentenbesteding van dagelijkse voeding. Die grafiek toonde een onwaarschijnlijke neerwaartse curve. Halverwege de vorige eeuw werd van iedere verdiende gulden 40 cent aan voedsel besteed, en nu is dat bij de meest optimistische data op elke verdiende euro nog geen dertien cent (CBS, 2020).

Om goed te kunnen begrijpen hoe ons (primaire) voedsel tot stand komt, volgde ik allereerst een bodemcursus. Ik wilde alles weten over de inhoud en kwaliteit van ons voedsel, en over het belang van een gezonde bodem. Hoeveel noodzakelijke mineralen bevat het geliefde bintje nog? Hoeveel chemie zit er in de pieper, en is dat laatste ook aantoonbaar? Wat doet de roofbouw op de bodem met kwaliteit en inhoud van ons dagelijks voedsel? De massaal geproduceerde gewassen zouden volgens deskundigen sterk aan voedingsstoffen hebben ingeboet, en wel zodanig dat supplementen noodzakelijk zijn. Die stelling is aannemelijk, maar naar mijn beste weten niet (wetenschappelijk) aangetoond. Een vals stemmetje in mij zegt dat de 'gangbare', zeg maar *mainstream*, producenten geen baat hebben bij dergelijk onderzoek.

Het staat vast dat de Nederlandse landbouw niet kan ontkomen aan een ingrijpende transitie. Ik woon in Friesland en zie regelmatig met hoeveel passie onze boeren in een Fries dorpshuis over hun vak praten. Hun passie inspireerde mij. Dit wordt een hoopvol en glorierijk relaas, dat ik halverwege de achttiende eeuw laat beginnen, de tijd waarin de meeste boeren nog niet erg hoog werden ingeschat door kringen die het voor het zeggen hadden: vaak met de gouden lepel geboren adel en koopmanslieden met hun overzeese wingebieden. Onverdraaglijke schepselen? Dat de schepselen nu in een snel veranderende wereld mikpunt zijn van kritiek, ingegeven door grote zorgen over natuur en milieu, valt moeilijk te negeren. Want willen boeren wel 'groener' werken zonder hulpmiddelen (chemie, kunstmest) die slecht zijn voor natuur en milieu en kan dat zonder de positie van topexporteur te verspelen? En is wat 'gangbaar boeren' wordt genoemd, vriendelijk synoniem voor de intensieve wijze waarop het overgrote deel van onze landbouw stoelt, echt de enige succesformule, of zijn er ook prima, milieuvriendelijker alternatieven voorhanden?

Vooruitkijken lukt niet goed zonder terugkijken. Hoe zag een 'boerenparadijs' er ooit uit, en mocht of kon je eigenlijk wel spreken van een paradijs? Ik ga op zoek naar landbouw om zonder voorbehoud trots op te zijn. Als door het lot bepaald, stuitte ik op het spoor van Marten Aedsges Teenstra, een op het Groningse land verdwaalde Fries, die boer én chroniqueur was. 'Zorg goed voor de bodem, dan zorgt de bodem goed voor jou.' Deze tegeltjeswijsheid wordt tegenwoordig graag door groene collega's aangehaald, maar ze werd door Aedsges al 250 jaar geleden in de praktijk gebracht. Hij, een herenboer in Zuurdijk, was schatrijk geworden door dwars tegen de toen gangbare landbouwmethoden in zijn eigen spoor te trekken. Hoe deed hij dat en waarom is hij het lichtend voorbeeld voor de stelling dat het 'agrarische heden' ontegenzeggelijk wordt ingehaald door het verleden? Kan hij de moderne boer misschien ook verleiden tot het volgen van hun eigen spoor?

Na het vlekje Zuurdijk belandde ik als vanzelf in de Westpolder, even verderop. Dit gebied, in de negentiende eeuw bevochten op de zee, blijkt een kleine kweekvijver van jonge agrariërs die – voor zover het kan – afscheid willen nemen van het gebruik van chemische middelen. Bovendien is het een schatkamer vol historisch erfgoed en voorvaderen, als bewijs dat de Nederlandse landbouw er ook anders uit zou kunnen zien. Zoals 'burgemeester van de landbouw' Herman Derk Louwes (1893-1960), die 'de massamens' en 'de asfaltcultuur' verafschuwde en een lans brak voor 'de onbedorven boerenstand'. Zijn twee kleindochters houden de traditie nabij de Waddenzee in ere.

Zou die tegendraadse kijk van de boeren anno 2021 op de noodzakelijke transitie van de agrarische sector verband houden met de bedwongen zee? Bij storm kun je ze soms nog horen, de gedachten van bewoners aan de zeedijk.

In ongeveer gelijke bewoordingen als die van Louwes heeft Sicco Mansholt zich geuit, denkend aan de mooiste jaren van zijn leven: in de Westpolder. Deze oud-minister van Landbouw, Visserij en Voedselvoorziening (1945-1958) werd tegen wil en dank de scenarioschrijver van het landbouwsysteem dat nu op de schop moet.

Een telg uit het geslacht Mansholt heeft met de glans van

de jeugd, en de daadkracht die daarbij kan horen, in 2020 vooraan gestaan bij een van de boerenprotesten. 'De grote stad,' zo zegt Jochum Ubbo Mansholt, 'roept van de daken dat het anders moet op het platteland, terwijl de mensen daar geen flauw benul hebben hoe hun voedsel wordt geproduceerd.' Boze toeristen op veelal elektrische fietsen die uit protest hun neuzen dichtknijpen als hij met 'de spuit' over het land rijdt, 'en dan 's avonds een vorkje meeprikken van het door jou zo goedkoop mogelijk geproduceerde voedsel'. Maar ook hij wil aan de slag met een perceel louter biologisch geteelde pootaardappelen. Hartstikke moeilijk, zo zal blijken. En zal die boze toerist er straks dan ook voor willen betalen?

In *Het beklemde land* – u zult snel begrijpen waarom voor deze titel is gekozen – spelen drie jonge boeren, fietsvrienden, de hoofdrol. Felle verbale strijd, volgens de beste boerentradities uitgevochten aan keukentafels, moet vooraf zijn gegaan aan de beslissing om samen een groen bouwplan voor de akkers te ontwikkelen. Ze ruilen grond, op het ene perceel worden (biologisch) uien geteeld, op het andere (poot)aardappelen, en de melkveehouder is verzekerd van onbewerkt voedsel voor de koeien. En één keer per jaar maken ze de gezamenlijke balans op.

Hun project moet beschouwd worden als een experiment. Een klein begin, want er moet ook brood op de plank komen. En als 'de handel' – waarover voorouders van Jochum Ubbo Mansholt voorspellende uitspraken hebben gedaan – en de consument zo ver achterblijven in beloning ten opzichte van andere landen, ja dan...

De vader van een van de drie vrienden, Max van Tilburg, was in 1989 teruggekeerd uit Colombia en had daar zuivel van Friesland Campina in de schappen zien staan. Eerst

was hij trots, maar al snel vol schaamte, toen bleek dat de plaatselijke boeren niet konden concurreren met de veel te goedkope producten uit het verre Nederland, dat optimaal profiteerde van Europese subsidies. Zijn zoon Ben melkt nu op biodynamische wijze koeien, waarvan er één een Nederlands record heeft gevestigd en na twintig jaar trouwe dienst vredig mocht inslapen in de Westpolder. Hij was het die zijn twee fietsvrienden op sleeptouw heeft genomen.

De mannen en vrouwen die zorgen voor onze dagelijkse voeding zijn stuk voor stuk 'bodemboeren', of zouden tenminste bodemboeren moeten zijn, met één ding bezig: de grond optimaal laten werken. De recordopbrengsten tot dusver leiden onherroepelijk tot uitputting van dat kostbare land, of hebben dat al gedaan. 'Het is allemaal hebzucht,' aldus de meester op mijn bodemcursus, 'winnen en winsten op de korte termijn.' We hebben geen enkel idee wat de aangetaste bodem op de lange termijn nog kan, en wat de steeds extremere weersomstandigheden doen met de oogsten. 'De natuur doet niets zonder doel,' zo citeert docent René Jochems met graagte de Griekse filosoof Aristoteles. Je moet wel stokdoof zijn om niet te horen dat die natuur schreeuwt om andere landbouw.

Buitenpost, oktober 2021

Links: *De drie fietsvrienden (v.l.n.r.) IJsbrand de Weerd, Geert Jan Duisterwinkel en Ben van Tilburg*

1. Een vonken spattend genie

I

In 1776 verruilde Marten Aedsges Teenstra (1742-1806) Friesland voor Groningen, alwaar hij zou laten zien hoe je akkers kunt verleiden tot weldadige oogsten, daarmee de weg voorbereidend naar de latere champagnejaren. Hoe bijzonder was dat: *zunige* boeren die champagne dronken!

Afbeeldingen bestaan er niet van hem. Hij was allang overleden toen kleinzoon Kornelis Douwes Teenstra in 1834 een schilderij van zichzelf met familie maakte (collectie Rijksmuseum); de vrouwen hebben een krans van kant rond het hoofd, de mannen hebben allen een weelderige kuif, blauwe ogen, vastberaden blik en een mond die weet wanneer te zwijgen. De pontificale neus is duidelijk een genetisch erfstuk. Er zijn geen handen zichtbaar, de handen die het land veranderden. Er kan geen twijfel over bestaan dat het een familie in bonis is, een vereeuwiging in olieverf waard.

We weten veel van Teenstra's leven en werk door de gedetailleerde aantekeningen die hij tussen 1798 en 1806 heeft gemaakt in een in perkament gebonden schrift, getiteld *Het Schrijf-boek van Marten Aedges.*

In 1878 richt chroniqueur/schrijver/boer Jan Zijlma in de *Almanak voor de Landbouw* (derde jaargang) een monument op voor Marten Aedsges Teenstra, 'klein in gestalte', en 'gering naar den stand en de betrekking welke hij in de maatschappij bekleedde' en 'de weinige stoffelijke middelen, welke hem aanvankelijk ten dienste stonden'. Deze kleine, moedige man verdient 'het alleszins' om groot genoemd te worden. 'Een vonken spattend genie', innovatieve richtingaanwijzer als 'bouwboer' zonder zich zelf ooit in zijn leven te beroemen op de spattende vonken.

Zou Teenstra zich ook hebben aangesloten bij de karavaan tractoren die in 2019 naar een van de protestbijeenkomsten in het land ging, als hij nu zou hebben geleefd? Ten einde raad omdat voedsel in Nederland zo goedkoop is geworden, en de overheidsregels zo streng?

Op een van de vele kille lentedagen van 2021 ga ik op zoek naar de laatste rustplaats van Aedsges (spreek uit: Edsges), die later – verplicht door de Franse wetgeving in zijn tijd – Aedsges Teenstra werd genoemd. Zijn eeuwige rust vindt hij nu in het Groningse kerkdorpje Zuurdijk, een stip op de kaart, waar je zo ver je kunt zien door dijken en dijkjes wordt herinnerd aan de overwinningen op de zee. Want daar was deze boer, land*bouwer* in verschillende opzichten, ook een meester in. Hij en vooral de twee zonen uit zijn eerste huwelijk: vruchtbaar land creëren uit de zee.

Pal onder de kansel van de plaatselijke gereformeerde kerk ligt Hindrik Hindriks de Oude begraven. Veel dichter bij God kon je niet komen. Hindrik, de rijkste en meest gezaghebbende boer in de wijde omgeving, verliet het aardse leven op 29 juni 1782. Van zijn tegenstrever Aedsges Teenstra resteert slechts een streep gras. Uiterlijk vertoon van een steen, laat staan een monument, hoorde niet bij deze polderpionier.

In Zuurdijk begint mijn zoektocht naar een landbouwtransitie. Vooruit in de tijd, door eerst terug te gaan naar een eigenwijze Fries op het Groningse land. Iemand die door zijn afkomst gewend was anders te denken, die grenzen én dijken even gemakkelijk wist te verleggen. Vanuit het kerkdorpje zie je aan de horizon de restanten van wat ooit de zee moest keren. De boer als landschapsarchitect, zonder dat hij daar destijds bij stilstond, met de knoet van het geloof dat voorschreef dat je de natuur zoveel mogelijk haar gang moest laten gaan. God schiep het onkruid en de veepest niet voor niets.

Boeren mogen dan bekendstaan als 'landheren', ze waren in de achttiende eeuw vooral onderwerp van spot, zeker door de autoriteiten in het ver gelegen Den Haag die de dienst uitmaakten. De plattelandsbevolking werd als onbeschaafd gezien, de adel uitgezonderd. Onbeschaafd, achterlijk en dom, en de meesten waren 'met hun ronde taal' doorgaans niet eens te verstaan ook. In de buitengewesten kon je beter niets te zoeken hebben (hoewel de autoriteiten daar later anders over zouden gaan denken).

'De lastigste en meest onverdraaglijke schepselen van Gods aardbodem' is een van de kwalificaties van critici, vaak met dubbele achternamen. Schoolmeesters uit de achtergebleven regio hielden even moedig als onverstoorbaar vol dat 'de ideale boer' bestond, of in ieder geval zou kunnen worden gevormd door passend onderwijs. 'Niets onbewust of ondoordacht doen' werd daarbij een belangrijke boereneigenschap geacht.

Op 15 november 1775 begeeft Marten Aedsges zich vanuit het Friese Kollum in een door twee paarden getrokken sjees op weg naar Groningen. In herberg De Soppige Peer kan hij eigenaar worden van 'een deftige behuizinge en schuire' in Zuurdijk, aan drie zijden omgeven door het water van de Lauwerszee, het Reitdiep en de Wadden. Maar nog verleidelijker aan de advertentie van de *Groninger Courant* die hij onder ogen had gekregen, is het aanpalend land, ongeveer zeventig hectare groot, 'met het regt der vaste beklemming'. Dat was een alleen in Groningen bestaande variant van 'onveranderlijke en onopzegbare' jaarlijkse huur van, in dit geval, 475 gulden. Een boerderij met beklemrecht was door de vaste huur goedkoper dan een boerderij in volle eigendom.

Deze man weet al van jongs af aan dat niet alles te krijgen is dat je hart begeert. Als mennoniet, de 'doopsgezinde' afscheiding van de Reformatorische Kerk, is hij een vreemdeling op de meeste plekken; hij wordt met enig geluk 'gedoogd', net als zijn geloofsgenoten. Hij had graag voorganger of leraar willen zijn, maar nog voordat hij aan de theologische studie kon beginnen, overleed zijn vader onverwacht. De huurboerderij in Oudwoude, zes kinderen (onder wie de 15-jarige Marten Aedsges) en een hoogzwangere weduwe bleven achter. Drie jaar eerder was hun eigen boerderij in vlammen opgegaan.

Als 'landheer' doet hij negentien jaar later in elk geval nooit iets onbewust of ondoordacht. Hij treuzelt even en slaakt dan een diepe zucht voordat hij over de drempel van de herberg stapt en met de eenvoudige driekante hoed in de hand tegen een wolk van sigarenrook oploopt. In de verhalen die later een eigen leven gingen leiden, dankzij trotse familieleden en historici, wordt hij omschreven als 'dat onbekend Friesch boertje' en 'een eenvoudige manneke', maar wel met ijsblauwe ogen waarmee hij nooit knippert. Hij moet zelfverzekerd zijn geweest.

Voor de deur van de Groningse herberg denkt hij vast terug aan de kommervolle jaren op de Friese akkers. Eerst waren oogsten verloren gegaan op boerderij De Ganzepol bij Anjum, door overstromingen met zout water. Hij had het er zes jaar volgehouden. Op huurboerderij De Raken, onder Kollum, ging het vanaf 1772 veel beter. Buurtgenoten verbaasden zich over de metamorfose van het 'verslodderde' land, dat in drie jaar tijd onherkenbaar veranderde door het graven van sloten en greppels (om het water af te voeren), het 'braken' (scheuren) van verwaarloosde akkers en het wieden van onkruid. Nu is dat vanzelfsprekend, maar in de achttiende eeuw gold het als innovatief.

De aanwezigen in De Soppige Peer nemen de man die binnenkomt met een mengeling van nieuwsgierigheid en leedvermaak op. Wie denkt het klompenboertje wel te zijn, een doopsgezinde Fries tussen louter gereformeerde, godvrezende en dus rechtschapen Groningers? Het laat zich gemakkelijk raden wie de belangrijkste man is in het gezelschap. Hindrik Hindriks de Oude, van Duitse afkomst, is als voormalig rentmeester van de adellijke familie Alberda uitgegroeid tot invloedrijkste én rijkste bewoner van het dorpje. Hij kan de voor huis en perceel gevraagde contante aanbetaling van 3000 gulden, meer dan dertig keer de jaarwedde van een gemiddelde landarbeider, gemakkelijk opbrengen. Begrijpt deze buitenstaander niet dat hij nooit kan winnen?

Ze kijken raar op als de vreemdeling even later naar buiten gaat en terugkeert met 3000 gulden, verborgen in zijn geduldig wachtende sjees. Niemand kan weten dat hij het kapitaal heeft geleend van een mennonitische dominee. En geen van de paffende concurrenten bevroedt dat hij de overige 18.550 gulden kan garanderen dankzij een rijke neef in Leeuwarden. Voordat Hindriks de Oude het doorheeft, heeft de kleine Fries de koop beklonken.

En zo verhuist Marten Aedsges Teenstra naar Zuurdijk. Aanvankelijk lijkt het noodlot zijn vijanden goedgezind. De inhoud van door paarden getrokken verhuiswagens is nauwelijks uitgeladen of de veepest breekt uit. Dat de dieren niet willen eten, kan eerst nog worden toegeschreven aan onwennigheid van de nieuwe omgeving, maar als ze beginnen te kwijlen en je de zweren in hun bek kunt zien zwellen, is wel duidelijk dat de ziekte heeft toegeslagen. Alle koeien sterven, op een eenjarige vaars na. Hetzelfde jaar 1776 begeeft de belangrijkste dijk het bij een intense najaarsstorm. Op 21 november klaagt Marten Aedsges zijn nood bij de inspectie van de landerijen, waar niets anders te zien is dan water. Water zo ver je kan kijken, zout water.

Zijn oudste zoon, de achtjarige Douwe, loopt naast hem als hij met een door de wind verstikte stem roept dat hij ooit schipper had willen worden. Het eerste het beste schip was goed genoeg geweest om aan te monsteren, weg van alle conventies, vooral die ene die voorschreef dat je het geloof moest aannemen van de vrouw die je wilde trouwen. Zijn aanstaande schoonouders, 'stijf orthodox', stonden erop. Zijn eigen lieve moedertje had met grote overtuigingskracht op hem ingepraat. Waarom had hij destijds naar haar geluisterd? En moest je nu die watermassa eens zien! Zijn vaders wanhoop van die dag was Douwe een leven lang bijgebleven, de wanhoop dat ze de strijd tegen het water zouden gaan verliezen.

Het succes was Marten Aedsges niet komen aanwaaien. Hij had weliswaar naar zijn lieve moeder geluisterd en was niet gevlucht, maar was daarna wel zijn geloof en zichzelf trouw gebleven. Het eigengereide in zijn karakter zag je snel terug op de akkers die – nadat het meeste water eenmaal was teruggevloeid naar zee of door de grond opgenomen – aan een bijzonder regime werden onderworpen.

Je zag hem zelden op gewone schoenen, altijd op klompen, en wie kwaad wilde spreken (daar waren er veel van in de omgeving) zei dat het vanwege zuinigheid was. Je kon wel zien dat het een Fries was, wanneer zou hij ophoepelen? Een klompenboer, een onverstaanbaar taaltje pratend, en wat deed hij vreemd op het land! Het zag er in de zomer geel van bloeiend koolzaad, en als omwonende collega's hem vanachter een bosschage of struik bespionneerden, zagen ze tot hun bevreemding dat hij het koolzaad in rijen zaaide met behulp van eenvoudig, zelfontworpen materieel, zoals 'de enkelvoudig rollende trommel'.

Hoe kon hij toen al weten dat je de vruchtbaarheid van de grond kon bevorderen door 'groenbemesters' zoals gras/klaver in te zaaien, later aangemerkt als revolutionair 'en ene omwenteling in den landbouw'? Of dat je door gewassen in rijen te telen de kans op ziektes en plagen (bij de gewassen) verminderde? De 'rijenteelt' zou anno 2021 weer worden omarmd als moderniteit. Een vonken spattend genie, inderdaad. De vonken spatten ook bij geschiedschrijver Jan Zijlma van het papier, van pure bewondering. 'Scherp oordeel', 'juiste waarnemingen' en vooral 'ijzeren wilskracht' zijn door hem gebruikte superlatieven. Aedsges investeerde toen al in betere afwatering; dat vonden zijn buren ook al zo raar. Maar hijzelf had er destijds weinig woorden voor nodig om te verklaren waarom hij de dingen deed: 'Houd het land kragtig! Sluit vriendschap, voor zover mogelijk, met de natuur.'

Op latere leeftijd kon hij zich beroepen op de intelligentie van een van zijn schoonzonen, Jacob Uilkens, een predikant die zich zou ontwikkelen tot hoogleraar landbouwkunde, in 1795 gepromoveerd op 'De dampkring en de invloed daarvan op het plantenrijk'. Maar misschien is de invloed andersom nog wel groter geweest. De geleerde dominee trouwde twee van Aedsges' dochters, die geen lang leven beschoren waren, maar van wie de bruidsschatten en erfrechten hem er niet bepaald armer op maakten. Eén ding staat vast: Marten Aedsges was een pionier die veel verder keek dan de grens van Friesland en Groningen.

Hoelang de provincies, hier slechts gescheiden door het riviertje de Lauwers, ook tegen elkaar schuurden, veel groter kunnen tegenstellingen in karakters niet zijn. Het revolutionaire gedachtegoed van 'verlichte' Friezen en overtuigde Patriotten als deze nieuwkomer moest wel botsen met het conservatisme van de oorspronkelijke bewoners, bijna altijd trouw aan de zwartekousenkerk. Achteraf valt gemakkelijk vast te stellen dat de bewoners van De Marne (tegenwoordig fusiegemeente Het Hogeland) moeilijk konden verkroppen dat het klompenboertje daar in herberg De Soppige Peer de slag met Hindriks de Oude had gewonnen.

Het stemrecht – voorbehouden aan een kleine elite – werd hem lang onthouden en hij zou in zijn verdere leven 'vele plagerijen en weerstand' ondervinden. Maar de vruchtbare en stugge Groningse klei bleef hij altijd trouw. Met groot succes uiteindelijk, maar daarvoor was naast vakmanschap erg veel geduld nodig. Houvast vond hij in de boeken uit zijn goedgevulde bibliotheek, tamelijk uitzonderlijk halverwege de achttiende eeuw op het boerenland. Zijn vrijzinnige kijk op het leven bleek uit het bezit van onder andere het driedelig *Godsdienstig Handboek*, waarin aards genot zoals alcohol niet bij voorbaat als uitvinding van de duivel werd gezien, ook al werd opgeroepen tot matiging. Ook stonden er boeken over de Amerikaanse vrijheidsoorlog in de kast.

God werd gevreesd, maar in de hoop dat Hij weleens een oogje dichtkneep, werd als het even kon het zo tijdelijke bestaan op het Groningse land opgeluisterd met feesten en partijen. In Zuurdijk moest je voor sterke drank aankloppen bij de koster, tevens schoolmeester, die graag de deur opende en tegelijkertijd een oogje dichtkneep. Op het boerenland was het lang traditie geweest dat bij een bruiloft bruid en bruidegom in bed door de gasten werden toegezongen. De liederen waren toepasselijk scabreus. Dankzij kroongetuigen als Jan Zijlma weten we dat zijn held een voorbeeld was van matiging, werkzaamheid, orde en netheid, daarbij nooit langer in gezelschap van alcohol verbleef dan hij 'vooraf met zich had afgesproken'. Hij was niet bepaald het type dat zich laat toezingen in de huwelijksnacht.

Zo onverstoorbaar als de schoolmeesters beschaving predikten in de noordelijke provincies, zo eigenzinnig ging Marten Aedsges om met zijn land, dat vruchtbaarder leek dan alle andere landerijen in wijde omgeving. Hoe kon het anders dat hij steeds hogere prijzen beurde voor zijn boter, gemakkelijk twintig procent meer dan zijn buren? Je kunt ruim twee eeuwen later over de schouders van deze uitzonderlijke landheer meekijken en zien hoe hij niet alleen nauwkeurig in- en verkoop van gewassen en dieren turfde, maar tegelijkertijd uitgroeide tot boekhouder van groot en klein menselijk leed. Een os verkocht, een *kintje* (inhoudsmaat) boter of een vroegtijdig overleden kind – Marten noteerde het allemaal even plichtsgetrouw als zakelijk.

Of neem het overlijden *'aan de canker gelaboreerd'* van een buurtbewoner. Er wordt heel wat gestorven in die tijd, maar meestal niet voordat het leven uitbundig is gevierd, voor zover en zolang dat kan. Neem veehandelaar Pyter Reuwers uit Hornhuizen, die 'heengaat' op *den 16 juny 1805*, na vijftien kinderen bij vier vrouwen te hebben verwekt. Volgens een andere bron waren het nog eens twee keer zoveel kinderen.

In een bewerking van *Het Schrijf-boek* (door IJnte Botke, gepubliceerd onder de titel *Zoo nuttig in zijne kring als landbouwer*) noemt een kleinzoon zijn beroemde opa 'zedig', maar beslist geen 'brave Hendrik'. Deugden als werkzaamheid, oppassendheid en redelijkheid gingen gepaard met de eerlijke eenvoud van een ware doopsgezinde.

Als Marten Aedsges hoort van 'de aanranding en beroving van eene vrouw op een eenzaam gedeelte van de Zuurdijkster Dijk' kan hij niets anders bedenken dan zichzelf te 'hullen in vrouwengewaad' en bij wijze van grote uitzondering gewapend met een geladen pistool eropuit te gaan om de onbekende boef uit te lokken en te betrappen. Tevergeefs. De anekdote is honderd jaar later vereeuwigd door Jan Zijlma, diep onder de indruk van zijn onderschatte voorganger.

Paalworm, de rupsen- en muizenplaag, de veepest, de Kerstvloed van 1717 (die heel Groningen en half Friesland onder water zette), extreem strenge winters zoals die van 1783/1784, halve en hele dijken weggevaagd door stormen – de rampen deden in ernst nauwelijks voor elkaar onder en als boer stond je vooraan om klappen te krijgen. De vreze des Heren was leidend bij de gereformeerde boeren, die zaaien een nederig werk achtten 'dat in ootmoedigheid geschiede' en waarbij 'men' te allen tijde deemoedig boog voor het verborgen werk van God alleen.

En dan waren er ook nog eens de accijnsverhogingen en het langdurig machtsmisbruik door de adellijke jonkers, die als grootgrondbezitters bepaalden hoe arm of rijk de meeste burgers en boeren waren. Maar ook deze goed gecoiffeerde buitenlui konden niet op tegen de god die natuurrampen uitstrooide over hun bezittingen.

De financiële gevolgen zullen voor jonkheer Alberda een belangrijke reden zijn geweest voor de verkoop die Aedsges de buitenkans bood zich te vestigen in een dorp dat hem bij voorbaat haat, maar op den duur minstens zal tolereren vanwege zijn succes op landbouwgebied. De doopsgezinde geloofsleer maakt hem niet immuun voor tegenslag, maar zijn stijfkoppigheid maakt hem weerbaar. Hij koestert zijn akkers alsof het zijn kinderen zijn.

Zijn *Schrijf-boek* bestaat voornamelijk uit koude cijfers en feiten, maar de nauwgezetheid waarmee hij die met grote regelmaat noteert, duidt niet alleen op precisie maar ook op passie. Geen boer die het hem nadoet in de achttiende eeuw. De liefde voor het land en het bewerken ervan kende geen grenzen, zo blijkt wel uit de notities van Jan Zijlma in 1878 over 'het vonken spattend genie'. De buren zouden zich een ongeluk zijn geschrokken, meldt deze getuige, toen de nieuwkomer grote stukken grasland (bij de meesten bestemd voor het vee) begon 'te scheuren' door middel van ploegen en in te zaaien met diverse gewassen. 'Nu zullen de Friese klompen wel spoedig op huppelen, zeiden velen met hun tegenzin in zijne Friese gebruiken, tongval en nieuwigheden.'

Die buren, doorgaans veeboer en 'kommerlijk voortsukkelend' (aldus Zijlma), vonden het gekkenwerk wat Aedsges deed: de voorkeur geven aan akkerbouw boven weidegras voor de dieren. Het gras scheuren en inzaaien met 'groenbemesters' (gewassen zoals gras/klaver in dienst van de bodemkwaliteit) die tegenwoordig weer enorm populair zijn? Zonde van het geld om het zaad te kopen, hoe kon iemand zo gek zijn! En dan de manier, waarop de rare buurman koolzaad ging telen, in rijen (onder andere om onkruid gemakkelijker te verwijderen) met een zelfontworpen apparaat – daar konden toch alleen maar ongelukken van komen? Zijlma: 'Hij waagde zich aan nieuwe proefnemingen, waarbij een scherp oordeel, juiste waarnemingen en ijzeren wilskracht een garantie bleken voor succes.'

De akkers waren niets zonder voldoende rust en niet te vergeten hoeveelheden mest, al lukte dat soms niet door de herhaaldelijke uitbraken van veepest. Maar dan beschikte Aedsges nog altijd over 'geheime wapen', de groenbemesters. Wie anders, beter wil 'boeren' moet bereid zijn te experimenteren en tradities vaarwel te zeggen. Dat gold toen al, en nu nog steeds. Van kunstmest, of de tegenwoordig in ruime hoeveelheden aanwezige drijfmest, had Marten Aedsges vanzelfsprekend nooit gehoord.

Het geluk dat hem dan eindelijk als landheer toelacht, geldt niet voor zijn privéleven. Twee echtgenotes sterven vroegtijdig. Van de negen kinderen uit het eerste huwelijk zijn er nog vier in leven, als Marten Aedsges in december 1785 hertrouwt. Zijn tweede vrouw, Geertje Jans, een gereformeerde boerendochter uit Leens, 'van een devote stijfhoofdigheid', overlijdt zeven jaar later. Ze laat twee kinderen na.

Een boer kan onmogelijk zonder boerin, en zestien maanden later volgt het derde huwelijk met een veel jongere boerendochter uit Vierhuizen, Anna Luies Dijkhuis, die hem ook weer twee kinderen zal schenken. Via de familie Dijkhuis zal *Het Schrijf-boek* bewaard blijven en belanden in het heden, waar de agrarische sector meestal in negatieve zin het nieuws bepaalt. Het *Schrijf-boek* zal de weg wijzen in de zoektocht naar een landbouwtransitie.

II

Het is heel goed mogelijk dat herberg De Soppige Peer de plaats is geweest voor een van de ontmoetingen tussen de stijfkoppige Marten en zijn patriottische vriend Geert Reinders, ook een man die zich niet zomaar neerlegde bij het godsgezag.

De kleiwegen waren glibberig en na regen meestal onbegaanbaar zodat de snik, een trekschuit, voor het gewone volk de beste vervoersoptie was. Je moest daar wel veel geduld voor hebben. Hoe langer de reis duurde, hoe slechter het zicht werd in de afgesloten binnenruimte door de sigarenrook van de heren, die hun tijd doodden met kaartspel. De dames verpoosden zich hoestend, proestend en breiend. Ze slaagden er regelmatig in tussen begin- en eindpunt, meestal de stad Groningen, een paar sokken te breien. De klok bleef toch wel tikken, niemand had haast.

Reinders, in zijn leven kastelein, molenaarsknecht, paardenkoper en in de eerste plaats boer, reisde liever per koets, dat ging sneller. Hij was ook parlementariër, en een van de eersten die collega-parlementariërs in het Den Haag van de Bataafse Republiek deden inzien dat boeren niet per se dom, achterlijk en onverstaanbaar waren. Door te durven experimenteren met zijn eigen koeien ontdekte hij eind achttiende eeuw een vaccin dat de veepest voor een groot deel kon bestrijden en waardoor niet hele kuddes tegelijkertijd het leven lieten. Hij zorgde ook dat het vaccin algemeen beschikbaar kwam.

Het ontbrak Reinders niet aan zelfvertrouwen. In de biografische schets *Boer en heer* van IJnte Botke beschrijft hij zichzelf als 'van ene mannelijke gestalte, wel geproportioneerd van lichaam, schoon van aanzien, schone en rijzige gestalte, ongemeen vaardig in lichaamsoefeningen, gulhartig vriendelijk en oprecht in verkering, een vijand van leugens'. Wellicht vanwege die kunst zichzelf aan te prijzen kreeg Reinders groot respect van zijn tijdgenoten, veel meer dan zijn kleine, bescheiden vriend uit Zuurdijk.

Hij was vol lof over zijn Groningse streekgenoten. 'Ik draai nu al een tijdje mee,' zei hij in 1800 met zoveel woorden, 'maar ik moet zeggen dat er geen district te vinden is in de Republiek waar meer kundige landlieden te vinden zijn dan hier.' Reinders maakte, vermoedelijk met bolknak tussen de lippen, een weids gebaar naar de horizon. Hij stond op een plek die eerst De Marne heette en nu Het Hogeland, en vervolgde: 'Deskundigheden in de landbouw zijn in de veertig jaar die ik in genoeglijke kring heb mogen doorbrengen aanmerkelijk vergroot. Maar daarbij heb je altoos landlieden die zich onderscheiden door kunde en beleid.' Geert Reinders, bestrijder van veepest en vooroordelen, noemde hier expliciet zijn vriend Marten Aedsges uit Zuurdijk. Die durfde het aan zijn dieren te laten inenten, waar andere boeren er voetstoots van uitgingen dat de veepest een straf van God was voor een zondig bestaan.

Hoewel Reinders de eigen Groninger *zwartblaarkoeien* de mooiste achtte, 'mits ze vier witte benen, een halve witte staart en een witte uier hebben', vertoonde de kudde van de aangewaaide Fries juist alle kleuren van de regenboog. Uit overtuiging dat niets beter groeit dan met puike mest breidde Aedsges, geholpen door het vaccin van Reinders, zijn kudde uit en hield de stand bij in zijn eigen *Schrijf-boek*. De dieren – paarden en koeien zeker – kregen allemaal een naam. Soms een Franse, want hij gaf zonder bezwaren gehoor aan de vraag vanuit Groningen een transport van 300 stuks slachtvee te begeleiden naar Nijmegen, waar de Franse troepen waren gelegerd. Stadhouder Willem V was naar Engeland gevlucht, maar niet iedereen zat op de terugkeer van het koningshuis te wachten. Vrijdenkende dominees uit de omgeving waarschuwden boeren voor de mogelijkheid dat 'nieuwe' grond (ingepolderd door de boeren) kon worden opgeëist. Niets begeerlijker dan grond.

In augustus 1797 moest gestemd worden over een nieuwe Grondwet, waarin de Bataafse Republiek zou overgaan in een democratische eenheidsstaat met gelijke rechten voor alle godsdiensten. Marten Aedsges, inmiddels belangrijk genoeg om te mogen stemmen, stemde voor. Veel vooruitstrevende, stemgerechtigde ingezetenen uit de omgeving van Leens deden dat. Landelijk werd het voorstel echter met overweldigende meerderheid verworpen. Het is in politiek opzicht een erg onrustige tijd. Er komt een intermediair administratief bewind van geheel nieuwe mensen en tijdelijk verdwijnen de oude provinciegrenzen en gaat Groningen op in een groter departement met Leeuwarden als hoofdstad. Boeren hadden bestuurlijk heel weinig in te brengen, laat staan het gewone volk. Hoe Marten Aedsges hierover dacht, blijkt niet uit zijn aantekeningen. Ynte Botke schrijft in *Zoo nuttig in zijne kring als landbouwer* (1988): 'Waarschijnlijk heeft hij het verdwijnen van de volksinvloed, en dan met name van de boeren, als onvermijdelijk aanvaard, zoals velen van zijn mede-patriotten. Maar het is niet aannemelijk dat hij zijn politieke idealen heeft verloren. Bij zijn zonen en een aantal van zijn vrienden en kennissen is tenminste nog veel later, zelfs na de Franse tijd, een duidelijk politiek radicalisme bespeurbaar.'

En de boer, hij ploegde voort. In 1799 breidde Aedsges zijn veestapel uit met elf kalveren en in 1802 zelfs met negentien *koejen*. Een van de nieuwkomers noemde hij Julzing, naar veerman en veekoopman Jan van Julsingha. In zijn *Schrijf-boek* komen ook de namen Schijtert en Grimdkop voor. In de stilte van het platteland, waar de natuur de scepter zwaait, is veel plaats voor nuchterheid, relativeringsvermogen en soms een kwinkslag. De dood is nooit ver weg en als die komt, hoef je niet alleen te huilen. Het grafschrift van veeboer Pijter Wijbes uit Hornhuizen is daarvan een goed voorbeeld:

Hij kocht veel beesten bij de boeren
Om naar Holland te vervoeren
Doch nu is hij van alles af
En bijt hier op zijn rug in 't graf

Marten Aedsges Teenstra, die in 1793 voor de derde keer weduwnaar was geworden, hield het land beslist 'kragtig'. Je koos 'de beste vruchten' en zaaide alleen dat zaad waarop het land berekend was. Dat lukte goed, de stugge Fries die zich zo goed kon aanpassen aan alle omstandigheden werd omstreeks de eeuwwisseling beschouwd als een van de rijkste boeren van de klei, misschien wel de eerste herenboer. Zonder zich overigens ooit als zodanig te gedragen.

De graanprijs steeg zo snel dat er premies kwamen te staan op het doodslaan van mussen, die immers altijd een graantje wilden meepikken. Dankzij export van Groningse landbouwproducten naar onder andere België, Duitsland en Engeland kregen de betreffende boeren een voorproefje op de 'champagnejaren', de periode 1850-1880. Meer akkerbouw betekende automatisch meer werkvoorziening. De baas van 'Castor', zoals hij zijn boerderij had genoemd, bleef met zijn twee zonen meewerkend voorman van naast de seizoenwerkers hooguit drie vaste landarbeiders. Het meeste vaste personeel stond in dienst van de boerin.

Of deze Groningse Fries aan het einde van zijn leven werkelijk 'een tonne gouds' bezat, zoals een kleinzoon met zekerheid beweerde, blijkt niet uit zijn eigen boek. Wel legt hij daarin als bijzonderheid de aanschaf vast van veertien zilveren lepels en edelmetalen sieraden voor zijn echtgenotes. Op de komma nauwkeurig staat in het jaar 1800 genoteerd dat van al zijn opbrengsten 73,3 procent afkomstig is van de akkerbouw, de rest van veeteelt.

Dat hij zijn schaapjes op het droge had, bleek al uit zijn handel en wandel. Begin 1793 kocht hij grond ten westen van Oldehove – later bekend als het Ruigezand – met als doel de ruim 370 hectare te bedijken over een lengte van zeven kilometer. Daarmee zouden zijn twee zonen van een agrarische toekomst verzekerd zijn. Het beklemde land –

het eeuwigdurende pachtrecht – kwam voor 46.500 gulden, een onvoorstelbaar kapitaal, in hun eigendom. Omwonenden wezen veelbetekenend naar hun voorhoofd, toen het plan van de bedijking bekend werd. Die dijken zouden nooit bestand zijn tegen de beruchte noordwester stormen. Maar Aedsges, die het meeste werk aan zijn twee jongens (en een legertje dijkenbouwers) overliet, kreeg postuum alle gelijk van de wereld.

Vaststaat dat Aedsges in verscheidene opzichten een voorloper was van wat er de eeuwen daarna gebeurde in dit deel van Nederland. In zijn gemengde bedrijf stond al snel de opbrengst van de akkers centraal, waarbij dankzij innovatieve bewerking (gras/klaver) de beste graanoogsten van het land werden gehaald. De historici zijn het er niet over eens of de nadruk op gewassen in plaats van op vee gevolg was van de vele veeziektes of een bewuste keus is geweest. Zeker is dat zelfs de meest fervente concurrenten die hem in De Soppige Peer de voet nog dwars hadden willen zetten, er niet aan ontkwamen om de driekante hoed eerbiedig af te nemen wanneer hij voorbijkwam in zijn splinternieuwe rijtuig, een faëton.

Een van zijn laatste notities maakte Marten Aedsges op zaterdag 11 januari 1806, als de barometer (hij had er als een van de eersten een aangeschaft) staat op '18 onder 0' en pas de daaropvolgende donderdag 'het water tot de kop der dijken is gevloeid' en er een gat in de nieuwe polderdijk is geslagen.

Op 2 april dat jaar begint zijn reis naar de grote eeuwigheid met grazige weiden die misschien nog wel groener waren dan de zijne. 'Zijn leefwijze,' memoreert chroniqueur Jan Zijlma in 1878 de landbouwpionier, 'zijne eerlijkheid en nauwgezetheid zijn geroemd. Thans rust hij, ofschoon bijna vergeten, zonder smet of blaam.' Hij krijgt in Zuurdijk grafnummer 25 A, een strook gras van nog geen meter breed. Zijn zonen zouden later wel een gedenkteken krijgen, in de Hervormde Kerk van Oldehove.

III

Het Schrijf-boek van de stijfkoppige Fries blijft achter. De nazaten in het vruchtbare stukje Groningen waken over het boek als een kostbaar kleinood. Via zijn laatste echtgenote, hun twee dochters en een destijds jonge neef, een Dijkhuis, belandt het erfstuk in Midhuizen. Daar woont Willem Lammerts Dijkhuis, in een boerderij halverwege Hornhuizen en Vierhuizen. Over het laatste dorp is weleens beweerd dat het ooit, toen de zee zich nog niet had laten terugdringen, een piratennest was met een boosaardige reputatie.

Wie beter dan deze Willem Lammerts Dijkhuis kan de balans opmaken van een tijd waarin de landbouw in een veel gunstiger daglicht kwam te staan dan de Friese pionier Marten Aedsges waarschijnlijk ooit had kunnen bevroeden? Dijkhuis doet dat in een urenlange speech, waarin hij een prachtig tijdsbeeld schetst, en onder andere uitlegt hoe de champagnejaren begonnen in de Westpolder. Willem Lammerts was de zoon van Itje, de jongere zus van de vrouw met wie Marten Aedsges zijn laatste levensjaren 'in genoeglijke harmonie' had doorgebracht. Hij ontbeerde het Friese bloed van zijn oom, maar had in mentaal opzicht veel van hem weg. Als bedrijfsleider op het bedrijf van een tante werkte Willem Lammerts zich snel op, om zich in 1830 eigenaar te mogen noemen van de boerderij op Midhuizen. Jaren later liet hij zich het predikaat 'dikke boer' aanleunen, een geuzennaam. Dikke boeren waren de herenboeren die met de duimen achter de bretels konden toekijken hoe knechten de akkers bewerkten en meiden 's morgens om vier uur de koeien molken. Hij kon zijn eigen tijd indelen, en aan geld was geen gebrek. Kerkvoogd, Provinciale Statenlid van Groningen, Eerste en Tweede Kamerlid, voorzitter van rederijkerskamer en andere instanties – hij was het allemaal. Willem Lammerts stond overal vooraan.

Wat hij had geleerd van zijn oom was de gewoonte om zonder vooroordelen om zich heen te kijken, veel verder dan de provinciegrens die door het riviertje de Louwers werd afgemeten. Kennis vergaren door boeken te lezen en niet zomaar meegaan in oude tradities. Hij mocht zichzelf ook snel een expert noemen. Een deskundige die de innovatie van Aedsges – de vruchtbaarheid van het land verrijken door het regelmatig in te zaaien met klaver – een omwenteling had genoemd voor de landbouw. In de negentiende eeuw kwam de mechanisatie op gang, en ook hier vervulde dit kleine agrarische deel van Nederland een pioniersfunctie. Dankzij enthousiaste verhalen van geëmigreerde familie en/of kennissen werden nieuwe machines zoals de Amerikaanse 'arend-ploeg' geïmporteerd. Typisch voorbeeld van over de grens durven en kunnen kijken.

Erg bang aangelegd was deze Willem Lammerts Dijkhuis ook niet en nooit te beroerd om zo nodig reputaties te bespotten. Hij maakte zich vrolijk over alle poespas bij de ontvangst op 7 september 1836 van baron De Wijkerslooth, tevens bisschop van Curium. Die stak het Reitdiep over en werd verwelkomd 'door een ontzaglijke toevloed van mensen'. 'Het lijkt de paus wel,' riep hij schaterend, 'die de roomsen komt vormen.' Hem werd een vreugde betoond 'of het Jezus zelve was geweest'.

Hij had niets met baronnen en zeker niet met katholieke baronnen. 'Dikke boeren' zoals Willem Lammerts Dijkhuis juichten het hardst bij de Grondwetswijziging van 1848, die burgers verzekerden van gelijke rechten. 'En,' zo schamperde hij, 'die van de titel "Hoog Weledelgeboren" een ijdele klank maakt.' Waarbij uiteraard het tegenovergestelde gold voor boeren en burgers. Weg dus met de buitenlui, toen meestal van adel. Dikke boeren uit de kleistreek hadden ook een voorname rol gespeeld in de Patriottenbeweging die zich fel verzette tegen de 'restauratiepolitiek' van Willem I na het vertrek van de Fransen. Weg dus ook met de despoten.

Dankzij Willem Lammerts Dijkhuis weten we precies hoe de Nederlandse landbouw er halverwege de negentiende eeuw voorstaat, en specifiek de vruchtbare 8500 hectare van De Marne aan drie zijden omgeven door water. In het noorden de Wadden, in het westen de Lauwerszee en in het zuiden het Reitdiep. Als voorzitter en oprichter van de Groninger Maatschappij van Landbouw hield hij in januari 1857 in Leens een urenlange toespraak, waarbij hij zijn fantasie de vrije loop liet. Hoe was het in de vorige eeuw geweest, vroeg hij zich af, in de tijd dat een stijfkoppige Fries zijn slag sloeg in een Groningse herberg? 'Men ziet een werkman in den vroege morgen met zoons of knechts te velde gaan om zelf de koeien van hun zuivel te ontlasten. Ziet men het hele gezin aan tafel voor de maaltijd, voorafgegaan door een zeer lang gebed.'

Er werd hard, heel hard gewerkt op het land met daarbij de blik altijd gericht op het klokje van gehoorzaamheid. 'Om acht uur, of wel vroeger is het tijd om te gaan slapen, want om 1 à 2 uur des nachts,' vertelt Dijkhuis, 'moet de dorsvloer weer daveren van het geklap der vlegels.' En waarom dat midden in de nacht moest? 'Geen ander antwoord kunnen wij daarop geven dan dat zulks de mode was en dat het vroege opstaan als een eer werd aangemerkt.' De middagen bestonden uit 'wat rondslenteren en het vee voederen. Des avonds zitten de vrouwelijke leden om de tafel, heel sobertjes verlicht door een hanglamp met olie. De man zit in den bijbel te lezen (als hij de kunst van het lezen verstaat) met luide stem en op zingende toon.'

In de herfst werd een varken geslacht en met een beetje geluk ook nog een eenjarig stiertje. Er bestond onbeperkte onderdanigheid voor 'den heer' van het dorp, dat nu het geluk had te beschikken over iemand die kon lezen en schrijven en inwoners bij kon staan wanneer dat nodig was. Onkruid werd lang beschouwd als noodzakelijk kwaad, maar schoffelen of wieden was 'ten enenmale' onbekend. (Met uitzondering van Marten Aedsges Teenstra en zijn zonen dan.) 'Zo het land lag, werd het gelaten.' God zag toe en moest wel een reden hebben voor alle onkruid, de lage prijzen van de producten, koolzaad, wintergerst, rogge en natuurlijk zuivel.

Zo vernemen de toehoorders bij de jaarvergadering op die januariavond van 1857, het eerste decennium van de champagnejaren, hoe bevoorrecht zij inmiddels zijn. 'Men dacht, redekavelde en sommigen schreven zelfs over de regten van het volk, tegenover hunne dorpsheren niet alleen, maar zelfs tegenover de Hooge Regering.' Onder Lodewijk Napoleon waren de boeren over het geheel tevreden en gelukkig. 'Voorspoed bekroonde hun arbeid en vrede woonde in hun midden.' Je zag steeds meer luxe rijtuigen in plaats van 'dikke boerenwagens'. De macht van de adel, 'de heren', werd steeds meer beperkt.

Maar de echte doorbraak naar gelijke rechten komt pas met de Grondwetswijziging van 1848, die de hierop volgende vijftig jaar opvallend veel boeren hoge bestuurlijke functies brengt, zoals gedeputeerde namens Provinciale Staten. Dijkhuis zou er ruim vier decennia deel van uitmaken.

Het is een prachtig en positief verhaal dat Willem Lammerts Dijkhuis zijn aandachtig luisterende gehoor van naburige boeren vertelt. In hoeveel waarde zouden de landerijen met opstal zijn gestegen in nog geen vijftig jaar? Toch minstens met de factor vier? En kijk nu toch eens naar de 'graanbergen' om of op de erven, graslanden die plaatsmaakten voor bouwland... om je vingers bij af te likken. 'Ploeg en zicht hebben de zeis verdreven. De oogsten leveren niet alleen meer maar ook betere graan- en zaadvruchten.' Overal kon je de heerlijke lucht opsnuiven van graan- en zaadvruchten. Bezie de blauwe gloed van de vlas, wapperend in de wind die nooit verstek laat gaan! Nieuwe sloten, betere afwatering. Koolzaad heeft plaats moeten maken voor aardappelen, 'in grote menigte verbouwd'. Akkerbouwers zijn er in toenemende mate van overtuigd dat het uitmergelen, het te veel uitbouwen van de velden, schadelijk is.

De boer is nu waarachtig opgestaan, de Haagse autoriteiten die zo minnetjes dachten over de beroepsgroep moeten zo langzamerhand op andere gedachten zijn gekomen. En ook de burger krijgt meer rechten dan ooit en 'de zwijmelvreugde' leidt tot harddraverijen in vrijwel ieder dorp. De beschaving dringt door tot het platteland, 'hoewel nog in beperkte mate', meent de voorzitter tijdens zijn spraakwaterval te moeten aantekenen. De wereldtentoonstellingen van Parijs en Londen zijn fraaie tekenen des tijds, met ook boeren onder de bezoekers. Op de publieke wegen rijden zij, de boeren, met hun fraaie overdekte wagens op veren of riemen, getrokken door een span paarden dat menig vorst 'zoude benijden, laat staan de grote landedelman'.

Gemengde bedrijven zijn gemeengoed, maar de akkerbouw heeft veeteelt van de eerste plaats verdrongen in dit deel van Nederland. De economische vooruitgang zie je terug in de mode, 'het gouden oorijzer dat bij veel vrouwen op het hoofd prijkt' en bij mannen heeft de driekante hoed plaatsgemaakt voor 'den ronde'. Natuurlijk is er 'nog weleens een persoon' die met luide stem voorleest uit de bijbel, maar menigeen geeft inmiddels de voorkeur aan de courant, eerder nagenoeg onbekend. Slachtfeesten met een vette koe worden steeds gebruikelijker, waar nog in de vorige eeuw een armzalige eenjarig stiertje stond. Het personeel is aanzienlijk uitgebreid, misschien wel verdubbeld, maar zij kennen hun plek in een afzonderlijk vertrek met een brijpot boven het vuur. En op heuglijke dagen is er warme chocolademelk. Moet je de kolossale kamers, met smaak ingericht en 'binnenhuizen' genoemd, van de eigenaren zien! Leesgezelschappen zijn populair bij de boer, die zich in veel gevallen en met recht van spreken 'herenboer' mag noemen.

Het is een mooi verhaal, maar de aanwezigen in Leens zijn toch wel blij als mijnheer de voorzitter na een paar uur het einde van zijn toespraak aankondigt. Champagnejaren of niet, zo maakt de spreker duidelijk, de aanwezigen moeten wel met beide benen op die zo kostbare grond blijven staan. Natuurlijk. Maar hoe dan ook is er vooruitgang in het bedrijf, in 'het maatschappelijke en het huishoudelijke van den landbouwende stand, welke aan het ongelooflijke grenst. Vooruitgang in het financiële, het wetenschappelijke en gezellige verkeer'.

Overal progressie, de toehoorders van de Groninger Maatschappij van Landbouw bereiden een daverend applaus voor. 'Overal behalve in goede trouw en christelijke liefdadigheid. Deugden, door onze groot- en overgrootouders beter behartigd dan door hun in overvloed levende achterkleinkinderen.' Aards genot is toegestaan, wil Dijkhuis er maar mee zeggen, de champagne mag vloeien, zelfs bij *zunige* boeren, maar de mens moet wel zijn plaats kennen. Dat gold zelfs voor deze dikke boer, Willem Lammerts Dijkhuis, een van de initiatiefnemers van inpoldering van de Westpolder die nog meer welvaart moest brengen. Niemand kon weten hoeveel rampspoed nog wachtte.

In 1875 was de Franse cultuurfilosoof Henry Havard wezen kijken op het Groningse land en had daarbij gesproken over 'het paradijs van de boeren' en de landbouwers in één adem 'de koningen van het land genoemd.' Het was alsof de goden daarmee, twee jaar later, werden verzocht.

2. De zee geeft, de zee neemt

I

Op een milde winterdag in 2020 kijkt IJsbrand de Weerd uit over de kwelder die van hem en zijn ouders is. Hij stelt vast dat ze er eigenlijk niets aan hebben, behalve dan het fraaie uitzicht. Als je goed kijkt zie je alle tinten groen, geel en bruin, alles daar tussenin, schakeringen die plotseling overgaan in vaal grijs of blauw en waarvan de kleursterkte afhankelijk is van licht en dus ook het seizoen. Schiermonnikoog schemert aan de horizon. De boer draagt een petje dat hem nog jonger maakt dan hij al is. Het is een heel ander hoofddeksel dan de driekante hoed waarmee Marten Aedsges eeuwen terug herberg De Soppige Peer binnentrad.

IJsbrand de Weerd, eigenlijk vernoemd naar zijn oom IJzebrand – maar iedereen slikte de z bij eerste kennismaking in, dus: IJsbrand – wil samen met twee collega's van de Westpolder de geschiedenis herschrijven. Tenminste, daar komt het op neer. Zelf zou hij nooit zulke grote woorden gebruiken.

Hij is een volbloed Groninger, hoewel hij daar weinig aan hecht. Ik vraag of hij trots is op zijn afkomst. Hij kijkt me licht spottend aan. Aan protserige observaties doen ze hier in het noorden niet. Akkerbouwer De Weerd zou wel op een later moment een interessante observatie doen, die feitelijk neerkomt op een liefdesverklaring aan dit deel van Nederland. 'We zijn...' Hij hapert even voordat hij durft te zeggen wat hij denkt. 'Ja, we hebben hier in de Westpolder zonder uitzondering, voor zover ik weet, een heel sterke verbondenheid met de grond.'

Grazende schapen op de kwelders

Misschien zegt iedere boer op zijn manier dat hij in harmonie met de door god geschonken grond werkt, de grond die elk jaar weer zoals in de Bijbel door een wonderbaarlijke vermenigvuldiging de mooiste vruchten voortbrengt. Maar De Weerd benadrukt dat die verbondenheid met de bodem ook praktisch gestalte krijgt. Hier wordt ook gewérkt. Misschien is hier de toevoeging op zijn plaats van de band met de zee, die je vandaag in de verte ziet glanzen. Hij kan het nooit laten te gaan kijken wanneer het stormt, niet zozeer uit angst of de dijk het wel zal houden, maar eerder uit de band met... ja, zeg maar: de natuur.

Zijn vader heeft nog 'dijkwacht gelopen', toen de zeedijk nog niet op deltahoogte lag op negen meter boven N.A.P.

Er was een vast schema dat voorschreef wanneer de boeren van de Westpolder eropuit trokken bij stormweer, ook midden in de nacht. In felgekleurd oliepak en met professionele zaklantaarn stonden ze daar. Soms werd het uitbesteed aan personeel. O wee als de dijk knapte. Het ontzag voor de krachten van de natuur was absoluut.

'En op een gegeven moment is de mens boven de natuur gaan staan,' zegt De Weerd later in het keukentje van de oude boerderij. We zitten aan een tafel van bescheiden formaat, de kleinste die ik ben tegengekomen in de vele ontmoetingen met alle soorten van agrariërs die Nederland kent. 'Maar ik ben zelf ook bescheiden,' stelt de gastheer. Weer zie ik de spot in zijn ogen. 'De mens is boven de natuur gaan staan,' herhaalt hij, 'en dat kan natuurlijk niet.' Een of andere ziekte of een ongewenst beestje? Hoppa, een middeltje erop! 'En kregen we de grond niet goed geploegd? Dan zetten we er een zwaardere trekker op.' En waar dit alles precies is mis gegaan? Het antwoord op die vraag zal later komen.

Over de grillen van de natuur heeft de mens niets te zeggen. Daar, boven op de dijk die fraai uitzicht biedt op de kwelders, precies op deze plek waar het vandaag toevallig even windstil is, heeft zich 144 jaar geleden een ramp afgespeeld. Een ramp waar menselijke hoogmoed en misschien ook hebzucht de hoofdrol in speelden.

II

Op dinsdag 30 januari 1877 was het plotseling gaan waaien. Een dag eerder was het volle maan geweest. Kustbewoners weten dan dat springtij dreigt. Een ooggetuige, een 11-jarige zoon van een Friese arbeider, had het aanvankelijk wel spannend gevonden: het klotsende water van zo nabij. Wie weet had de storm wel weer verrassingen in de aanbieding, zoals een paar weken eerder de schitterende balken die waren aangespoeld. Met zijn broertje haastte hij zich nu huppelend naar huis, niet vermoedend dat dit snel daarna een bouwval zou worden.

Zijn vader behoorde tot het legioen van dijkbouwers dat de jaren ervoor de inpoldering van de Westpolder mogelijk had gemaakt. Het was afschuwelijk zwaar werk, met de poten vaak letterlijk in de zompige klei. Eindeloos greppels graven, strekdammen maken en rietmatten plaatsen. Altijd natte voeten, altijd hoesten.

De arbeiders, vaak afkomstig uit Friesland en vaak rouwdouwers die wel van een potje knokken hielden, mochten alleen bij hoog water rusten. De inpoldering, die in 1874 begon, was vanwege het onvoorspelbare weer een race tegen de klok die al levens had gekost. Bij een storm op 22 maart dat jaar waren de gammele barakken van arbeiders door de golven meegesleurd. Dertien man verdronken. Het is een vergeten ramp die niet of nauwelijks in geschiedenisboeken over de streek is terug te vinden.

Dat geldt niet voor de stormnacht van 30 op 31 januari 1877. In het nabijgelegen vissersplaatsje Zoutkamp werd de waterstand die middag gemeten: 3,90 meter boven 'volzee', zoals toen nog werd gezegd. De barometer stond om half zes op 730 millibar. De spiksplinternieuwe dijk was vijf meter hoog, maar hoe zou die zich houden na een vorstperiode, gevolgd door dooi? Het antwoord kwam snel. De wind was even gaan liggen, maar wakkerde steeds meer aan tot een orkaan. De windmeter van de Groningse hogeschool kon de oerkrachten niet aan en brak in tweeën.

Bij de elfjarige zoon van de dijkbouwer had de spanning plaatsgemaakt voor angst, doodsangst. Er leek maar geen einde te komen aan de nacht. Eerst was een logeetje, de twaalfjarige dochter van een Friese boer uit Engwierum die ook had gewerkt aan de dijk, met paniek in de ogen binnengekomen nadat ze buiten even poolshoogte was gaan nemen. Overal was water! Ze dacht nog dat het door de overvloedige regen kwam.

De familie van de jongen vluchtte aanvankelijk naar de zolderetage, die al snel begon over te hellen. Beneden hoorden ze de muren van de gang en de keuken instorten. De vader was al begonnen dakpannen weg te werpen om openingen te forceren voor de bulderende wind. Misschien zou de vloer later als vlot kunnen dienen. Het logeetje zocht samen met de buren een veilig heenkomen bij de hoger gelegen herenboerderij De Manneplaats. Dat was hooguit vijftig meter lopen. Even verderop vond een *schaap-vent*, de jongste bediende, op boerderij Fletum van Jochem Helmers Mansholt een veilige plek boven de paardenstal.

Kan het waar zijn dat de ooggetuige, die 64 jaar later zijn verhaal kalm en vastberaden aan een Groningse journalist vertelt alsof het gisteren is gebeurd, een schip van heel nabij had zien varen? Met wild klapperende zeilen en aan het stuur een kapitein? Ja hoor, het was een schip van wel tussen de vijftig en zestig meter daar bij Nieuw-Midhuizen, de boerderij van de familie Louwes. Hij weet het zeker, zoals je verschrikkelijke gebeurtenissen soms pas achteraf helder op je netvlies krijgt. Hij zag het gevaarte, dat was blijven steken in het gat dat de storm in de dijk had geslagen, bij vloed zo wegvaren, alsof het doodnormaal was. Zijn vader was vanuit een dakraam het water blijven peilen door middel van een ladder. Toen het eb begon te worden, waagde het gezin de oversteek naar De Manneplaats. Een bootje, uit Zoutkamp vertrokken op zoek naar overlevenden, nam de jongen samen met zijn moeder, broer en zus later mee, toen het water weer begon te stijgen. Vader vertrok te paard, voor hem was geen plaats meer op de boot.

Van het logeetje, Martha Reiding, werd een schoen teruggevonden. Zij en de vrouw van de buurman waren samen met hun twee kleine kinderen, op weg naar de hoger gelegen herenboerderij, meegesleurd door de sterke stroming en verdronken. De buurman zelf, Jan Jacobs Hoekstra, had een balk kunnen vastgrijpen waarmee hij naar de dijk dreef. Daar aangekomen dacht hij zijn jongetje te hebben gered, maar het was een plankje dat hij tegen zijn borst geklemd hield. Toen de wind ging liggen en het water zich terugtrok, bleken veertien mensen de ramp niet te hebben overleefd. Ze werden gezamenlijk begraven in Vierhuizen, het vroegere piratennest. In 1931 werd een monumentje voor hen opgericht. Het waren arbeiders en hun gezinnen die zich niet in veiligheid hadden kunnen stellen. Martha Reiding werd in haar woonplaats Houwerzijl begraven. Er kwamen ook veel dieren om het leven: schapen, varkens en koeien.

De *schaap-vent* die zich boven de paardenstal had verschanst, beweerde achteraf stoer dat hij 'heerlijk had geslapen'. Des te wranger was het dat de jongen een paar weken later zichzelf wurgde met touw waarin hij verstrikt raakte. Zijn werkgever, Jochem Helmers Mansholt, had zich in de stormnacht samen met zijn jonge vrouw en hun eenjarige zoontje tijdig uit de voeten kunnen maken.

III

De verleiding is groot om 144 jaar later in de eerste plaats te denken aan het goede dat de inpoldering van de Westpolder heeft gebracht. Kijk naar de schitterende kwelder. Probeer je voor te stellen dat dit halverwege de negentiende eeuw, vóór de inpoldering, ook het decor was van het land achter je, dat toen immers ook een kwelder was. Het is inmiddels onbetaalbaar geworden. Acht hectare potentieel vruchtbare grond, de grootte van de kwelder achter de dijk in eigendom van de familie De Weerd, zou nu (ingepolderd) bijna één miljoen euro waard kunnen zijn. Prachtige dure en vruchtbare grond, die destijds met mensenlevens werd betaald.

Het is begrijpelijk dat je daar, ongeveer vijf generaties verderop in de tijd, niet in eerste instantie denkt aan de wanhoop die Jan Jacobs Hoekstra moet hebben gevoeld toen hij ontdekte dat het niet zijn zoontje was dat hij vasthield, maar een lullig plankje.

Een ander feit is dat de bijna één miljoen euro nooit verzilverd kan worden, omdat 'natuur' tegenwoordig ook hoog wordt gewaardeerd. Lang niet zo hoog als het vermeende economische belang van de Nederlandse landbouw, maar wel hoog. Stel je nu eens voor dat niet het gevaar was opgedoemd van een stijgende zeespiegel, en dat zich niet aan de andere kant van Nederland in 1953 een watersnoodramp had afgespeeld – extra reden om in 1969 van de Lauwerszee een Lauwersmeer te maken. Wie weet zouden we dan vandaag niet links de boomtoppen zien die het mooiste natuurgebied van Nederland afbakenen, Nationaal Park Lauwersmeer. Met de mooiste, stilste (althans, als de militairen op het naastgelegen terrein niet oefenen), schoonste en meest afwisselende natuur daar op de zeedijk tussen Vierhuizen en Hornhuizen. Maar was dat alles 27 mensenlevens en daarbij ontelbare verdronken dieren waard?

Het was halverwege de negentiende eeuw vanzelfsprekend dat de boeren in deze uithoek van Nederland het risico namen om op eigen kosten land in te polderen. Marten Aedsges en zijn zonen deden het al veel eerder, en nog langer geleden hadden monniken het voorbeeld gegeven. Er waren dan ook wetten die zulke durfals meteen tot eigenaar maakten. Pas later zag de overheid de voordelen van landaanwinst in, en ook dat die voordelen opwogen tegen de nadelen van kosten voor dijkbewaking.

Halverwege de negentiende eeuw verdiende een arbeider in Leens en omgeving 50 cent per dag, inclusief eten en drinken. Werkdagen duurden elf uur. De natte en koude voeten moesten maar voor lief worden genomen, inclusief de eventuele gezondheidsproblemen.

Negen boeren uit de streek namen het risico om het gebied van 485 hectare in te polderen voor een bedrag van uiteindelijk 750.000 gulden, een immens kapitaal voor die jaren en veel meer dan aanvankelijk was begroot. Ruim 1500 gulden per hectare, een bedrag dat inmiddels ruim 160 keer over de kop is gegaan, maar dat konden de roemruchte initiatiefnemers als Torringa, Louwes, Sijpkens, Loots en Dijkhuis niet weten. In de rekensom zijn niet de herstelkosten na de januariramp van 1877 opgenomen, bijna 300.000 gulden. Ook hier maakten vele handen licht werk. De boeren kregen in deze 'champagnejaren' een ruggensteuntje in de vorm van betere prijzen voor de gewassen. Ze konden niet weten dat een enorme (landbouw)crisis in aantocht was.

De zee geeft en de zee neemt. Behalve levens, gesmoord in het zoute water, ging bij de watersnoodramp ook de oogst grotendeels verloren. Maar het land herstelde zich verrassend snel. Aan werkvolk was geen gebrek. Dat stond desnoods midden in de nacht op om vanuit omringende dorpen uren te lopen, in weer en wind en op glibberige of moeilijke begaanbare paden, voordat ze konden beginnen met oogsten. In 1926 was ter gelegenheid van zijn honderdste verjaardag een van die geluksvogels geïnterviewd voor een jubileumboek over de Westpolder. Sinds zijn vroegste jeugd had hij als landarbeider op de boerderij van de familie Louwes gewerkt, Nieuw-Midhuizen.

Deze Melle van der Velde werd gevraagd of hij zijn leven nog eens over zou willen doen. De eerste vijftig jaar beslist niet, zei hij zonder aarzelen. 'Toen heb ik zelf met mijn gezin zo veel armoede meegemaakt dat ik die tijd niet graag weer zoude meemaken,' aldus de jarige. 'De laatste vijftig jaar wel gaarne.' Die herkansing kwam niet. Op zijn eenvoudige begrafenis liep een indrukwekkende stoet achter de kist aan. Dat was het voorrecht van de langlevende in een afgelegen streek.

Je werd een leven lang meid of knecht, en daar moest je het maar mee doen. In de praktijk van de negentiende eeuw was er niet veel verschil met slavenarbeid. Het onderkomen van vast personeel was onvoorstelbaar sober naar de huidige maatstaven, net als de lonen. Een *schaap-vent*, de jongste bediende die vaak niet ouder dan twaalf was, verdiende 25 gulden per jaar. De tweede en derde *vent* konden rekenen op 40 of 50 gulden, naast kost en inwoning. Het was de *grootknecht* die, in van herenboer des huizes afgescheide vertrekken, voor de gezamenlijke maaltijd het sein gaf voor gebed door zijn pet af te nemen en deze voor zijn ogen te houden. Een *lutjemeid*, de jongste vrouwelijke bediende, kreeg op jaarbasis ongeveer dertig gulden, de *grootmeid* twintig gulden meer. Voor allen begon de werkdag om half vier en die eindigde niet voordat het donker was. En toch werd het als een buitenkans beschouwd als een jong gezinslid van een arbeidersgezin 'de boer op kon'. Dat scheelde weer een mond om te vullen.

IV

Als er één man is in de Westpolder die inziet dat vernieuwing niet gaat zonder de geschiedenis te kennen, is het wel IJsbrand de Weerd. Dat geldt trouwens voor het hele driemanschap dat een voorzichtig einde wil maken aan de louter op groei gerichte productie. De dijkdoorbraak van 1877, vlakbij de boerderij die sinds 1995 familiebezit is, had te maken met de wens van de opdrachtgevers om zoveel mogelijk land te veroveren. De getijdestroom van de Waddenzee gaf de zee hier voor het *Vierhuister Gat* extra kracht. Het zou veiliger zijn geweest de kwelders, de buitendijkse gebieden waar eb en vloed hun gang kunnen gaan, wat ruimer te maken, maar dat zou weer ten koste zijn gegaan van akkerland, waar iedere meter extra mooi meegenomen was. 144 jaar later wordt om dezelfde reden door veel boeren ieder grassprietje glad getrokken om zoveel mogelijk rendement uit de peperdure grond te halen. De dijk brak op de zwakste plek, móést daar breken.

Je zou met een beetje fantasie en historisch besef de oerkracht van de zee kunnen vergelijken met de kracht van de vrije markt en de vraag kunnen stellen waar dan toch de zwakke plek van de akkerbouw anno 2021 ligt. IJsbrand de Weerd hoeft niet lang na te denken. Zorg dat je grond niet 'breekt', wees verschrikkelijk zuinig op het bodemleven, de wormen en de schimmels die het groeiproces van de gewassen regisseren. Een of andere enge ziekte en hoppa, de meeste boeren smeren er direct een middeltje op! Geef liever de natuur vrij spel, maar wel op gecontroleerde wijze.

Niemand zit te wachten op een aardappelziekte zoals die in de negentiende eeuw, die Ierland in hongersnood dompelde. Dat zijn ook lessen van de geschiedenis. Maar het staat voor De Weerd wel vast dat het gebruik van chemie, door de sector eufemistisch 'gewasbeschermingsmiddelen' genoemd, moet worden teruggedrongen en het liefst uitgebannen. En dat gaat volgens hem ook echt gebeuren. Maar het moet dus ook niet tot dode akkers leiden. Wees gewaarschuwd.

In december 2020 zijn de bieten opgehaald. Het is een indrukwekkende bult op het erf: 800.000 kilo bruto (inclusief grondresten), 700.000 kilo netto, 100.000 kilo per hectare, een zeer goede oogst. Door zaadveredeling is de opbrengst er in vijftien jaar tijd ongeveer zestig procent op vooruitgegaan. 'Maar die bieten kunnen onmogelijk dezelfde hoeveelheid vitamines en mineralen bevatten,' zegt De Weerd. De fabriek betaalt op grond van het suikergehalte. De uiteindelijke prijs is erg afhankelijk van wat de wereldmarkt doet.

Als de olieprijs hoog is, kiezen rietsuikerboeren in Brazilië voor bio-ethanol en heeft de Nederlandse suikerindustrie behoefte aan meer suikerbieten. 'Maar het is ook weleens gebeurd dat Coca-Cola de suiker ergens anders kocht, omdat hier geen overeenkomst kon worden bereikt over de prijs. En dan komt er een coaster met zoveel ton suiker de haven van Rotterdam binnengevaren.' Dat is echt gebeurd, een jaar of vier geleden. Hij bedoelt maar: als Nederlands boertje ben je ook maar een speelbal van de commercie, en niet alleen afhankelijk van weer en wind en de kwaliteit van je grond. Er is ook nog zoiets als internationale handel.

En neem nu graan of tarwe, al die akkers die door schrijvers zoals Frank Westerman zijn bezongen om hun wuivend goudgeel. Het is een 'rustgewas', waar geen akkerbouwer zonder kan, om te intensief gebruik van akkers te voorkomen. Maar het nadeel van tarwe, althans in milieutechnisch opzicht ('En hebben we niet allemaal de mond vol van milieu?'), is dat het geen stikstof bindt. Dus is het waardeloos als oplossing voor het veronderstelde stikstofprobleem ('hebben we ook de mond vol van'). Maar wat gebeurde er tot grote schrik van De Weerd een jaar of twee geleden met zijn gerst, dat zo geschikt was voor het brouwen van bier? Een fabriek in de Eemshaven kon het gewas nog goedkoper krijgen in Argentinië, en hij had het nakijken.

Krankzinnig? 'Nou, moeten wij dan als boeren stuk voor stuk aandelen kopen bij de moutfabriek in de Eemshaven om onze landbouw te veranderen?' Nee, lokaal 'boeren' is zo eenvoudig nog niet.

Nog een voorbeeld om gek van te worden. Een hectare volgebouwd met graan of tarwe levert in het beste geval 2000 euro op. De kosten (materiaal, zaad, beetje kunstmest en beetje chemie zolang daar geen alternatief voor is) kunnen worden geschat op 1200 euro. De pachtprijs voor één hectare danwel de hypotheekkosten komen algauw neer op 800 euro de 10.000 vierkante meter. Dus opbrengst nul. De Weerd: 'Meestal belanden deze oogsten in veevoer, maar eens in de vier of vijf jaar komt mijn tarwe bij een meelfabriek terecht. Dat zou gaan gebeuren. Krijg ik opeens bericht dat de fabriek iets goedkopere tarwe uit Frankrijk kon kopen. Dus weer kwam mijn tarwe in diervoeder terecht. Het scheelde maar een cent de kilo, dat maakte het mij niet eens zoveel uit, maar het is toch krankzinnig? Hoe moeten wij dat veranderen?'

Woede of trots, bij De Weerd rol je gemakkelijk van de ene in de andere emotie. Lachen, huilen, vraag- en of uitroeptekens. Ik wijs hem tijdens een rondrit langs zijn landerijen als troost voorzichtig op het schitterende diffuse licht dat als een doorzichtige deken boven de akkers hangt, met de opmerking dat hij daar waarschijnlijk geen oog meer voor heeft. Maar jawel hoor, hij vindt het ook schitterend. En oog voor het verleden heeft hij ook: hij wijst op de kolken van zijn buurman, een herinnering aan de Kerstvloed van 1717, anderhalve hectare aan water van zes of zeven meter diep, heel lang een belangrijke drinkwatervoorziening in de omgeving. Kijk, daar ligt het land dat hopelijk het begin zal worden van een andere manier van akkerbouw. Het ziet er op de een of andere manier mooier uit dan aangrenzende akkers.

V

In het betoog van akkerbouwer IJsbrand de Weerd kun je de echo horen van de boer uit de Westpolder die in de negentiende en twintigste eeuw leefde en werkte. Hij is een telg van het beroemde geslacht Mansholt, beroemd vooral dankzij de minister die min of meer verantwoordelijk moet worden geacht voor de intensiviteit van de Nederlandse landbouw, Sicco Mansholt. Maar het is zijn opa Derk Roelfs Mansholt die misschien wel meer eer verdient. Op foto's kijkt hij, in bezit van een indrukwekkende snor, enigszins melancholisch. Of is die opgetrokken wenkbrauw een uiting van verbazing?

Derk Roelfs Mansholt was een tot Nederlander genaturaliseerde Duitser, afkomstig uit Ditzumer Hamrich, een dorpje in het Duitse Oost-Friesland. Zijn familie was er gedurende generaties werkzaam als boer. In 1866 staken zijn ouders de grens over, en belandden in het Groningse Eexta. Drie jaar later huwde deze boerenzoon, die zich zou ontpoppen tot activist en publicist, met Aaltje Willems Dijkhuis, dochter van Willem Lammerts, de eerder geïntroduceerde bewoner van de Westpolder. Hier betrok het echtpaar Mansholt in 1882 de boerderij Torum (vernoemd naar een verdronken dorp in de Dollard).

Mansholt reed in 1882 voor het eerst het erf van Torum op en zou dat nooit meer verlaten, behalve dan voor vergaderingen als bestuurder en heel soms vakantie. De oude eigenaar, Roelf Eijes Torringa, in de wijde omgeving de boer met het meeste land, was na de watersnoodramp vijf jaar eerder nooit meer teruggeweest op de plek. Derk Roelfs Mansholt maakte van akkerbouw een kunst, onder andere door technieken voor grondverbetering. In *De graanrepubliek* van Frank Westerman wordt zijn motto vermeld: 'De natuur laat zich niets ontfutselen, maar zij is niet karig met haar loon voor wel bestuurde arbeid.'

Roelfs verbaasde zich eind negentiende, begin twintigste eeuw over van alles en nog wat. Hij schreef meerdere boeken, onder andere *De donkere zijde van de(n) handel*. Hij was nog bevriend met Multatuli, die kind aan huis was in de Westpolder en regelmatig langskwam op Torum om te praten en te schaken.

Wie *De donkere zijde van de(n) handel* uit 1907 leest, begrijpt goed waarom deze telg van het Mansholt-geslacht lang sympathiseerde met de knalrode Ferdinand Domela Nieuwenhuis.

Roelfs haalde in zijn boek fel uit naar wat hij de geniepigheid noemde van de Oost-Indische Compagnie en 'het uitmoorden der Indische bevolking'. Vandaar ook zijn verwantschap met Multatuli, auteur van *Max Havelaar*. Zwart op wit vereeuwigde Roelfs de 'ongeschreven grondwet van de handel': *1. Koop zoo goedkoop mogelijk, 2. Verkoop zoo duur mogelijk*. De 21ste eeuwse bierbrouwer in de Eemshaven hoor je het ook zeggen, natuurlijk alleen binnen de muren van de directiekamer.

De schrijver Roelfs richtte begin twintigste eeuw zijn pijlen op 'de prachtigste tarwe', die echter voor een groot deel wordt geëxporteerd, terwijl onze eigen burgers brood krijgen voorgeschoteld, 'gemaakt van afval van buitenlandse meelfabrieken'. En dan moest je als argeloze consument ook nog erg oppassen dat je niet stuitte op een lading vergiftige krenten, gewassen in Londens rioolwater en verkocht in Rotterdam, waar vier mensen stierven na het eten van een heerlijke krentenbol. Zo gek was het niet dat er een speciaal tijdschrift in omloop kwam met de veelzegende titel *Maandblad der Vereeniging tegen het vervalschen van levensmiddelen*.

Kort en goed: in de ogen van Roelfs was handel niets anders dan 'een spel tussen bedriegers en bedrogenen'. Deze herenboer van Torum stond weliswaar niet bekend als begenadigd spreker – naar verluidt kon hij wel mooi zingen – maar eenmaal op zijn werkkamer stond hij als schrijver zijn mannetje. Hij geloofde heilig in de gezamenlijke inspanningen van coöperaties, trad toe tot diverse besturen van dergelijke instanties, doopte zijn pen in bloed en azijn als hij misstanden wilde bestrijden. Toch was ook hij onderwerp van kritiek, toen arbeiders zich verzetten tegen lage lonen en ellendige arbeidsomstandigheden. Maar de opmars van machines om het werk lichter te maken werd ook niet met gejuich ontvangen, want zouden deze innovaties niet ten koste gaan van arbeidsplaatsen?

Al aan het einde van de negentiende eeuw begon tot Roelfs door te dringen dat de vrije markt niet alleen een spel is tussen bedriegers en bedrogenen, maar dat het een nauwelijks te bedwingen monster kan zijn dat doet wat het wil. Wie had voorzien dat die prachtige champagnejaren, waaraan geen einde leek te komen, plotseling voorbij bleken? Opeens werden grote hoeveelheden graan en andere landbouwproducten dankzij betere en grotere schepen uit de Verenigde Staten geïmporteerd en raakten 'onze' prijzen in een vrije val. Met de emigratie van de 'landlieden' die de grote oversteek naar de andere kant van de wereld hadden gewaagd, was ook expertise meegereisd. En Amerika was op het gebied van moderne agrarische hulpmiddelen altijd al een voorloper geweest. De kracht van de 'Noord-Amerikaanse Republiek' school volgens de criticaster van de Westpolder in het streng bewaken van de eigen grenzen door middel van protectie, invoerrechten.

Met zijn jong overleden zoon Ubbo publiceerde hij in 1900 het boek *De stikstofvoeding der landbouwcultuurgewassen.* Het verdiende niet alleen een prijs, maar werd ook een hit bij het landbouwonderwijs. De twee toonden aan dat sommige gewassen, zoals klaver en erwten, de grond vruchtbaarder maakten. Zo konden ze het bedje spreiden voor de teelt van bijvoorbeeld aardappelen of uien. Roelfs Mansholt werd uitgever en de belangrijkste correspondent van het maandblad *De grond*. Omdat hij de weerberichten van De Bilt niet vertrouwde, deed hij eigen voorspellingen in de *Veendammer Courant*.

In 1888 brak de rode herenboer – tevergeefs – de lans voor een apart ministerie voor de Landbouw, volgens hem 'de Assepoester' van de Nederlandse maatschappij, die eindelijk eens wakker moest worden gekust. In mei van het jaar 1912 (na gebroken te hebben met Domela Nieuwenhuis, in zijn ogen te radicaal en alleen maar op zoek naar revolutie) ging hij er in zijn kantoor met uitzicht op de zeedijk eens goed voor zitten. In het maandblad *Cultura* pleitte hij voor 'een proeve van onderzoek naar den invloed van inkomende rechten op den winkelprijs der voornaamste levensmiddelen'. Met het Duitse Rijk, 'ook een der rijkste landen' als voorbeeld, pleitte hij voor een vorm van protectie om zich niet de wet te laten voorschrijven door 'de rijke kooplieden der grote steden'. Die zaten alleen maar op hun dikke konten, naast de kassa uiteraard, terwijl 'het platteland' zich in het zweet des aanschijns ploeterde.

Je kon goed zien, zo rekende Roelfs Mansholt voor, dat een Duitse arbeider veel rijker was dan een Nederlandse. Dat zag je aan de hoeveelheid vlees die ze aten. In 1883 aten ze allebei gemiddeld nog 30 kilo per persoon per jaar, maar 28 jaar later aten onze oosterburen jaarlijks 52,7 kilo per persoon, en de Nederlanders 'maar' 33 kilo. Het moest nu maar eens uit zijn met de dwaasheid, 'een soort dogma, een algemeen verspreid volksgeloof', te denken dat rijkdom en grootheid van de zeventiende en achttiende eeuw alleen maar 'in het land vloeide' door 'den buitenlandschen handel'. Voor geld zijn 'wetten der moraliteit' terzijde geschoven, vooral in de grote stad. En dat 'terwijl de landbouw aan zichzelf was overgelaten' en wel zuur verdiende belastingpenningen moet opbrengen 'om den rijkdom der steden te helpen vergroten?'

Je hoefde, aldus deze telg van het beroemde landbouwgeslacht, niet te raden dat de ziektekiemen van de immoraliteit zich het snelst verspreidden in de grote steden. 'Wie, zoals schrijver dezes,' noteerde hij, 'een halve eeuw dagelijks met veldarbeiders heeft verkeerd, zal weten dat opzettelijk bedrog en diefstal zo goed als niet voorkomen. En toch, hoeveel gemakkelijker en ongevaarlijker is het hier, in de eenzaamheid der velden beladen met vruchten van allerlei aard, zich andermans goed toe te eigenen zonder dat er een haan naar kraait!' Productief werk verrichten, dus niet zoals veel kooplieden (en zeker de rijksten onder hen) met de armen over elkaar bij de kassa zitten, betekende volgens Roelfs Mansholt automatisch 'een hogere zedelijk standpunt'.

Hoe langer hij leefde, des te 'roder' hij in zijn opvattingen werd. Het was de schuld van de grootgrondbezitters, zo voorzag deze Mansholt, dat de zelfstandige boerenstand zou verworden tot afhankelijke pachters met als gevolg de verwaarlozing van de grond. Er was maar één oplossing voor een toekomst waarin die grond zou worden gekoesterd door de bewerkers: onteigening van het land, op langere termijn weliswaar en langs wettelijke weg. Het boerenland behoorde toe aan de gemeenschap.

De donkere zijde van de(n) handel, breek hem de bek niet open. Ook IJsbrand de Weerd denkt anno nu dat het anders kan en weet dat het anders moet. Al zal het niet ge-

IJsbrand de Weerd

makkelijk zijn om de landbouw, door het monster van de vrije markt een richting opgestuurd die velen niet willen, te veranderen. In de Westpolder kan hij samenwerken met twee jonge collega's. De Weerd, akkerbouwer Geert Jan Duisterwinkel (op Klein Midhuizen) en melkveehouder Ben van Tilburg (van Nieuw Bromo) vormen een driemanschap in wat hij het 'Wassenaar van Groningen' wil noemen: neusje van de zalm en absolute top volgens hem, en dat tegen een decor van de loodzware geschiedenis die het ingepolderde land met zich meebrengt. Waar de zee heeft genomen, maar nog veel meer heeft gegeven in de vorm van vruchtbare grond. En waar dezelfde zeewind die zo stormachtig kan aanzwellen een voorwaarde is voor de teelt van aardappelen, de corebusiness in dit gebied. Maar de grote vraag is: kan het eigenlijk wel wat zij willen?

3. Lang leve Anna 420!

I

Torum, Onrust, Fletum, Nieuw-Midhuizen, Klein Midhuizen, Bromo en Nieuw Bromo zijn markante boerderijen met markante namen die het decor bepalen van het platteland om en nabij de Westpolder. Het zijn robuuste en solide wachters zonder haast, in een landschap dat het hele jaar door verandert. De (kop-hals-romp)boerderijen werden zonder uitzondering gebouwd in de negentiende eeuw. Over het gewicht van geschiedenis gesproken: de naam Bromo (en dus ook Nieuw Bromo) is in 1842 bedacht als vriendendienst voor de bewoners, door Marten Aedsges Douwes Teenstra, kleinzoon van de gelijknamige hoofdrolspeler uit hoofdstuk één en minstens even avontuurlijk als zijn beroemde opa van De Soppige Peer.

Zijn onrustige natuur, niet altijd evenredig vertegenwoordigd door deskundigheid op agrarisch vlak, bracht hem in exotische wingewesten zoals Suriname en via Kaap de Goede Hoop naar Nederlands-Indië. Met eigen ogen zag hij de executie van vijf weggelopen slaven die na brandstichting voor straf levend werden verbrand. De oorsprong van Bromo is minder gruwelijk en verwijst naar een werkende vulkaan op Java. Uit de boeken die Marten Aedsges Douwes Teenstra schreef blijkt dat de appel nooit ver van de boom is gevallen. In zijn boek *De negerslaven in de kolonie Suriname* neemt Aedsges het niet alleen op voor de slaven, maar kijkt hij ook kritisch naar het renderen van plantages. 'Het spreekwoord zegt: ver van zijn goed, dichtbij zijn schade, en dit is ook het lot van de Europese eigenaren van wie belangen worden verwaarloosd.' Op zijn graftombe in Ulrum laat hij voor het laatst van zich horen: *Hier staat zijn laatste koffer, in 't stille graf, Het stof behoort aan 't stof, hij lei zijn reiskleed af.*

Zou je de huidige bewoner van Nieuw Bromo met gevoel voor fantasie met een vulkaan mogen vergelijken of misschien wel met een wereldreiziger? Ben van Tilburg begint zijn verhaal op een novemberdag van 2020 met een pessimistische kijk op de toekomst. Helaas, het moet. 'Heel veel boeren willen vasthouden aan het oude. Slechts een enkeling gooit het roer om.' Zoals zijn vader Max had gedaan nadat hij in 1989 op werkbezoek was geweest in Colombia en daar tot geheel nieuwe inzichten was gekomen.

II

Je kunt Ben van Tilburg geen echte wereldreiziger noemen, maar een 'reiskleed' heeft hij wel. Hij moest wel. Drie jongens in een gezin die allen boer willen worden – dat zijn er twee te veel. Dat verhaal herkent ieder boerengezin met verscheidene jongens, hoewel je het steeds minder vaak hoort, nu veel van die jongens geen trek meer hebben in een agrarische toekomst. Ben, de middelste zoon, week op zijn 25ste uit naar de omgeving van het Franse Rennes omdat in dat jaar 2000 een boerenbedrijf in eigen land bij nul beginnen niet te betalen was. Jan, de oudste, had aangegeven in de voetsporen te willen treden van zijn vader, maar bleek een soort knipperlichtrelatie te onderhouden met zijn agrarische ambitie. Wel, niet, wel, niet.

Uiteindelijk ging Jan op de Wageningen Universiteit studeren om er na tien jaar ('wel een beetje lang voor een academische studie,' constateert Ben met een cynisch ondertoontje) achter te komen dat hij toch wel boer wilde worden. Maar toen was Ben alweer terug in Nederland. De beheersing van de Franse taal rijker en de ervaring dat je toch veel beter boer kunt zijn een paar honderd kilometer zuidelijker, twee landsgrenzen verderop. Waar voedsel niet wordt beschouwd als wegwerpartikel. En waar supermarkten zoals de Aldi niet adverteren met de slogan 'Lekker van eigen bodemprijs'.

Het gunstige klimaat bij Rennes gold in dubbele betekenis, al was de heuvelachtige omgeving een groot nadeel. Nederland, zegt Ben, vormt sowieso een uitzondering in Europa en misschien ook wel in de wereld als je ziet hoe buitenlui (politici) en vooral burgers kijken naar boeren. Daar is 'ie weer: de donkere zijde van de(n) handel. 'In landen als Duitsland en Frankrijk is de voedselproductie veel meer regionaal gericht.' En daarom is er ook veel meer waardering voor de primaire producenten, de boeren. En hoe het kan dat dat bij ons niet zo is? Ja, dat is onze handelsgeest. Je hoort het op de achtergrond een van onze premiers al juichend beweren: onze VOC-mentaliteit!

Ben van Tilburg wil met de twee eerdergenoemde bevriende akkerbouwers proberen het VOC-schip een andere kant op te laten varen. Hij is als melkveehouder een buitenbeentje in dit noordelijke stukje Nederland. 'Biodynamisch' en het keurmerk *Demeter* zal 99 van de 100 Nederlanders niets zeggen. Het is het puikje van de agrarische sector en ik heb verschillende 'gangbare' collega's horen toegeven – al kostte het soms erg veel moeite – dat je hierbij toch moet spreken van de Formule 1 van de beroepsgroep. Beter, in milieutechnisch opzicht, het allerbeste voor het bodemleven, reverence voor de natuur, noem maar op. Met meer 'BD' in Nederland, zoals de biodynamische akkerbouw en veeteelt kort & krachtig bekendstaat, zou een groot deel van de heel ingewikkelde regelgeving (voornamelijk noodzakelijk om het milieu te ontlasten) in een grote soepele beweging voor eens en altijd naar de papierversnipperaar kunnen worden verwezen.

Het moest blijkbaar zo zijn: mijn kennismaking met Mieke en Ben van Tilburg, later ook zijn ouders, daar in Hornhuizen op hemelsbreed misschien iets meer dan 100 meter van Nationaal Park Lauwersoog. Ik wist heel goed wat 'BD' inhoudt, ben ook op de hoogte van de zwarte randjes die de antroposofische 'uitvinder' Rudolf Steiner aankleven. Voorjaar 2020 deed ik een bodemcursus, de eigenlijke aanleiding voor dit boek. Daar hoorde ik hoe 'onze' akkers de afgelopen decennia ontzettend te lijden hebben gehad van de intensieve, 'liberale' manier van voedsel produceren. Veel en veel meer nog dan ik al veronderstelde. Dat moet anders. Dus ging ik op zoek naar jonge agrariërs die zelf vinden dat een transitie noodzakelijk is, om te voorkomen dat de wal het schip zal keren. In alle redelijkheid en met eigen inzicht zoeken naar alternatieven zonder op voorhand als actievoerder te worden beschouwd. Voor de grap noem ik het weleens mijn kleine bijdrage aan de leefomgeving: gepassioneerde boeren aan het woord laten en – de praktijk van alledag niet uit het oog verliezend – zien en horen hoe verandering redelijkerwijs ook kan. Dus vooral geen extremen. En toen was daar Ben van Tilburg. BD, biodynamisch, zou je kunnen omschrijven als biologisch in het kwadraat: nog meer samenwerken met de natuur, nog meer oog voor dierenwelzijn, gebruik van gecomposteerde biologische mest en biologische stro en BD-veevoer van het eigen bedrijf. Extremer kan het niet.

Zowel Geert Jan Duisterwinkel als IJsbrand de Weerd benadrukken dat het Ben van Tilburg is geweest die het beslissende zetje gaf voor de samenwerking. Maar de laatste vindt dat te veel eer. Hij meent zich juist te herinneren dat het Duisterwinkel was, de meest praktische en zakelijke van de drie, die voorstelde om iets te proberen. Hoe dan ook, ze zijn het al snel eens dat er iets moet veranderen. Ook al willen ze op kleine schaal beginnen, zonder kunstmest of bestrijdingsmiddelen.

En dat kan veel makkelijker dan vaak wordt gedacht, benadrukt Ben van Tilburg. Het is wel meer werk, dat is óók waar. Handmatig onkruid verwijderen is niet het meest geliefde tijdverdrijf, en zeker niet van 'gangbare' boeren. Gek woord eigenlijk: gangbaar, terwijl het gewoon een eufemisme is voor 'intensief.' Er is, zo meent Van Tilburg te weten, 'iets' gaande in de hele landbouwsector. Je kunt wel boos blijven en je door de Farmer Defence Force laten dirigeren om met trekkers als belangrijkste wapens stadhuizen op stelten te zetten, maar je kunt ook denken dat het anders moet en anders kan in Nederland. En dus met vereende kracht op zoek gaan naar oplossingen. Aanvallen in plaats van het gangbare verdedigen. 'Die gangbare boeren komen niet van de spuit af,' vat Van Tilburg het probleem kernachtig samen. 'Dat is zo'n machtig ding. Heel gemakkelijk ook, je bent veel sneller klaar. Daarbij: hoe groter de trekker, hoe beter het is. Je kunt met gemak één hectare per dag bewerken. Beetje bestrijdingsmiddel erbij. Klaar is Kees.'

III

Zijn grootvader was piepklein begonnen, in een heel klein stadsboerderijtje in Vianen naast de katholieke kerk. Van Tilburg moet zeggen: 'huurboerderij' met hooguit zeven hectare. Het waren de crisisjaren. In New York waren beurshandelaren na de crash van Wallstreet in 1929 van twaalf hoog naar beneden gesprongen. Overgrootvader was ook failliet gegaan. Maar dat boerenbloed... Diens zoon, de opa van Ben, leende duizend gulden van een oom, molk bij dag en dauw de koeien en ging daarna de zuivel zelf 'uitventen' in de stad. Met paard en wagen. En van wat overbleef werd kaas gemaakt die later weer kon worden verkocht. Max van Tilburg kwam uit een gezin van acht kinderen. 'Een degelijk gereformeerd gezin, je kent het wel een beetje,' zegt senior, als ik hem thuis bezoek. 'Ik had heel lieve ouders, maar de kerk nam een behoorlijk deel van het leven in beslag.' Vader werd ouderling en kleine Max volgde braaf zijn voetsporen. 'Of ik nog geloof?' vraagt Max. 'Ik ga niet naar de kerk, maar leef wel heel trouw. Dat vind ik leuk.'

De patriarch woont op nog geen tweeënhalve kilometer van zijn zoon in Hornhuizen. Wie goed kijkt, ziet het markante dak van de kerk, okerkleurig en met het uiterlijk van een vuurtoren. Op gezette tijden klinkt de klok. Voor de vroegere landarbeiders was dat het klokje van de gehoorzaamheid; ze begonnen aan de dag of beëindigden die. Elf uur werken voor vijftig cent per dag – weliswaar met de bonus van een warme maaltijd, balkenbrij en als je geluk had ook nog een stuk spek. In de jaren dertig was het zo'n gevecht om het bestaan, dat iedere cent er een was. Max van Tilburg zou nu gemakkelijk zijn zegeningen kunnen tellen, net zoals zijn vrouw Annelies – dierenarts in ruste – dat sinds kort doet. Maar hij klimt nog iedere dag op zijn fiets om in weer en wind naar boerderij Nieuw Bromo te rijden, om zijn zoon Ben te helpen die daar nu de scepter zwaait. Vanmorgen om zes uur was hij er weer. Hij praat als een verliefde jongen over biodiversiteit ('we hadden wel 180 verschillende plantensoorten op en rond de boerderij').

Max van Tilburg, geboren in 1946, had het vermogen om af te zien en altijd optimistisch te blijven dan ook niet van een vreemde. Een oudere broer wilde ook boer worden, maar babyboomers zoals hijzelf hadden nauwelijks kans

Ben en Max van Tilburg op Nieuw Bromo

om in de modderige voetsporen van hun vader te treden. In 1971 slaagde hij erin, samen met een van zijn twee broers, een boerderij te kopen in Hagestein, provincie Utrecht. Dat hij eigenlijk al vanaf het begin niet meewilde met de moderne landbouwmethoden, het strooien van veel kunstmest in combinatie met steeds meer 'gewasbeschermingsmiddelen', heeft misschien wel te maken met zijn kerkelijke, sobere afkomst. Het zou zomaar kunnen, zegt hij terwijl hij uitkijkt op het land waar 'de spuit' anno 2021 nog altijd regeert, dictatorialer zelfs dan voorheen. Je hoefde in die jaren zeventig en tachtig van de vorige eeuw ook niet meer te vrezen voor een bochel door het vele bukken, want er werd steeds meer gebruik gemaakt van hulpmiddelen, zij het altijd met mate. Waarom eigenlijk zo zuinig? Tja, dat was een gevoel.

Je moest in die jaren behoorlijk sterk in je schoenen staan om je niet te laten overtuigen door vertegenwoordigers van agrarische hulpmiddelen die je vertelden dat kunstmest (in eigen land geproduceerd) zo gemakkelijk was. Dat je bodemleven, zeg maar de motor van alles dat groeit en bloeit, naar de filistijnen ging, werd er niet bij verteld. In de zomer van 1989 keerde Max van Tilburg met een kater terug van de reis naar Colombia, die hij met collega's van een werkgroep in de Alblasserwaard had gemaakt. Max van Tilburg: 'Met een bus was ons gezelschap in Bogota beland en ja, daar lagen in de winkels de zuivelproducten van Campina. Ik zie de pakken nog liggen in de schappen.' Aanvankelijk had hij gedacht: Friesland Campina in Bogota, petje af! Totdat zijn Zuid-Amerikaanse collega's uitlegden dat zij door de 'veel te goedkope' Nederlandse melk aan de rand van de afgrond waren beland. Nederlandse boeren, of in ieder geval hun coöperatie, profiteerden optimaal van Europese exportsubsidies. Ten koste van deze Colombianen dus. 'We zagen er bij de rondreis ook de gevolgen van de intensieve suikerteelt, waarvan het riet na de oogst in de fik werd gestoken. Je zag er de arbeiders met gezichten zwart van roet. Heel vreemd was het niet dat zij er gemiddeld maar 40 of 45 jaar oud werden. Een gevolg van alle rotzooi, natuurlijk.' Max van Tilburg wist wat hem te doen stond. Een jaar later schakelde hij om van 'gangbaar' naar 'biologisch', toen al dus, 32 jaar geleden.

Dat kon destijds nog in één keer. Tegenwoordig is een omschakelingsperiode van twee jaar vereist, voordat een boer zich biologisch mag noemen en de bijbehorende hogere prijzen kan incasseren. In de Alblasserwaard waren de akkers van de familie Van Tilburg met zorg beheerd, en ja, wie weet had het in de Bijbel vermelde rentmeesterschap daar wel een rol bij gespeeld. In de jaren tachtig was Nederland wereldrecordhouder kunstmestgebruik. Lekker gemakkelijk, je kon de gewassen bijna liggend vanaf de bank dirigeren. Gemak diende de mens en dus ook de Nederlandse boer, regelrecht op weg naar wereldrecords zuivel, eieren, bloemen, tomaten of vlees. Dat kleine landje in die vruchtbare delta, ook nog eens beschikkend over aantrekkelijk gelegen (lucht)havens, ging de wereld voeden.

En nu, op een van de eerste dagen van het jaar 2021, zit Max van Tilburg met de poes op schoot voor het raam. Hij sluit het zodra de collega's er met de spuitwagen te dichtbij op uit trekken. Dat er in Nederland een rechtstreeks verband bestaat tussen ziektes als Parkinson en de gifkar, voorop in de naaste omgeving van bollenvelden, staat voor hem vast. Hij kent helaas treurige (levende) bewijzen. Voor Max van Tilburg is het vanzelfsprekend dat je de gifwagen moet uitbannen en in ieder geval zo vaak mogelijk 'op stal' moet laten.

Maar in die overtuiging staat hij betrekkelijk alleen. Iedereen is meegesleept door het systeem, gebaseerd op de mythe dat onze akkerbouwers en veeboeren de wereld voor een appel en een ei moeten voeden. 'Een hoop boeren zijn Trumpiaans,' zegt Van Tilburg in de poging een kernachtige karakterschets te tekenen van zijn 'intensieve boeren'-collega's. Later op deze dag zal de bestorming van het Capitool in Washington door Trump-aanhangers plaatsvinden. Het is bijna alsof hij het bruggetje al voorziet. 'Als zij naar Amerika zouden emigreren, stemden ze ongetwijfeld op een man als Trump. Daar moet je natuurlijk nooit op stemmen.'

Een van de buren – hij wuift een kant op – is echt een heel goede boer met veel verstand van (grond)zaken. 'Maar tóch dat gif.' Zo jammer. Zijn vrouw Annelies over de collega's: 'Je loopt geen risico, hè.' Haar man: 'Chemie is eigenlijk een soort van zorgverzekering. Je kunt alleen maar tien ton graan van één hectare halen als je spuit. Eerst tegen onkruid dat nog niet te hoog staat en later nog een keer. Als wij het (biologisch) telen, halen we zeven ton. We verbouwen ook weleens mais en oogstten de laatste keer 61 ton (per hectare). Dat halen de gangbare collega's amper. In principe is er niets gemakkelijker dan biologisch mais telen, maar je moet dan wel het land tussentijds een keer schoffelen. En om dat te voorkomen gaat bij anderen de spuit eroverheen.' Tja, als bijna iedere boer – ongeacht wat hij voor milieu en natuur doet – elk jaar verzekerd kan zijn van 300 euro per hectare als aanmoedigingsprijs uit de grote subsidiepot van Brussel, waarom zou je dan moeilijk doen als het ook gemakkelijk kan?

Van Tilburg zegt wat hij denkt. Op het vermeend zweverige imago van biodynamische landbouw met bijvoorbeeld zaaien en oogsten bij bepaalde maanstand, kun je hem daar voor het raam in Hornhuizen, met poes Muts op schoot, moeilijk betrappen. Hij plaatst kritische kanttekeningen als zweepslagen. Zo was hij niet erg te spreken over de grondbewerking van de vorige eigenaar van Nieuw Bromo, Klaas Sijpkens, een echte herenboer met een eeuwenoude reputatie. Sijpkens behoorde tot de generatie die de Westpolder hielp inpolderen. Over zijn familie is een mooi boek verschenen, *Schaduwkust* van Ineke Noordhoff. Toen Max van Tilburg van 2001 de nieuwe eigenaar van Nieuw Brono werd, heeft hij in het eerste jaar de akkers uitsluitend ingezaaid met gras/klaver om het bodemleven te repareren. Nee, in de ogen van de opvolger was 'de grondbewerking' beslist niet optimaal geweest. Dat moest anders.

Noordhoff richtte zich in haar boek op de bewoners van de zes nieuw gebouwde boerderijen in de Westpolder. Niemand duidde het geografische signalement mooier dan zij: 'Brutaal steekt de nieuwe Westpolder uit de kust van Groningen naar voren de zee in. Alsof de dijk over de hele lengte van de polder uit de gestrekte lange kustlijn is geduwd. Aan drie zijden spoelt het zoute water om de nieuwe polder heen. Niets houdt de zeewind tegen tot die de dijk is gepasseerd en over het nieuwe land blaast. De zes nieuwe boerderijen staan vatbaar voor weer en wind in de pas aangewonnen Westpolder.'

Begin deze eeuw was Max van Tilburg gevraagd een lezing te komen houden bij een agrarische natuurvereniging in Eenrum. Met op papier zijn speech én een grondboor, was hij naar het noorden getrokken. Tijdens de lezing had hij gehoord van de verkoopplannen van Bromo en Nieuw Bromo. Van Tilburg was net op zoek naar een nieuwe boerderij, want vanwege het besluit uiterwaarden op te offeren aan overloopgebied voor De Lek, moest hij gedwongen verhuizen uit de Alblasserwaard. Het ging Max verschrikkelijk aan het hart om te moeten vertrekken, maar eigenlijk verkeerde hij ook, vanwege de dure en zeldzaam vruchtbare rivierengrond en daarbij horende schadeloosstelling, in een luxe positie. Hij had al grondmonsters genomen in de Biesbosch en het Wieringermeer, waar een hectare in die jaren al 110.000 gulden waard was. In de Westpolder vroegen ze destijds 65 mille.

De prijs gaf de doorslag, met als bonus 'iets zwaardere, betere grond' op de koop toe. Hij ruilde de zeventig hectare van de Utrechtse uiterwaarden in voor tachtig hectare bij de Waddenzee, een schitterende deal. Nooit spijt van gehad. Wat collega's betreft kwamen Max en Annelies van Tilburg ook in een warm bad. Ha, die rare vooroordelen over stugge Groningers en Friezen, echt belachelijk. 'Overal heb je aardige en minder aardige mensen,' zegt de dierenarts in ruste. Haar man voegt daaraan toe dat ze hier doodgaan. 'Ik wil me laten begraven op het kerkhofje van Hornhuizen. Daar lig je droog.' Alles is al tot in de puntjes geregeld, tot en met de erfenis. 'Als je een boerderij niet naar de gallemiezen wilt helpen,' zegt hij, indachtig de geschiedenis van eeuwenoud bloed, zweet en tranen, 'dan moet je hem vooral tijdig notarieel verdelen. Wij kunnen rustig sterven.'

Hun enige dochter woont op een woonboot in de Lek en werkt vanuit huis. Niet alleen zoon Ben boert, maar de andere zonen inmiddels ook, respectievelijk in Oude Tonge (Goeree-Overflakkee) en Breukelen, en het behoeft nauwelijks nadere uitleg dat het op de van huis uit meegekregen biologische wijze gaat. 'Je moet van werken houden,' vertelt de patriarch als ik hem vraag of hij trots is op wat hij als buitenbeentje heeft bereikt. 'En je moet eigenheid zijn om biologisch of biodynamisch te willen en kunnen produceren. Dat is een vereiste. En weet je wat ik nu het allermooiste vind? Dat is de harmonie in ons gezin.' Ja, die harmonie hoort bij de natuur, maar het is geen wet van meden en perzen bij bioboeren. Die kunnen ook louter voor de commercie gaan. 'Ik zeg het ook omdat wij zonder uitzondering aardige schoondochters hebben. Dat is een groot geluk.' Je zal maar in de schoenen staan van die collega uit de Weerribben die niet meer op de boerderij van zijn zoon mag komen. 'Verschrikkelijk,' zegt Max van Tilburg hoofdschuddend.

IV

Toen Ben van Tilburg met zijn gezin terugkeerde uit Frankrijk en in december 2007 neerstreek in de Westpolder wist hij één ding zeker: hij en zijn vader konden niet op één erf. Daarvoor lijken hun karakters te veel op elkaar. Er kwam eerst een chalet waarin de ouders zich terugtrokken en een paar jaar later de woning in Hornhuizen met uitzicht op... de buurman met de spuit. Het klimaat was voor Ben een grote overgang, evenals het verlies van volkomen zelfstandigheid die eerste jaren. Garantie van privacy was een strikte eis. Aan de strenge voorwaarden van biologische zuivel was al voldaan. Door de datum van de definitieve verhuizing slim te plannen kon het vee van pa uit de vruchtbare rivierendelta van de Alblasserwaard zo oversteken, met verplichte biologische veevoeding en al.

Met de riante 'oprotpremie' van vader Max bouwden ze een schitterende potstal. En het lot, in de vorm van een prachtige bestelling door een kleine melkfabriek gespecialiseerd in nicheproducten, stuurde de familie nog een stap verder dan 'gewoon' biologisch: BD, biodynamisch, met nog betere prijzen. 'Het paste gewoon veel beter bij ons,' zegt Ben van Tilburg.

Op een prominente plek in de woonkamer annex keuken, staat het schilderijtje van Anna 420, de eerste Nederlandse biodynamische koe die bijna 140.000 liter melk gaf, waarin meer dan 10.000 kilo vet en eiwitten zaten. Om die mijlpaal te vieren is twee jaar geleden een groot feest gegeven op Nieuw Bromo. Heel begrijpelijk dat het een paar jaar later onmogelijk was het dier op transport te sturen voor de slacht. Dat is het lot van bijna alle koeien na een leven van veel melk en moederschap, want zonder dat laatste geen zuivel.

'Het was een heel mooie vette koe. Mager zullen anderen zeggen, maar ze was helemaal niet mager.' Anna 420 was meegereisd vanuit de rivierendelta en herkende zeker weten haar baas. Op het vertrouwde erf heeft ze het genadeschot gekregen. Een ander prijsdier van twintig jaar oud is helaas vorig jaar een natuurlijke dood gestorven. Om een koe optimaal te laten produceren, moet zij iedere 400 dagen een kind baren. Maar er zijn genoeg dieren, in ieder geval op Nieuw Bromo, die jaren achtereen zuivel leveren zonder bijbehorende bevalling. Minder zuivel, dat wel. 'Twintig liter per dag en dat alleen op een beetje gras en mais, hartstikke economisch.'

De koeien in Hornhuizen zijn verzekerd van een mooi leven met horens en al, want het is niet natuurlijk om die – zoals bij de 'intensieven' gebruikelijk is – te verwijderen. Soms leidt het tot wondjes in de stal. De dieren zijn precies als mensen. Ik krijg het bewijs daarvoor die middag in de potstal, een soort van koeienparadijs waar de dieren vredig liggen te herkauwen, wanneer een van de dominante dames een plek opeist die door een collega wordt ingenomen. Toenadering alleen is voldoende om netjes op te staan en zich een metertje verderop neer te vleien.

Het is niet bepaald de weg van de minste weerstand: een potstal beheren. Het is eigenlijk een oud staltype, waarbij het vee vrij rondloopt en de mest wordt opgepot door het te bedekken met een laag stro. De bovenste strolaag moet regelmatig worden ververst. 'De koeien worden wel viezer dan in een ligstal, maar je ziet dat ze het heel goed hebben en daar wil ik best iets extra's voor doen. Ze worden ouder en hebben betere benen.' Uiteindelijk zal het bedje van de koeien over het land worden gereden als ruige mest, de beste volgens de fijnproevers. De dieren hebben namen als Janke, Nanny en Nellie, ze halen een gemiddelde leeftijd van zes jaar. 'Ik wil naar zeven jaar toe,' zegt Ben van Tilburg bij de rondleiding over zijn bedrijf, even zelfverzekerd als routineus, want hij kent de vertederde reacties van de meeste bezoekers wel.

Terloops noemt hij de oplossing voor het stikstofprobleem door een te grote veestapel in Nederland: geen topsport meer verwachten van koeien. Niet gemiddeld 12.000 liter per dier vragen, maar tevreden zijn met bijvoorbeeld 7000 liter, en dan uiteraard andere voeding geven, zeker geen krachtvoer meer dat van de andere kant van de wereld komt. En helemaal voorop daarbij een passende, eerlijke prijs vragen, of liever opeisen van de consument, die toch immers ook zo begaan is met het lot van klimaat en dieren.

Zo simpel kan het zijn. Topsport is misschien mooi om te zien, maar eist altijd zijn tol. De koeien op Nieuw Bromo eten 'gras, gras en nog eens gras'. Wel kruidenrijk gras, met veel mineralen. 'Klaver, paardenbloem, weegbree, alles zit erin bij ons.' Of je het verschil kunt proeven – de boerderij heeft een eigen kaasmakerij – weet Van Tilburg niet. 'Want ik ben alleen maar mijn eigen melk, kaas, boter en vlees gewend.' Ja, ook vlees. Ongeveer zes koeien per jaar belanden via een slachterij in Anjum op de borden van consumenten. Melkveehouders zullen het woord 'slacht' zoveel mogelijk vermijden. De dieren 'gaan weg'. Ook in Hornhuizen gaan overtollige dieren weg. Van Tilburg vindt het erg, maar voegt eraan toe dat zuivel maken onlosmakelijk verbonden is met een enkele reis slachthuis.

Om van onderwerp te veranderen, zegt hij dat hij heel graag 'landschapsstoffeerder' genoemd zou willen worden, een beroep waar Nederland volgens hem om schreeuwt. Er valt veel aan te merken op het zwabberbeleid van de overheid (het melkquotum werd bijvoorbeeld afgeschaft, om vervolgens een fosfaatquotum in te voeren), maar je moet toch wel heel slechte ogen hebben om niet te zien wat er van het boerenland is geworden vergeleken met, pakweg, de jaren vijftig van de vorige eeuw. De enorme percentages stikstof waren een paar decennia geleden nog veel hoger. Kijk naar de vijf of zes paartjes broedende veldleeuweriken op zijn akkers als levend bewijs. Of de 36 paartjes huiszwaluwen in schuur en stal, binnenkort arriveren ze weer na hun levensgevaarlijke reis uit Afrika. Het kan natuurlijk geen toeval zijn dat deze lentebodes, voor een groot deel weggevaagd uit Nederland, juist hier neerstrijken. Insecten weten de kleine oase ook te vinden. Als alle boeren die optimaal willen werken in harmonie met de natuur voortaan 'landschapsstoffeerder' zouden gaan heten in plaats van 'boeren', dan zou daaruit meer waardering spreken voor wat ze doen, en dan zou men ongetwijfeld ook bereid zijn meer voor hun producten te betalen.

Moeten zijn fietsmaten IJsbrand de Weerd en Geert Jan Duisterwinkel ook landschapsstoffeerders worden? Dat is misschien wel te veel gevraagd. Van Tilburg gaat zijn vrienden niets opleggen en bezweert dat hij het nooit heeft gedaan. Verandering komt uit jezelf, moet uit jezelf komen. Als ze na een fietstocht, met Duisterwinkel als fanatiekste voorop, koffie gaan drinken gaat het vrijwel altijd over hetzelfde onderwerp. De passie vonkt ervan af. Kan een goede 'gangbare' boer evengoed zijn als een slechte 'bio'? Moeten tractoren, trekkers genoemd door de boeren zelf, nog groter worden of juist kleiner? Hoe kan het dat de overheid kleinschalige familiebedrijven propageert en grootschaligheid praktiseert? Dat soort vragen. Geert Jan is daarbij de grilligste van de drie ('Alles of niets') en IJsbrand de meest evenwichtige. Kleine duwtjes geven ze elkaar tijdens de gesprekken, plaagstoten. 'Maar we zijn altijd eerlijk tegen elkaar.' Want een boer wil altijd beter, meestal in de betekenis van méér. 'Ik ben er zelf ook altijd mee bezig,' zegt Ben van Tilburg, 'hoe kan het nog beter? Het is vrij gemakkelijk te veranderen. Zo zie ik het.'

4. Het beklemde land

I

In een klein hokje, met de nodige omzichtigheid te betreden via een houten trap, zitten op een winterdag Janny en Jan de Weerd tegenover elkaar, elk aan één kant van de lopende band waarop aardappelen voorbijkomen. Geconcentreerd kijken ze daarnaar. Beiden dragen een overall met bijpassend petje. Met stemverheffing doen ze verslag van hun bezigheden, maar ze kunnen amper boven het geluid van de bonkende machinerie uitkomen. Ieder jaar doen ze in dit jaargetijde hetzelfde werk. Ik vraag, schreeuwend, of ze zich dit vroeger in hun verkeringstijd hadden kunnen voorstellen: samen eensgezind turen naar vlekjes en andere onvolkomenheden op aardappelen. 'Wat je noemt een droombaan,' roept Janny de Weerd schaterend, terwijl hun zoon beneden met een trekker onverstoorbaar doende is kisten met daarin duizend kilo gesorteerde pootaardappelen op elkaar te stapelen.

Het is helemaal niet erg, de herrie. 'Dan moet je eens een rooimachine tekeer horen gaan.' Buiten wachten de akkers, vandaag gehuld in donzige mistflarden, even zwijgzaam, waarachtig en geduldig als door de eeuwen heen op de invloeden van het onvoorspelbare weer. Strenge vorst is gewenst, maar niet te langdurig en ook niet te streng, want dan lopen de zorgvuldig selecteerde pootaardappelen in de schuur gevaar. De omgeving van de Waddenkust is gemaakt voor het telen van deze aardvruchten.

Bijna elk Nederlands woord heeft de afgelopen tweehonderd jaar wel een andere schrijfwijze gekregen, maar een 'aardappel' is in alle jaren een aardappel gebleven. Er woonde in de Westpolder ooit een familie Aardappel, vermoedelijk als gevolg van een uit de hand gelopen grap toen de burgerlijke stand tijdens het Franse bewind een achternaam vereiste. Want wie wil er vandaag de dag nog Aardappel heten? De laatste Aardappels liggen op de begraafplaats van Vierhuizen.

Het verbond tussen Janny en Jan de Weerd dateert van de jaren zestig van de vorige eeuw, toen zich op veel plaatsen ter wereld revoltes ontketenden, maar niet in de omgeving waar zij hun jeugd doorbrachten. Was er al een disco? Een organisatie zoals de Christelijke Plattelands Jongeren (CPJ) was er in elk geval wel. En die organiseerde activiteiten. 'Dat was een soort huwelijksbureau,' vertelt Jan de Weerd, terwijl zijn vrouw bevestigend knikt. Beiden hadden agrarische roots, dat was bijna vanzelfsprekend daar op het land in de schoot van de Waddenzee. Haar opa werkte op het land en haar vader was bedrijfsleider op een boerderij, totdat in de jaren zestig de mechanisatie het werk van mensen overnam. 'Ik heb het idee dat die ontwikkeling nooit zo snel is gegaan als tussen 1960 en 1970,' concludeert Janny. 'Vader' was opeens overbodig verklaard. Wanneer hij met terugwerkende kracht een oplossing opteert van zzp'er, wijst zij hem terecht, als het rumoerige sorteerhok heeft plaatsgemaakt voor de serene stilte van een huiskamer. De enige keer in mijn bijzijn. 'Nee Jan, dat is onzin. Van zelfstandigen zonder personeel hadden ze in die jaren nog nooit gehoord.'

Hoe goed je ook was geweest als landarbeider, niemand had je meer nodig. 'Echt een ramp.' Haar vader, die verscheidene monden moest vullen, ging uit arren moede werken op de afdeling debiteuren van een fabriek die pompen maakte. Ander werk was er eenvoudig niet, zeker niet in de agrarische sector en als 'ze' al iemand nodig hadden, moest je zo ongeveer afgestudeerd zijn als professor aan een landbouwuniversiteit. Het waren slechte jaren in de landbouw, zoals wel vaker.

Babyboomers brachten als vanzelf een onbreekbare wilskracht met zich mee, een nooit verwachte bonus misschien voor tragische lessen van de Tweede Wereldoorlog. Van haar aanstaande bruidegom kon moeilijk worden beweerd dat hij het al helemaal had gemaakt.

Kerken die houvast boden waren er genoeg in wijde omgeving. Kloosterburen was grotendeels katholiek, Kruisweg overwegend gereformeerd, Warfhuizen hervormd, net als Vierhuizen 'met een gereformeerde tak'. En Ulrum beschikte over vier kerken van 'alle soorten.' Geloof was een belangrijk bindmiddel. Nog wel. Moderniteiten zoals vakantie gingen grotendeels voorbij aan het platteland. Heel toevallig was Janny met haar klas weleens naar Frankrijk geweest, een groot avontuur waar nog jaren over is gesproken. Jan won als jongen een rondvlucht met vertrek uit Eelde en zag vanuit de lucht de vorderingen van de inpoldering van de Lauwerszee, in 1969 volbracht. Fantastisch! Het was de eerste en de laatste keer dat hij in een vliegtuig zat.

Je hoorde wel van leerlingen dat hun ouders een tent hadden gekocht of, nog luxer: een caravan! Het was heel uitzonderlijk om een dagje naar Amsterdam te gaan. In de landbouw had je 's zomers andere dingen aan je hoofd, zoals oogsten. 'Als we dan na veel schipperen een dag of drie eropuit konden gingen we naar familie in Emmeloord,' vertelt Jantje Udy de Weerd, meisjesnaam: De Boer. 'Daar was een oom werkzaam als landbouwvoorlichter in de polder. Hij wist precies wat er leuk was om te zien in de omgeving of beter: wat we leuk moesten vinden, meestal iets agrarisch natuurlijk.' Eerlijk gezegd stond vakantie niet hoog op haar eigen verlanglijst. Lekker geld verdienen in de supermarkt wel. 'Dan kon je zelf bedenken wat je daarmee wilde doen.' Vanuit de andere hoek van de huiskamer klinkt instemmend gemompel.

Eerst had IJsbrands opa de huurboerderij beheerd, en later zijn vader en oom. En nog altijd worden de akkers vanuit hier bewerkt. Met succes, mag je zeker zeggen, en tegelijkertijd heel voorzichtig, met 'niet-kerende grondbewerking'. Wat dat is zal nog blijken. In de tijd dat Jan voorzichtig de eerste danspasjes maakt met zijn aanstaande bruid, onder de vlag van de CPJ, krijgt hij het dringende advies een baan met meer toekomst te zoeken, bijvoorbeeld in het onderwijs. De jongen had er immers de hersens voor.

De Nederlandse landbouw kampte met overschotten die je aan de straatstenen niet kwijt kon, of er was juist een jaar voorbijgegaan met een drijfnatte herfst, waar die mooie moderne machines bleven steken in de modder en de halve oogst verpieterde. Het was hollen of stilstaan. 'Doe het niet,' zei zijn vader, een man van weinig woorden, met klem.

Hij deed het wel. Het boerenbloed kolkte in hem. Rond de Tweede Wereldoorlog waren er grote problemen gerezen met de Turkse arts die na het overlijden van zijn Nederlandse vrouw (uit een eeuwenoud Gronings geslacht) eigenaar van de 'beklemde' huurboerderij was geworden. Tijdens de oorlog had de arts zijn bolide er achter hooi en stro verstopt, maar dat had bij IJsbrands opa tot ondraaglijke spanning geleid, want iedere dag dreigde er Duitse ontdekking en dus vergelding.

Na de bevrijding was het oud zeer aanleiding om de boerderij te koop te zetten voor de hoogstbiedende. Dat kon wat betreft de Turkse arts nooit familie De Weerd zijn, die als pachters automatisch de eerste rechten hadden. Er volgden jaren van pesterijen. Bod aanvaard, bod ingetrokken, bod aanvaard en weer ingetrokken. En zo ging het maar door. Intussen stonden regelmatig wildvreemden aan de deur met de vraag of ze even binnen mochten komen, de boerderij stond immers te koop. Achteraf bleek pas dat de gebouwen jaren onverzekerd waren geweest tegen brand, relatief veel voorkomend op het platteland. Uiteindelijk verkocht de dokter de boerderij aan een andere particulier uit het noorden, die het als beleggingsobject kocht. De familie De Weerd ging automatisch mee.

Opa Jannes was schaapsherder geweest en had vanaf de Drentse heide de sprong naar Groningen gewaagd, waar hij een slagerij in Warfhuizen opzette. Toen twee van de vijf kinderen aangaven boer te willen worden, raadde vader zijn zonen aan eerst *volontair* te worden. Tegenwoordig zeggen ze stagiair. 'Ga daar maar een paar jaar werken. Dan bennen ze wel genezen,' vond Jannes. Maar dat was niet zo. Met de opbrengst van de verkoop van de slagerij gingen de jongens aan de slag in Broek, een buurtschap bij Kloosterburen. Alle geld ging op aan de pacht, die vooraf moest worden betaald. Het was een enorm risico, want het was 1932, crisistijd.

Het was een nog groter risico om vier jaar later te verhuizen naar de paar kilometer verderop gelegen (grotere) boerderij zonder naam aan de Ommelanderweg, aan de voet van de oude zeedijk. Jannes durfde wel ('maar werd later veel voorzichtiger,' aldus zijn zoon in 2021), zijn broer IJzebrand minder. Toch zetten ze door. De twee volhardende zonen, beiden vrijgezel, kregen versterking van hun jongere zus Wubbegiene, een heel gebruikelijke gezinssamenstelling op het boerenland, waar iedere mond er een was. De twee mannen werden soms geholpen door hun vader, die ook op de boerderij kwam wonen. Ze probeerden zoveel mogelijk van het zware werk voor eigen rekening te nemen, maar dat werd door omringende dorpsbewoners niet erg op prijs gesteld. Die waren gewend dat de herenboerderijen, de 'dikke boeren' met hun slopjassen en bretels, de dorpsbewoners inhuurden voor dat zware werk. De jongens De Weerd evenwel stootten met hun streven naar zelfredzaamheid toch algauw twee gezinnen uit de omgeving het brood uit de mond. Er werd schande over gesproken.

Zeg dus nooit tegen de Jan de Weerd van 2021 dat het succes hem in de schoot is geworpen en dat boeren zo gemakkelijk hun geld verdienen, of zouden hebben verdiend, en inmiddels kunnen beschikken over miljoenen als ze dat al zouden willen. Dat miljoenenverhaal klopt overigens wél, de tegenwoordige grondprijzen in aanmerking genomen. We hebben zijn zoon IJsbrand, eigenlijk IJzebrand geheten (genoemd naar de hardwerkende oom uit de crisisjaren), al vanaf de zeedijk horen dagdromen. Maar dan moet je natuurlijk geen akkerbouwer zoals hij willen zijn, die zo goed mogelijk dat dure land wil bewerken, maar een grootgrondbezitter die casht. De familie mocht zich in 1995 eigenaar noemen van de boerderij, de enige in wijde omtrek zonder naam. Met hard werken hebben ze als pachters, wat een deel van het aanpalende land betreft 'beklemde meiers' genoemd, uiteindelijk de hoofdprijs gewonnen. Maar daarvoor moesten de 'beklemrechten' worden afgekocht tegen een veelvoud van de oorspronkelijke bedragen. Toch was dat vergeleken met de huidige grondprijzen eerlijk gezegd een lachertje.

II

'Beklemd land' is even gebruikelijk als uniek voor dit vruchtbare stukje Nederland. Geuchien Zijlma (broer van de eerdergenoemde Jan Zijlma), alweer een 'dikke' boer uit de Westpolder met een goede pen, componeerde in 1891 vanuit zijn kop-hals-rompboerderij Nieuw Zeeburg een vrolijk essay waarin hij poogt uit te leggen wat een 'beklemde meier' is, de pachter met vergaande bevoegdheden:

De beklemde meier, hoe zegt ge?

Och den beklemde meier is in den regel een boer uit de Ommelanden.

Waarom zegt ge dan meier? Hoe komt ge daaraan.

Het is de algemene benaming, waarschijnlijk afgeleid van maaier, gebruiker, oogster.

Zo en wat voor benauwdheid heeft die man?

Niemendal, hoe komt ge daarop?

Wel, ge noemt hem immers beklemd, wat is dat anders?

O dat heeft hier een geheel andere betekenis. Het is een verouderde uitdrukking. Beklemd zijn komt van het oude 'medebeklemmet', mede belast of ook wel 'aan vast gehecht zijn'.

Of ik daar wijzer door word. Wat wil dat eigenlijk zeggen?

Het wil zeggen dat hij geen eigenaar is en dus jaarlijks aan zijnen eigenaar de landhuur moet betalen.

Zo nu kom ik erachter, het is een pachter. Maar waarom zegt ge dan ook niet eenvoudig huurboer?

Huurboer, dat zou te dwaas zijn. Hij woont er voor vast en de eigenaar kan hem niet van zijn erf jagen.

Maar hij betaalt toch jaarlijks zijne huur, zegt ge.

Zeker, maar daarom heeft toch de eigenaar over zijn land niet te bevelen. Hij kan niet eens de huur opzeggen. De beklemde meier handelt geheel naar goedvinden, hij kan naar believen zijn land bebouwen of weiden zelf gebruiken of verpachten, verkopen en overdragen zo vaak en naar wie of wien hij maar wil. (...) De beklemde meier heeft alles voor zijne rekening tot en met de belasting incluis. De fiscus wendt zich in de eerste plaats tot hem.

Maar dan is hij immers eigenaar?

Nee dat is hij niet. Ik heb u gezegd: hij betaalt jaarlijks aan zijnen eigenaar de landhuur.

Maar op die manier zou ik als eigenaar niemand willen inboeken.

Het zou u lelijk bekomen. Ge zoudt moeten.

Moeten? Nu nog mooier, wie zal mij dwingen?

Natuurlijk de beklemde meier. Hij heeft daartoe het recht.

Recht, een huurboer recht om tegen wil en dank huurboer te worden en te blijven. Recht om nota bene nog daarenboven een andere huurboer aan te stellen om de eigenaar te dwingen. Een gevaarlijk sujet voor den eigenaar, zo'n beklemde meier. Dat moet ik zeggen. Een miserabele contradictie van vreemdsoortig recht en onrecht blijft het in elk geval. Voor den vreemdeling is het abracadabra. Hiermede basta goede vriend. Doe verder maar gene moeite, want ik snap er geen sikkepitje van.

Een ingewikkeld verhaal, eenvoudig uitgelegd. Het unieke, voornamelijk Groningse stelsel kwam voort uit heel slechte oogsten van voorbije eeuwen en gaf meer zekerheid aan 'pachters' om te durven investeren en innoveren. Alleen op papier waren zij geen eigenaar. Je zou het ook een bewijs kunnen noemen van typisch Groningse boerenslimheid. Het staat met terugwerkende kracht wel vast dat de landbouw in deze uithoek van Nederland dankzij de 'meiers' kon floreren, meer dan elders.

De 'beklemming' komt op bescheidener schaal nog steeds voor in de provincie Groningen. Er bestaan woningen met 'beklemrecht' en nooit geïndexeerde bedragen, waardoor soms de administratieve kosten hoger zijn dan de 'huur'-opbrengst van een paar gulden. De meeste 'beklemde' akkers zijn in de loop der jaren afgekocht, mede onder invloed van het wetmatig 'loslaten' van de grondprijzen in 1963, waarna de vrije markt haar gang kon gaan met gevolgen tot op de dag van vandaag. Het ingewikkelde 'beklemde' grondrecht, het eeuwigdurende recht om te huren, heeft de familie misschien een handje geholpen bij het eigendomsrecht van 1995, al zegt Jan de Weerd dat niet te geloven. Het was een zaak van willen, kunnen en vooral doorzetten. Tot dat jaar waren land en roerend goed beleggingsobjecten, toen kinderen van de laatste eigenaar kozen voor het ogenschijnlijk snellere geld van de aandelenmarkt en de deels 'beklemde' huurders de kans kregen van aankoop. De grondprijzen gingen sindsdien alweer diverse keren over de kop. Een hectare is nu ongeveer 110.000 euro waard.

De aankoop van de boerderij zonder naam zou anno 2021 onmogelijk zijn geweest. Jan en Janny hadden het geluk dat ze een deel van de zeventig hectare konden onderverhuren, anders hadden ze nooit de hypotheekrente van dertien procent kunnen betalen. Laat staan kunnen aflossen. Vijfentwintig jaar later staat alle land (kwelders, slikken, dijk en akkers) onder eigen beheer, en is voor honderd procent hun eigendom geworden. Een kwestie van heel zuinig leven en hard werken. Desnoods soms een investering uitstellen om een flink bedrag te kunnen aflossen. Desnoods de trekker nog maar eens een ingrijpende onderhoudsbeurt geven in plaats van een nieuwe aan te schaffen. Hun pootaardappelen hebben inmiddels alle kanten van de wereld gezien.

Je moest natuurlijk wel omzet draaien. Ja, ook Jan en Jannie, de ouders van IJsbrand de Weerd, werden als vanzelfsprekend meegesleept door een systeem waarvan pas achteraf, en na vele decennia, kan worden ingezien dat het behalve steeds grotere oogsten ook schade bracht aan zowel de bodem als de biodiversiteit. Ja hoor, ook op hun bedrijf liepen vertegenwoordigers van de kunstmestindustrie de deur plat. Om het in jargon kernachtig uit te drukken: het was het verhaal van SFK – stikstof, fosfaat en kali, de aanjagers van groei en bloei. Niets zo gemakkelijk als het goedje uit de fabriek. Waren er delen van akkers die wat achterbleven in de groei? Hup, een handje kunstmest erop. Zo kon je de hoekjes mooi 'bijkleuren'.

Het spul ruikt een beetje, maar lang niet zo penetrant als echte poep. Wel zo gemakkelijk, omdat de echte mest van elders moest komen en niet meer uit eigen stal afkomstig was. Dat was een gevolg van een nieuwe regel uit de reglementenfabriek van Den Haag. Melkbussen werden uit hygiënische overwegingen verboden verklaard. Ieder bedrijf met koeien moest beschikken over een (gekoelde) melktank.

Het betekende een nieuwe investering, nog in de tijd van huurboerderij en beklemrechten, met het gevaar dat de investering alleen de eigenaar ten goede zou komen. Zijn vader en oom hebben in de jaren zeventig nog even overwogen om voor honderd procent om te schakelen naar veeteelt en een moderne ligboxenstal te bouwen, een investering van ten minste een half miljoen gulden. Zij kregen groen licht, maar wel onder voorwaarde dat de nieuwe accommodatie na tien jaar zou toebehoren aan de eigenaar. Het vele geld, nodig om de bouw te realiseren, kon je niet 'even' binnen die periode afschrijven. Dus werd de kleine veestapel, bestaande uit een stuk of 25 'heel mooie Friese koeien', dan maar opgedoekt. Met pijn in het hart. Weer een nieuwe overheidsregel die meer kapot maakte dan een weldenkend mens lief kan zijn, zo zeggen Jan en Janny in koor.

Ze zijn het er helemaal mee eens dat de sector anno 2021 een bijdrage moet leveren aan de verbetering van milieu en natuur, aan de klimaatakkoorden, de stijging van de zeespiegel en noem maar op. Al die dingen waarvan 'die linkse groene mensen' de mond vol hebben. 'Maar intussen wel zelf drie keer per jaar met het vliegtuig naar Bali reizen. Lekker gemakkelijke levensstijl! Verbeter de wereld en begin bij jezelf, zou ik zeggen.' Alles moet beter en alles moet goedkoper. Eén ding is zeker voor boer en boerin: het schuim van de handel levert meer op dan het zweet van de arbeid. Ook hun zoon loopt 'tegen van alles aan' op weg naar verandering. Wat willen die groene mensen toch, is het echt de bedoeling dat alle voedsel van het land straks van ver moet komen? Allemaal uitroep- en vraagtekens, om beurten geplaatst in de woning met vrij uitzicht. Misschien komt het door het Groningse accent met de langgerekte klemtonen aan het einde van woorden dat de kritiek nooit hard, maar bijna lief klinkt.

Er volgt een actueel voorbeeld uit de kalvermesterij, een steeds groter probleem vanwege 'grensverleggende' productie. De dieren komen van heinde en ver om in Nederland te worden vetgemest. 'Onze dochter Paulien,' vertelt Janny de Weerd, 'is dierenarts en werd geconfronteerd met een prachtig kalfje dat geëuthanaseerd moest worden, omdat het te klein was. Houd het dier wat langer op de boerderij, zou je zeggen, totdat het streefgewicht is bereikt. Maar dat mag niet van de regels.' Ze hebben zich over het koetje ontfermd, dat op de naamloze boerderij in Hornhuizen een koninklijk leven krijgt.

Ze hadden onlangs eerst niet durven kijken naar een documentaire over de noodzaak van een gezonde bodem, want tegenwoordig doe je niets meer goed. Maar gelukkig viel het mee; hun zoon had dat ook al gezegd. Het ging om grond met wormen, schimmels en mineralen. Er kwam een jonge wetenschapper in de uitzending voor die de bodem had onderzocht op aanwezigheid van 'leven'. Prachtige voorbeelden van natuurboeren. Ook het andere uiterste kwam voorbij: een maisveld waar met de grootste moeite één wormpje werd gevonden. 'Maar dat was een perceel waar al jaren achter elkaar alleen maar mais was geteeld.' En dan put je dat kostbare land dus uit. 'Je moet heel goed nadenken bij akkerbouw,' zeker bij een gewas als pootaardappelen, dat grote expertise vereist.

Was het niet het jaar 2019 geweest waarin oogsten mislukten door langdurige droogte? En waren de opbrengsten elders niet verloren gegaan, terwijl in de Westpolder weinig aan de hand was? 'Ik durf wel te beweren,' zegt Jan de Weerd, 'dat dat komt doordat we toch net iets beter voor de grond zorgen.' Het heeft misschien wel iets te maken met de aard van het beestje, denkt hij. 'Groningers lopen niet snel voorop, wachten over het algemeen wat langer af. Ze zijn bedachtzamer, maar doen misschien uiteindelijk de betere dingen.' Het zijn in ieder geval geen Hollanders, 'die overal voorop rennen. Die doen eerder dan dat ze denken, en ja, dan kan het weleens fout gaan.'

En zie het echtpaar zitten, in hun gerieflijke woning te Leens, met bijna onbelemmerd uitzicht op landerijen. Hun zoon, de oogappel, zal het bedrijf binnen een paar jaar in zijn eentje runnen, en nota bene op 'toekomstvriendelijke' wijze. Hij is vrijgezel, getrouwd met de akkers die zo veel historie herbergen. Met boerderijen als paleizen zover het oog reikt, en binnen de dikke muren de 'dikke boeren' die vaak beter konden schrijven dan dat ze koeien konden melken en graan verbouwen. 'Wij zijn het Wassenaar van het Noorden,' had de zoon me eerder gezegd. Ik begin te begrijpen wat hij bedoelt. 'Als je een rijke geschiedenis zoekt met heel karakteristieke hoofdrolspelers, dan moet je hier zijn in de Westpolder,' voegde hij eraan toe.

Hoe wordt een rekenmeester rentmeester? Dat is de centrale vraag in de zoektocht naar eerlijke landbouw voor boer, dier en consument. Eerlijker zullen we alles delen? Nergens zijn de contrasten groter dan in dit deel van Nederland, waar een legertje schrijvende boeren en journalisten mij is voorgegaan om hun tanden stuk te bijten op die tegenstellingen. In Frank Westermans bekroonde boek *De graanrepubliek* staat de strijd tussen armoede (van de arbeider) en rijkdom (van de herenboer) centraal. Het graan wuifde toen ook al in de Westpolder, mee in de richting van de windvaan, nog steeds, alleen levert dat gewas tegenwoordig niets meer op. Rebellie op communistische en socialistische grond gestoeld bereikte dit deel van de Ommelanden niet of nauwelijks. Verdriet, pijn, veel armoede wel. Het waren net mensen, zowel de dikke boeren als hun opvolgers die alleen maar kunnen lachen om dat bijvoeglijke naamwoord.

III

Hemelsbreed ligt de boerderij Nieuw Zeeburg, waar Geuchien Zijlma zijn boeken schreef en van waaruit hij posities verwierf in Eerste en Tweede Kamer en onder meer een strokartonfabriek hielp oprichten, hooguit twee kilometer verwijderd van de burcht zonder naam van de familie De Weerd. Op Nieuw Zeeland speelde zich in 1869 een drama af dat het leven van de parlementariër annex herenboer heeft getekend. Zijn beeldschone bruid Itje Dijkhuis overleefde de bevalling van hun eerstgeborene niet, een zoon, en ze werd op 29-jarige leeftijd naar de begraafplaats van

Vierhuizen gebracht. Geuchien zou zijn hele leven een flesje met daarin een haarlok van zijn geliefde bij zich dragen.

Jan en Jantje de Weerd maakten ook een tragedie mee. Hun eerstgeborene, Jannes IJzebrand, overleefde het kraambed niet. Totaal onverwacht, niets had op complicaties gewezen. Het was logisch dat hun tweede zoon IJzebrand Jannes moest heten, vernoemd naar zowel opa als zijn broer, 'gebroeders onlosmakelijk aan elkaar verbonden'. De voornaam koppelt de opvolger levenslang aan zijn oom. Het verdriet stopte je in hard werken, nog harder werken. Niet over praten, zwijgen. En misschien lukte de verwerking toch iets beter op het land, waar de natuur zijn gang gaat zonder zich iets aan te trekken van pijn en moeite. Dat was al zo bij Geuchien Zijlma in de negentiende eeuw.

Veel aardiger om te memoreren is dat het kleine jochie, de beoogde troonopvolger, begon met spitten zodra hij kon lopen. Echt waar. De anekdote deed het goed op verjaardagen en partijen, zoonlief is er inmiddels wel klaar mee. 'O ja, dát verhaal...' Hij schommelde daar op zijn kleine beentjes naar buiten, stopte een paar aardappelen in de grond en was bijzonder teleurgesteld bij de ontdekking dat er halverwege de winter helemaal niets mee was gebeurd. Wat was er misgegaan? Hij ging er niet bij janken, vertelt zijn moeder. In dat opzicht was de jongen geen stereotype boer, 'want die janken en klagen immers toch alleen?' zegt ze cynisch.

De De Weerds zijn lang buitenstaanders gebleven, daar in de polder die gemaakt was voor en door rijke herenboeren. Het verkleinwoord hebben ze nooit horen uitspreken, maar zou het kunnen zijn dat er aan de keukentafels van de luxueuzere monumentale boerderijen met schitterende namen wel eens is gesproken over de *broertjes* die boertjes wilden zijn? Als ik vraag of zij zich ook echt buitenstaanders hebben gevoeld, antwoorden ze allebei bevestigend. Janny lacht er schamper bij: 'Vader en oom werden erop aangekeken dat ze "slechts" een pachtboerderij hadden, een van de weinige in de wijde omgeving. Je moest niet verwachten dat je ergens op de koffie werd uitgenodigd.' Was dat te eenvoudig voor deze rijke omgeving? Gretig: 'Ja, ja!' Toen de familie Van Wesemael haar intrek nam op boerderij Westerhorn, was de eerste reactie nog geweest: 'Ach, wat enig, die mensen,' vertelt Janny de Weerd. 'Maar toen wij kwamen was er niets meer enig, wij waren de boertjes van buten.' Maar vooropgesteld: later ontstond een compleet andere buurt. 'Veel socialer.'

Zij tegen hem: 'Jij hebt weleens gezegd dat de vader van de dames echt wel een prettige persoonlijkheid was.' Met 'de dames' worden Jacobien en Klaziena Louwes bedoeld, de eigenzinnige en kleurrijke eigenaressen van Nieuw-Midhuizen in Vierhuizen. Hun voorouders waren medeverantwoordelijk voor de inpoldering van de Westpolder en hun vader was in de eerste plaats 'een vergaderboer', beslist niet oneerbiedig bedoeld. 'Dan keerde hij weer terug van een of andere missie in Den Haag of het buitenland,' zegt Jan de Weerd. 'Vervolgens draaide hij ter hoogte van onze akkers het raamportier van zijn wagen open en vroeg hoe het ging. Die man was heel sociaal.' Ja, zeg dat wel: heel bijzondere vrouwen, de twee opvolgsters, merkt de een op terwijl de ander knikt, daar kan geen twijfel over bestaan. En ze zijn ook voorzichtig bezig om te schakelen (naar biologisch), wist ik dat al? 'Veel langer dan wij. We hebben weleens half schertsend tegen ze gezegd: het schiet niet erg op bij jullie met de transitie.'

Het moet anders en het kan anders. Daar zijn de ouders van IJsbrand de Weerd het wel over eens, nadat ze door hun zoon ervan werden overtuigd. Hoewel zeker niet meteen. Hij haalt in de ogen van vader allerlei riskante experimenten uit met de grond, bijvoorbeeld door resten van vorige oogsten rustig te laten liggen, een doodzonde naar oude landbouwwetten. Senior houdt zijn hart vast. Kan dat wel goed gaan? Bij een eerdere ontmoeting had de vader mij een vakblad meegegeven, *Akker van het Noorden*, met het dringende advies een artikel te lezen over een 'verwante' boer die zegt 'met de natuur mee te willen boeren' zonder meteen een voorloper genoemd te worden. Verderop in het blad staan alarmerende stukken over temperatuurverhoging, droogte en verzilting. 'De veranderingen gaan snel, vergis je niet,' zegt Jan de Weerd daarover.

Op de vraag of 'er de afgelopen dertig jaar roofbouw is gepleegd op de grond' volgt in het vakblad een bevestigend antwoord, voorzichtig geformuleerd: met z'n allen zijn 'we' een bepaald economisch model ingegaan. Een verkoper van agrarische producten: 'Laatst zei een boer: jij moet ervoor zorgen dat we voldoende middelen houden zodat ik "volle bak" kan spuiten. Dan zeg ik: houd er maar meteen mee op, want die tijd is voorbij. Boeren mogen straks alleen nog maar spuiten op recept.'

Het 'voelt' nu eenmaal beter, zegt Jan de Weerd (door zijn zoon 'machineboer' genoemd): veel voorzichtiger manoeuvreren op het land met lichter materiaal, het liefst kleinere trekkers om de bodem te ontzien. En toch. Als hij zelf had moeten kiezen voor een duurzamere bewerking van het land... Dan weet hij nog niet zo zeker wat hij had gedaan. 'Het is veel moeilijker dan je denkt.' Hij erkent volmondig dat hij, zoals vrijwel alle collega's, hard heeft meegedaan aan roofbouw. 'Dat zeg je met de kennis van nu,' voegt zijn vrouw daaraan toe. 'Je moet je even verplaatsen in de tijd van toen.'

Ze spreekt het 'toen' met klem uit. Je wist toen niet dat je kwik, tot halverwege de jaren tachtig gebruikt om ziektes te bestrijden, beter had kunnen laten staan. De pootaardappelen werden eerst in een kwikbad gedompeld voordat ze in de grond werden gestopt. Eventuele restanten moesten worden vernietigd, want te gevaarlijk om 'bovengronds' bewaard te worden. Er was (nog) geen alternatief. Neem DDT, destijds mede gefabriceerd door Shell en aanvankelijk wereldwijd juichend ontvangen door akkerbouwers. Het duurde even voordat wetenschappers, gealarmeerd door vogelaars, konden aantonen dat dieren en met name roofvogels op grote schaal werden vergiftigd. 'Als er geen andere middelen waren gekomen, spoten we er nog mee,' aldus Jan de Weerd. 'We wisten niet beter dan dat het goed was.' Vroeger thuis heeft hij zijn vader fruit dat van de bomen kwam met DDT zien behandelen, voordat het werd geconsumeerd. Er zaten wormpjes op. 'Ja echt, zo ging het toen.' Het gif wordt nu nog steeds teruggevonden in grondmonsters.

Uit het voorwoord in het boekje *Shell en het platteland*: 'Tussen het agrarisch bedrijf en de aardolie-industrie bestaat nog een andere band dan alleen de donkere aarde, waarin beider bestaan wortelt... Nog een andere binding ook dan het voedsel, waarvoor de werkers der petroleumondernemingen zich, als alle mensen, op U, agrariër, verlaten... Daar is die veelheid van waardevolle hulpstoffen, waarmee de aardolie-industrie U in huis, hof en veld terzijde staat!. Opdat geen dezer middelen onbenut aan U voorbijga, wordt dit boekje U aangeboden door...'

Zo was het toen. En hoe is het nu? Nu volgt vader de sporen die zijn zoon met mathematische precisie trekt op het land dat zo veel zweetdruppels van hem bevat. Moeilijk?

Ja dat wel. 'Maar ik ben het eigenlijk wel met zijn aanpak eens. Als ik nu zelf "op en top gangbaar" was geweest, zou het frictie hebben gegeven. We denken inmiddels ongeveer hetzelfde.' Je kiest voor kwaliteit in plaats van kwantiteit, zonder dat het (voorlopig) een dubbeltje extra oplevert. Het was een tegenvaller dat zorgvuldiger bewerken, met minder chemie, niet tot meer opbrengst leidde. 'Dat hadden we eerlijk gezegd wel een beetje verwacht.' Dezelfde opbrengst met waarschijnlijk een weerbaarder en ten minste gezonder product. Met meer smaak en inhoud. 'Dat laatste nemen we tenminste aan.'

Lekkerder zoals het 'toen' nog gebruikelijk was om als consument je eigen plek met voorkeurrassen op de akker aan te wijzen voor de aardappelen die per mud (70 kilo) rechtstreeks voor de winter in speciale aardappelkelders werden volgestort. O, een gedoe! Dan kwamen de mensen langs om een zakje van een paar kilo 'voor te proeven'. 'Die consument bestaat niet meer,' stelt Janny de Weerd. 'In het studentenhuis van onze dochter wisten ze niet eens dat je een overgebleven paprika ook heel goed kan invriezen.'

Het moet anders, het gaat anders. Straks staat hun zoon helemaal op eigen benen. Zal het wel lukken alleen, moet er geen medewerker bij? En komt dat financieel uit? Dat zijn de zorgen van pa en ma. Ze kunnen er straks misschien wat vaker op uit, dat is mooi. Er gaat geen jaar voorbij zonder een bezoek aan Greetsiel, een pittoresk vissersplaatsje in Duitsland, heel goed te vergelijken met Zoutkamp. Ver van huis hoeven ze niet, laat staan vliegen. Jan heeft eens berekend hoeveel brandstof het kost om naar Bali te vliegen. Per uur. Die hoeveelheid gebruiken ze daar op de boerderij bij de oude zeedijk niet eens in een heel jaar! En daar maken zij vele duizenden kilo's kostelijk voedsel van.

5. Doordacht duurzaam 'spuiten'

I

Het behoudende heeft hij van zijn vader, zegt Geert Jan Duisterwinkel, maar nu gaat hij toch aan iets nieuws beginnen. Hij zal het diverse keren zeggen: je moet wat hij samen met zijn bevriende collega's wil doen beschouwen als een experiment. Het hoeft niet, het moet niet, zeker niet om het geld.

Op de fiets zie je het behoudende helemaal niet terug. Geert Jan is beresterk, zeggen de twee vrienden, die trapt zijn racefiets aan gort als hij niet oppast. Veel te fanatiek, ze kunnen hem niet meer bijhouden en gaan er de laatste tijd maar met z'n tweeën op uit. De beer heeft sterkere fietsmaten gevonden of doet het desnoods alleen.

Het is winter en Geert Jan zit binnen op zijn fiets; hij doet dat een uur of anderhalf, terwijl hij zwetend kijkt naar Netflix. Misschien is er wel een topsporter aan hem verloren gegaan, wie zal het zeggen. Hij heeft er het karakter voor. Of toch niet? Hij durft bijna niet te zeggen hoe zwaar hij is. 109 kilo bij 187 centimeter. Gelukkig schatten de meesten hem veel lichter in, maar goed, hij zal dus wel moeten bewegen. Fanatiek. En fanatiek is hij sowieso, dus ook met 'iets nieuws' proberen.

Hij woont in een van de boerderijen met de meeste historie. Klein Midhuizen verwijst naar de ligging, ongeveer halverwege Vierhuizen en Hornhuizen. Monumentaal erfgoed, omringd door grachten. Als de wind goed staat, kun je hier op sommige dagen de Waddenzee ruiken. Er woonden illustere bewoners in Klein Midhuizen. Spreek in dit deel van Nederland de namen Loots en Beukema (vroeger Boykema geheten) met het nodige respect uit. Verschillende nazaten van de Beukema's boeren hier nog altijd en zonder de Lootsen was er misschien wel nooit een Westpolder geweest.

Generaties Loots deelden hier lief en leed. De eerste muren dateren van het begin van de achttiende eeuw. In 1946 huwde een dochter van Rijpko Jan Loots met Theodoor Niemeijer, een leraar geschiedenis. Deze Catharina Eetje Loots-Niemeijer en familie gunden in 2008 het monumentale gebouw met omringend land aan de man die zichzelf aan de zware kant vindt, maar beslist geen 'dikke boer' genoemd wil worden. Het bod van een kerkelijke stichting vonden ze te laag en wezen ze af. En Geert Jan was de zoon van Jan en Ada Duisterwinkel, pachters, bedrijfsleiders en vennoten in een maatschap met de Niemeijers. Het zijn veel antecedenten bij elkaar, maar het moet even om de historische context te begrijpen en vooral waarom de zoon zich boer blijft noemen, terwijl hij inmiddels niets anders is dan een 'dikke boer'. En daarmee past hij weer prima in de omgeving, eeuwenlang bepaald door de herenboeren.

'Ho, ho,' protesteert Geert Jan Duisterwinkel op een midwinterse regendag. 'Ik heb er een andere baan bij, dus ik sta niet met mijn duimen achter de bretels alleen maar toe te kijken.' Hij is sinds twee jaar verkoper van landbouwmachines. Het liefst zo groot mogelijke, als het aan zijn baas ligt, hoewel Geert Jan ook deze vaststelling onmiddellijk wil relativeren.

Dat is wel weer een tegenstrijdigheid, een van de vele bij de boeren die ik spreek. Het is zo langzamerhand wel

Rechts: *Geert Jan Duisterwinkel in het biologische uienveld van de drie fietsvrienden*

bekend dat je de kwetsbare Nederlandse grond, die je wilt verwennen zoals het een rentmeester betaamt, beter niet met al te grote machines te lijf kunt gaan. Ik stond even eerder bij het betreden van het erf naast een tractor waarvan de banden tot mijn kruin reikten. Het was de spuitwagen, 'de spuit' genoemd, een indrukwekkend apparaat met enorm lange en uitklapbare tentakels. Wie weleens over het platteland rijdt weet precies wat er wordt bedoeld. Reusachtige spinnen van metaal die een vloeistof uitscheiden. Maar wat precies?

De spuit, daar gaan we het straks nog over hebben. Maar eerst moet de ogenschijnlijk dubbelzinnige rol van deze hoofdpersoon nader worden verklaard. Want je hoort niet vaak dat een boer uit vrije wil zijn land prijsgeeft aan anderen, in dit geval een medewerker op wie hij weet te kunnen bouwen. Dat hoorde je wel over vroeger, met herenboeren in de hoofdrol, maar nu toch niet meer? Zijn kompaan, IJsbrand de Weerd, heeft bij een eerder tweegesprek beweerd dat Geert Jan 'het gevoel van vrijheid' waarover je zo veel van zijn collega's hoort, 'niet zo' heeft.

'Ik wilde na negentien jaar iets anders,' bekent hij op deze regendag. Maar dan doelt hij voor de goede orde niet op 'iets nieuws' uit de eerste alinea. Hij is nog steeds degene die bepaalt wat er gebeurt op zijn bedrijf en welke kant dat opgaat. De lange termijnplanning, en wat hem betreft de 'zeer lange termijnplanning'. Over de zeer lange termijn zou het wel moeten gaan in een sector die moet veranderen. Of zou moeten veranderen.

Van groot, groter, grootst naar... Ja, naar wat eigenlijk?

Binnenkort vertrekt een lading pootaardappelen naar de haven van Harlingen, waar een schip gereedligt om de kostbare gewassen naar Algerije te vervoeren. Aan de hand van de klimaatzones kun je voorspellen welke landen in de wereld aan de beurt zijn voor het pootgoed en wanneer het in de grond kan worden gestopt voor de wonderbaarlijke vermenigvuldiging. Gegeten wordt er overal, maar de moedervruchten doen het nergens beter dan juist in dit noordelijke Waddengebied. Dat heeft te maken, zo kunnen de experts eenvoudig uitleggen, met het klimaat. Met zeewind en gematigde temperaturen, hoewel die zich de laatste decennia nergens meer iets van lijken aan te trekken.

Luizen, verwekkers van allerlei ziektes zoals de beroemde aardappelziekte phytophthora, houden vooralsnog niet van deze omgeving. Het is niet al te chauvinistisch of overdreven om vast te stellen dat Nederland, en met afstand dit noordelijke deel, de nummer één van de wereld op exportgebied van pootgoed is.

Gegeten wordt er overal, maar er zijn inmiddels vele restricties door de invloed van de coronapandemie. In het Verre Oosten slaan sommige afnemers een jaartje over en stoppen het zaaigoed nog eens in de grond. Dat kan, mede dankzij het Nederlandse keurmerk, alleen gaat het wel ten koste van kwaliteit en smaak. Dat is een van de uitvloeisels van de dictatuur van de wereldmarkt, beaamt Duisterwinkel. Lange tijd veel minder olieopbrengsten betekent dat ergens in de wereld de hand op de knip gaat. Dat doet hij zelf trouwens ook. De gevolgen van de wereldwijde uitbraak schelen hemzelf, zo schat hij, algauw omstreeks een ton. En dan stel je simpelweg wat geplande investeringen een tijdje uit. Zoals vervanging van het asbest op een van de schuurdaken, wat minimaal vijftig mille kost. Rentmeester en rekenmeester, dat moet samen gaan.

II

Zijn opa was een pionier in de Noordoostpolder, toen die net was opgeleverd. Intussen maakte diens zoon een stuk noordelijker een begin met de aardappelteelt toen het gemengde bedrijf door de familie Niemeijer om praktische redenen werd beëindigd. Bedrijfsleider Jan Duisterwinkel had er altijd gewerkt alsof het zijn eigen land was. 'Een goede boer denkt in kansen,' zegt zijn zoon jaren later. Kansen waren er volop met de teelt van pootaardappelen. Maar je moest wel 'een berg' expertise meebrengen. Te droog, te nat, te warm, te koud – geen ander gewas dat zo heftig kan reageren als de ouderwetse piepers, en dan is er ook nog een wereld van verschil tussen 'poot' en 'consumptie'. Pa kon het goed. Hij stierf onverwacht, in 2013, aan de gevolgen van een hartinfarct. Zijn vrouw, Ada Vaandrager, was twee jaar eerder aan kanker overleden. Ze werden respectievelijk maar 69 en 63 jaar oud.

De ouders hadden met hart en ziel gewerkt in de Westpolder, inderdaad alsof het eigen land was. En zo vreemd was het dus niet dat de eigenaren het land met opstal gunden aan de mensen die zo hard hadden gewerkt om het land te verleiden tot gulle gaven. 'We konden het bedrijf voor een heel schappelijke prijs overnemen, anders was het niet gelukt.' De zoon, die net een jaar achter de rug had op de Universiteit van Wageningen, deed al sinds 2004 even hard mee. De koop werd definitief in 2008.

Zeker is wel dat een dergelijke transactie twaalf of dertien jaar later onmogelijk was geweest vanwege de torenhoge grondprijzen. De fanatieke wielrenner is op papier miljonair.

Op de beste dagen haalt hij een gemiddelde van 32 kilometer per uur op zijn fiets. Het liefst op de voor hem geijkte route van vijftig kilometer door Friesland en Groningen met het Lauwersmeer als trouwe toeschouwer, altijd aanwezig. Blind gaan en na afloop 'kapot' van zijn fiets vallen. Het liefst twee keer in de week, weinig tijd om na te denken. Elke duur-junk weet wat hij voelt. Bij alles snel verveeld, maar het vaste rondje kan hem niet vast genoeg zijn. Hoe staat het met zijn geduld als rentmeester van zijn land?

Je kunt onmogelijk beweren dat 'de poot' (de pootaardappel) niet goed rendeert en dat geldt al voor bijna twee decennia. In goede jaren 'scoort de poot hoog in de 30 cent' per kilo. Bij uien kan het gebeuren dat een kilo minder dan een cent oplevert, maar een seizoen later het dertigvoudige. Dat gewas is Russische roulette. De prijs voor volksvoedsel nummer één – de concurrentie van alternatieven zoals linzen en couscous groeit gestaag, terwijl onder andere in Azië nieuwe markten worden aangeboord van aardappeleters – varieert, maar is lang niet zo onevenwichtig als bij uien.

Toch zijn er grote inkomensverschillen in Nederland, aangetoond door wetenschappelijk onderzoek van de Wageningen Economic Research (WER). Een hectare pootaardappelen kan 15.500 euro opbrengen, maar evengoed 8500. Duisterwinkel heeft de bedragen paraat. 'Het is dus niet zo dat iedereen even goed verdient.' Kwaliteit van de grond maakt het verschil, samen met de vaardigheden van de teler/ondernemer en – eerlijk is eerlijk – ook een gelukkige hand bij de keuze van het zaaigoed. Vijftig hectare kan dan 'zomaar' een verschil van tonnen (euro's) per oogst maken.

In het kantoortje grenzend aan de boerderij, 'kantine' genoemd, hangt achter hem een poster van *De Poolse bruid*, de film uit 1997 over uitbuiting en misbruik van een prostituee. De film speelde zich voor een belangrijk deel af op een naburige boerderij, en hij was gevraagd als figurant.

Zijn vader en zussen kwamen ook heel even in beeld, als je net met je ogen knipperde miste je ze. De hoofdrolspeelster botst tegen de jonge Geert Jan op. Voor dit fragmentje heeft hij een doorwaakte nacht doorgebracht in Groningen.

Ach, geschiedenis, zucht hij. Hij snapt wel wat IJsbrand de Weerd daarover heeft gezegd. Hij begrijpt vooral de verbondenheid met de grond. Maar die boerderijen... Als je je nu eens op hele generaties kunt beroepen, dan wordt het een heel ander verhaal. Maar hoeveel geschiedenis heeft de familie Duisterwinkel hier nou helemaal? Trouwens, hoeveel generaties van 'dikke boeren' hebben de tijdgeest overleefd? Wel of geen geschiedenis, voor je inkomsten maakt dat geen cent uit.

'Doordacht duurzaam', staat er op de koffiebeker die hij in zijn handen houdt. Het is een relatiegeschenk van een concurrerende machinefabriek, maar die tekst slaat nergens op, zegt hij. Of het zou de veronderstelde onverwoestbare kwaliteit van de apparatuur moeten zijn. 'Duurzaam' bekt lekker, te pas en te onpas. Iedereen doet en denkt duurzaam tegenwoordig, politici voorop. Maar wat is echt duurzaam? De grenzen zijn gedurende de laatste pakweg vijf decennia voortdurend verschoven. Groei is vanzelfsprekend geworden, het uitblijven van pulserende cijfers wordt als een nederlaag beschouwd. Iedereen weet dat niets of niemand permanent kan blijven groeien, en toch is het in economisch opzicht een voorwaarde voor het bestaan. En intussen doordacht duurzaam willen zijn, ten opzichte van de grote, vaak boze buitenwereld?

Het is een terugkerend onderwerp aan de keukentafels van de drie bevriende boeren. Het gaat er soms hard aan toe met, heel begrijpelijk, de biodynamische melkveehouder Ben van Tilburg in de rol van 'groene' belangenbehartiger. Hij heeft eens gezegd dat je met tachtig koeien ook een uitstekende boterham kunt verdienen. Waarom zou je dan streven naar een stal met 160 dieren? Maar dan wijst Duisterwinkel, die beschouwd wordt als de meest pragmatische van de drie, op vergelijkbare discussies die zich decennia geleden moeten hebben voorgedaan aan dezelfde keukentafels. 'Waarom zou je aan een stal met tachtig koeien moeten beginnen, als het ook met veertig kan?' Maar het is met de kennis van nu zo zeker als wat, volgens hem, dat je echt niet meer 'uit kunt' met veertig dieren.

Je beweegt als goedwillende boer mee op de golven van de conjunctuur en je daartegen verzetten is prima, maar je wilt niet verdrinken in die vaak woeste golven van de vrije markt. Geert Jan Duisterwinkel weet heus wel dat hij, met zijn (afgebroken) academische achtergrond, wordt gezien als de man die snel kan denken en dus even snel oordelen velt. Maar hoelang hij heeft nagedacht, de voors en tegens heeft afgewogen, misschien wel slapeloze nachten heeft gehad, dat weet alleen hij.

Hij zou dus inderdaad, als hij zou willen, kunnen stoppen als akkerbouwer en 'cashen' door zijn land te verkopen. Dat is de gemakkelijkste weg en er is genoeg vraag naar grond. 'In principe zou ik beter kunnen verkopen. Geen sores meer aan je hoofd, niet meer al dat werk, en wat ik doe wordt toch niet gewaardeerd.' Maar daarvoor is de verbondenheid met de grond, en niet te onderschatten loyaliteit ten opzichte van zijn ouders en voormalige eigenaren, eenvoudig te machtig.

Doordacht duurzaam of/en spuiten? Het is heel gemakkelijk om, vanaf de zijlijn, te beslissen dat chemische ondersteuning van de indrukwekkende metalen spinnen met hun uitschuifbare tentakels, met onmiddellijke ingang verboden moet worden. Dus allemaal werken, zoals Ben van Tilburg op Nieuw Bromo dat doet. 'Je kunt wel heel principieel zijn, maar ik begrijp de boeren echt wel die na een of twee halve misoogsten toch weer grijpen naar een of ander middel.' Voor het gif Round Up, grootschalig en wereldwijd gebruikt onkruidbestrijdingsmiddel uit de fabriek van Monsanto en overgenomen door het Bayer Concern, bestaat nog geen volwaardig alternatief volgens Duisterwinkel. En inderdaad ja: tot halverwege de jaren tachtig was het nog heel gewoon de pootaardappeltjes te wassen in een badje van kwik. Daar moet je nu niet meer aan denken.

En wat moet je vinden als boer die zoekt naar de alternatieve 'groene' of ecologische middelen die als ziekte- en ongediertebestrijders zijn toegestaan in de biologische akkerbouw? Geert Jan Duisterwinkel vindt het ingewikkeld. Als dit jaar in april voor het eerst van zijn leven een van de akkers op Klein Midhuizen op geheel biologische wijze op het oogsten van uien wordt voorbereid, komt er een propaangasbrander aan te pas om het onkruid een kopje kleiner te maken. Met het oog op het vrijkomen van CO_2 ook niet geheel onschuldig en 'moeilijk te verteren', maar in ieder geval een middel dat op langere termijn niets ergs met je gezondheid doet.

'Van chemische middelen kun je wel zeggen dat ze zijn goedgekeurd en dús niet slecht zijn, maar je weet het nooit zeker. Ik vind het heel lastig. In de Verenigde Staten wordt veel gewerkt met gemodificeerde rassen die resistent zijn tegen Round Up. Die gewassen eten wij consumenten ook, eenvoudig omdat ons vee ermee wordt gevoed. Dat kan nooit goed zijn.'

III

De drie vrienden hebben al geëxperimenteerd op een veldje van één hectare met het telen van biologische pootaardappelen. De oogst was met grote omzichtigheid in het najaar van 2020 van het land gehaald en in aparte, gloednieuwe kisten gestopt om te voldoen aan de strenge voorwaarden, na te zijn 'gelezen' in de sorteerruimte. Zoals alle piepers hadden ze een zevental weken 'gerust' om bij te komen van 'wondheling', gevolg van beschadigingen tijdens het rooien. En toen?

Toen bleek een groot deel van de oogst 'besmet' met de larve van de kniptor. Voordat het insect kan uitvliegen, maakt het een metamorfose door van larve tot 'ritnaald', die gaatjes boort in de aardvruchten. Ik heb eerder met eigen ogen een biologische akkerbouwer nabij Maastricht zien treuren bij eenzelfde mislukte oogst. Hij barstte nog net niet in tranen uit: aardappelen bezaaid met zwart-bruine puntjes. Heel goed te consumeren, 'maar probeer jij maar eens aardappelen te slijten aan de supermarkten met minuscule gaatjes erin,' zei deze boer met bourgondische tongval en verstikte stem.

Ritnaalden, wie heeft er buiten de klas van de agrarische scholen ooit van gehoord? Terwijl die larven van de kniptor ook al eeuwen geleden menige aardappeloogst ruïneerden, of anders waren het wel andere besmettingen of ziektes die boeren (en burgers) op de proef stelden en die regelmatig leidden tot hongersnood. Torren, doceert Geert Jan Duisterwinkel, leven graag in graan en gras, en hoe 'groener' de akkers zijn, hoe liever het de beestjes is. Hij wil er maar weer mee zeggen: je kunt wel biologisch willen boeren, maar wat doe je als je de helft van je oogst noodgedwongen moet degraderen tot veevoer, eenvoudigweg omdat de consument het niet eten wil? Hoe droger, hoe beter de bestrijding puur door grondbewerking. Maar echt precies weten doen ze het niet, de boeren die graag anders willen. Met insecticiden is het probleem gemakkelijk op te lossen, maar ja: dat mag dus niet bij biologische akkerbouw.

Het is naar de mening van deze pragmaticus heel goed dat de druk 'van buitenaf' zal leiden tot steeds minder chemie, 'anders verandert er nooit iets'. Maar hij kan zich niet aan de indruk onttrekken dat er sprake is van een kruistocht, geleid door hard schreeuwende fanatici. Round Up wordt in verband gebracht met kanker, in de Verenigde Staten heeft overmatig gebruik al geleid tot gigantische schadevergoedingen. Gebruik mag nog steeds in Europa, dus ook in Nederland, en hij zou werkelijk geen alternatieven kennen als het binnen een aantal jaren wordt verboden.

Voorlopig worden akkers nu met kleine(re) hoeveelheden gif behandeld, oppervlakkig en niet in de grond, en tegelijkertijd frequenter. Of dat wel zo'n goed idee is en of er bij die frequentere behandelingen niet te veel van 'het spul' verwaait – hij durft er zijn hand niet voor in het vuur te steken. Hoe het wel moet? 'Wat ik erg vind is dat de beleidsmakers het ook niet goed kunnen inschatten en dat het beleid er alleen op gericht is de hardste schreeuwers tot zwijgen te brengen en tevreden te stellen.'

Wat weet de buitenwereld echt van de kopzorgen van de Nederlandse boer? Wie heeft buiten de agrarische klaslokalen ooit gehoord van wisselteelt: dat aardappelen alleen fatsoenlijk kunnen groeien als je de akkers een tijdje rust gunt? De verhouding is minstens één (aardappeloogst) staat tot drie, waarbij gedurende minstens één seizoen het rustgewas graan of gerst wordt gebruikt om de bodem weer een beetje op adem te laten komen. In het Waddengebied is de rotatie 'een op vier' eerder regel dan uitzondering.

Aan uien zal een verantwoorde ondernemer zich niet vaker wagen dan eens in de zes jaar, om dezelfde reden van gevaar op uitputting door onder meer regelmatig gebruik van chemische hulpmiddelen. Geert Jan Duisterwinkel is de eerste om daarbij toe te geven dat 'de spuit', weliswaar zo oppervlakkig mogelijk, heel frequent wordt gebruikt. En dat je onmogelijk kunt weten wat de effecten daarvan op de langere duur zullen zijn.

Zoeken, zoeken, het blijft zoeken. Geen kunstmest meer gebruiken, of minder in ieder geval, het handige hulpmiddel om hoekjes bij te kleuren? 'Het kost heel veel energie om het te maken in de fabriek, om stikstof in een korreltje te stoppen. Maar als je wat gebruikt om de graanoogst te verhogen, komt er veel meer energie van het land af dan dat het kost om de kunstmest te maken.' En als je helemaal van de kunstmest af wilt, heb je veel meer hectares nodig om dezelfde voedselproductie te halen van het land. Je kunt wel willen, maar het moet ook kunnen.

IV

Kleine IJsbrand liep op 15-jarige leeftijd stage op Klein Midhuizen en keek destijds erg op tegen de tien jaar oudere Geert Jan. Nu kijkt hij zijn voormalige baas onbevreesd aan als die in een fraaie oneliner van een paar woorden wil laten zien hoe groot de afstand is geworden tussen boer en burger. 'Een honderste deel van de bevolking zorgt ervoor dat de andere 99,9 procent kan eten en daardoor doen en laten wat het wil.' Het is een uitspraak van een Amerikaanse minister die sprak voor een zaal vol boeren die nog net niet op de stoelen kropen bij het applaus. Overal in de wereld is die afstand tussen de primaire producent en de burger oneindig groot geworden.

En dus lacht de klant om slogans zoals 'lekker van eigen bodemprijs' in plaats van erom te huilen. Ondertussen gooit hij gedachteloos nog weer eens een kiloknaller in zijn karretje. Zo zielig om die varkentjes op een kale vloer naast hun moeder te zien liggen, om nog maar te zwijgen van het transport naar de slachterij waarbij je alle hoopvol opgeheven snuitjes in gedachten voor je ziet, als je toevallig bij een stoplicht naast een vrachtwagen met veevervoer staat. Een kilo spruiten voor 70 cent, hoe is het toch mogelijk dat het kostelijke voedsel inderdaad tegen bodemprijzen kan worden aangeschaft?

Je moet maar niet te veel denken aan de negatieve teneur dat wie een tractor ziet, meteen milieuschade veronderstelt. Daarvoor is de aanwezigheid van zijn biodynamische vriend een mooie aanmoediging. Corona deed er nog een schepje bovenop. Nederlanders, noodgedwongen uitstapjes in eigen land makend én meer bezig met hun gezondheid, gingen zowaar op zoek naar lokaal voedsel. Maar zij beseffen niet dat 'lokaal' niet automatisch 'gezonder' betekent. Dat biologische producten meer inhoud hebben en vaak lekkerder zijn is moeilijk aantoonbaar, eenvoudigweg omdat er geen goed wetenschappelijk onderzoek naar wordt verricht. De Nederlandse landbouw is nu eenmaal gericht op productie voor de export, met vakmanschap, maar ook het vakmanschap van 'de spuit'. Vooralsnog moet iedereen wel, zolang de consument nog niet massaal bereid is te betalen voor de veel arbeidsintensievere alternatieven.

'Wij zijn bodemboeren,' stelt IJsbrand de Weerd met veel overtuiging in de prominente keuken van de monumentale boerderij van zijn vriend en voormalig leermeester Geert Jan. De Brabander bij wie ik een bodemcursus volgde – later meer over hem – zei: 'Hoe noordelijker je komt, hoe vaker boeren – akkerbouwers en veehouders – zich bezighouden met de bodem.'

Nou lijkt het mij nogal logisch dat iedere goede boer in de eerste plaats bodemboer is, maar dat is toch te simpel gedacht. 'Bodemboer' is een soort van geuzennaam geworden dat alleen gebruikt mag worden voor agrariërs die niet alleen maar aan zo veel mogelijk productie denken en meer als rent- dan als rekenmeester met hun akkers omgaan. Meer rustgewassen telen, beslist geen drijfmest gebruiken (de mix van urine en vaste fractie), de restanten van de graanoogsten – waarvan goed betaalde stropakketten gemaakt kunnen worden – opofferen aan de bodemgezondheid door ze te 'versnipperen' en door middel van 'niet-kerende grondbewerking' gelijkmatig te verdelen. De laatste term heeft u eerder gehoord en betekent kort door de bocht: het land zo oppervlakkig en voorzichtig mogelijk bewerken.

Je kunt de kwetsbare grond maar beter niet met al te grote machines betreden. Als verkoper verbaast Duisterwinkel zich soms over de keuze van zijn klanten, want je zult bij late oogsten met veel regen maar zijn aangewezen op zo'n zwaargewicht. Loonwerkers die per uur worden betaald hebben daar minder boodschap aan dan de meest principiële bodemboeren. De invloed van banden, niet zelden twee meter hoog, is enorm. Geert Jan, volgens IJsbrand de bandenprofessor, bevestigt dat hij eerst banden kiest en pas daarna de machines. 'Er zijn boeren die dure machines kopen en denken: daar moeten dan maar goedkope banden om.' Banden moeten de grond zo min mogelijk belasten, de druk per vierkante centimeter moet zo laag mogelijk zijn. De vier banden van 'de spuit' kosten omstreeks 15.000 euro. De Weerd heeft een lichte trekker waarmee hij zoveel mogelijk 'landwerk' verricht.

Hoewel de drie mannen door de buren met argusogen worden bekeken, moet vooropstaan – De Weerd zegt het – dat zij zonder uitzondering 'nette mensen' zijn en ook 'nette, precieze' boeren. 'Nette spuiters,' voegt hij daaraan toe, maar dat klinkt dan weer een beetje raar. Je moet als teler van pootgoed heel voorzichtig met je grond omgaan. 'Bij ons holt de kwaliteit van de grond niet achteruit,' merkt Geert Jan Duisterwinkel op, om pas veel later aan te geven dat dat wel zo is op de van oudsher zo vruchtbare akkers van onder meer de Noordoostpolder.

De drie pioniers krijgen bij hun poging tot 'omschakeling' te maken met een merkwaardig fenomeen. Zij kunnen hun biologische pootaardappelen niet of nauwelijks kwijt, hoe uitzonderlijk en kleinschalig hun product ook is en hoe graag ze ook zouden willen. Er is maar geringe vraag naar deze 'groene' piepers. Enerzijds loopt de Nederlandse consument ver achter bij het buitenland, qua consumptie van biologische groentes. Waar bijvoorbeeld in Denemarken en Oostenrijk al 25 procent van alle aanbod niet meer uit de gewone, goedkope 'bulk' bestaat, is ons land in Europa zo ongeveer de hekkensluiter met nog geen 4 procent, waarvan ook nog eens een deel bestemd is voor de export. Anderzijds, en zo mogelijk nog vreemder, is de mogelijkheid van buitenlandse afnemers om 'gangbaar' pootgoed af te nemen om het vervolgens biologisch te telen en op de markt te brengen. Nederland heeft wel een keurmerk dat voorschrijft dat bij biologische producten ook het pootgoed biologisch moet zijn, maar de meeste buitenlanden (nog) niet.

In de nabije omgeving doet bioboer Jan Willem Bakker geweldige zaken door zijn hectares voornamelijk te beplanten met bloemkool. Toen Duisterwinkel aan Bakker vroeg wat er zou gebeuren als hij datzelfde ook eens probeerde op zijn land, antwoordde Bakker veelzeggend: 'Dan ga ik een jaartje met vakantie.' Met andere woorden: Bakker wist uit ervaring dat het lijntje tussen vraag en aanbod zo delicaat dun was dat het bij de geringste verstoring van de markt zou breken. 'Biologische pompoenen kon je een paar jaar geleden ook niet aan de straatstenen kwijt.' Het biologisch aanbod in supermarkten, zo geldt althans in het noorden, is bedroevend klein: bloemkool, broccoli (vaak uit Spanje), tomaten, beetje uien, gember en ook wel aardappelen. Maar bij die laatste weet je dus niet zeker of de moederknol wel voor honderd procent voldoet aan het keurmerk (van Skal Biocontrole).

In de wonderlijke wereld van de aardappelteelt ligt resistentie altijd op de loer en daarom zijn de gangbare ondernemers zelfs verplicht te spuiten, om ziekten in toom te houden. Biologische collega's kunnen gebruikmaken van ecologisch verantwoorde alternatieven, maar zij weten dat de oogst tot twintig procent minder zal opleveren. Daarbij spelen handelshuizen zoals HZPC en Europlant een dominante rol. Zij bepalen welke rassen in productie worden genomen, waarbij de kwekers van nieuwe alternatieven automatisch gedurende 25 jaar het 'copyright' krijgen. Zo kwamen in de loop der eeuwen vele rassen, klein, groot, zoet, lekker, minder lekker, maar bijna altijd met beperkte levensduur en klinkende naam voorbij: de Jan, de Puik, de Present, de Turk, de Rode Ster, de Bravo, de Blauwe Reus, de Paul Kruger, enzovoort.

De Muze leent zich nu het beste voor wat de drie mannen graag zouden willen met de groenste pootaardappel. Maar ja: voorlopig is 2% afzet in Nederland natuurlijk véél te weinig, zonder export is er geen bestaan mogelijk. Het is om dol van te worden. 'En in Afrika maakt het de mensen echt geen bal uit hoe "de poot" gemaakt is en of die wel of niet biologisch is. Die willen geen honger lijden.'

Zullen dagjesmensen, op bezoek in Nationaal Park Lauwersoog, stilstaan bij de worstelingen van de boer, daar binnen in een van de kop-hals-rompboerderijen? Zullen ze met goedkeuring de akkers bekijken vanaf hun elektrische fiets, en daarbij ook maar overwégen om op de groenteafdeling de 'lekker van eigenbodemprijs' te laten liggen? 'De markt gaat de vraag altijd achterna,' aldus citeren Duisterwinkel en De Weerd een economische wet die in beton is gegoten.

6. Land van hoop en glorie

I

'Een stand zo afgezonderd van de wereld, met weinig ontwikkeling en daarbij gehecht aan voorvaderlijke zeden en gewoonten.' Dat schreef Willem Lammerts Dijkhuis halverwege de negentiende eeuw over de boerenstand. Deze stand bewoog zich in zeer beperkte kring: familiebezoek en hoogstens twee keer per jaar een uitstapje naar de grote stad met vrouw en kinderen, als strobalen opeengepakt op een boerenkar. En zo beperkt als hun wereld was, zo gering was ook hun kennis. De wijsheid moest komen van dominee of schoolmeester, leesvaardige tuinknechten of koetsiers van de heer van het dorp 'die zelf nauwelijks tot drie kon tellen'. De meesten konden lezen noch schrijven, een kruisje in plaats van een handtekening was eerder regel dan uitzondering.

Hoe anders is het tegenwoordig. Boeren kunnen groot denken, zoals onze drie gezworen kameraden. Zij waren het die op initiatief van de vader van BD-boer Ben van Tilburg de organisatie op zich namen van een nabijgelegen zorginstelling die dreigde te onttakelen. Dat geschiedde in 2019. Er werden 'kundige jongelui' gezocht met een beetje 'boerenverstand'.

De exacte aanleiding voor de onttakeling van 't Olde Heem in Kloosterburen, met een breed zorgaanbod, doet hier niet ter zake. De sprong in het duister van drie mannen met boerenverstand des te meer. Voor Max van Tilburg, boer, bestuurder en wat niet, was het vanzelfsprekend een reddingsactie te helpen regisseren en het beheer op vrijwillige basis over te nemen.

Duisterwinkel moest penningmeester worden, dat stond vast. De Weerd, die het dichtst bij woonde, werd een soort manusje van alles. 'Ze wisten wel dat wij boeren waren,' zegt die laatste. 'Er moest heel veel gebeuren, het was een puinhoop. We deden op een gegeven moment zelfs de intakegesprekken van nieuwe potentiële bewoners. Dat kan natuurlijk niet.' Intussen had het gebouw een schuld van vijf ton. De drie hadden werkelijk geen idee waaraan ze begonnen, maar het is ze gelukt, en ze moeten inmiddels oppassen dat ze niet spontaan op een versierde boerenkar gehesen worden voor een huldiging.

Het woord 'gemeenschap' is hier geen loos begrip. En de boerenstand is allang niet meer van de samenleving afgezonderd.

II

Een van mijn vorige boeken, *Dit is uw land*, had als ondertitel *Het einde van een boerenparadijs*. Een Belgische dierenarts reageerde daar boos op. 'Paradijs?' snoof hij vol verontwaardiging, 'wat bedoelt u met paradijs? Weet u wel hoe verschrikkelijk hard boeren en hun arbeiders tot ver in de twintigste eeuw moesten werken?' De vader van IJsbrand de Weerd was ook niet erg verguld met het boek. 'Vreselijk' vond hij het, 'linkse actiepropaganda', een oproep om landbouw volledig om te toveren naar 'biologisch'. De zoon zegt nu: 'Dat je boeren wilt veranderen, vind ik prima. Maar ik vraag me daarbij steeds vaker af of "buitenlui" (niet-boeren) sowieso nog wel boeren willen in hun land. Zijn die inmiddels ongewenst? Willen ze in de plaats daarvan alleen maar natuur? En wat wordt er precies onder natuur verstáán?'

Volgens De Weerd hebben de meeste buitenstaanders een al te nostalgisch beeld voor ogen: hoe het was en hoe het niet meer kan zijn. Dartelende lammeren en koeien die elk moment in gezang kunnen uitbarsten. Strakblauwe hemel, geen wolkje te bekennen.

Het mooiste beeld in een jubileumfilm van de Groninger Maatschap van Landbouw, gemaakt in oorlogstijd, is zonder twijfel de boer met de 'kunstmestviool'. Je ziet een man, die een doosachtig voorwerp op zijn buik draagt, met een soort stok overdwars bewegingen maken alsof hij daar, vrolijk over akkers schrijdend een deuntje speelt. Het is kunstmest die hij op deze manier evenwichtig over het land verdeelt. Na deze kunstmestviool kwamen de machines, in steeds grotere getalen, na de Tweede Wereldoorlog mede dankzij de Amerikaanse Marshallhulp. Tractoren waren er al veel eerder, maar veel boeren bleven lang de voorkeur geven aan pure paardenkrachten.

Ach, het boerenparadijs. De Weerd senior heeft ook nog met balen van vijftig kilo gesjouwd. En wat dacht je van de koemest die handmatig uit de stallen moest worden geschept voordat die over het land kon worden verspreid. 'Alle dagen stront scheppen, dat was slecht werk, hoor.' Het is een van de redenen waarom landerijen die dichter bij de boerderij lagen over het algemeen een betere bodemstructuur hadden. De beste mest ging naar het meest nabijgelegen land. Nee, je moet natuurlijk geen heimwee naar het verleden hebben. Gelukkig maar dat hijzelf niet meer de aardappelen handmatig in de grond hoeft te stoppen, zoals hij dat als jochie van twee deed.

Goed, sommige dingen besteed je uit. Zoals de bietenoogst, die wordt overgelaten aan een loonwerker en zijn zware machine. Maar verder komt het voor De Weerd aan op zorgvuldigheid, een bijna liefdevolle pietluttigheid. Hij doet bijna alles zelf, want anders ben je voor je het weet een 'bureauboer' en dat is wel het allerlaatste wat hij wil zijn. Je bent als moderne boer dankzij de toenemende regelgeving sowieso al bijna een bureauboer. Zo moet je op de millimeter af administreren welke chemische middelen je gebruikt. Daar is een speciaal computerprogramma voor, 'en op overtreding staat zo ongeveer de doodstraf'.

Anders dan zijn gespierde vriend Geert Jan zegt De Weerd junior dat ieder tegenwoordig nog toegestaan chemisch middel 'door en door' veilig is. Hij voegt er stoer aan toe best een slok te durven nemen van het 'gewasbeschermingsmiddel' dat de gevreesde aardappelziekte phytophthora moet voorkomen. Ik daag hem liever niet uit. De spulletjes staan veilig opgeborgen achter een deur van de voormalige stal met een uitgesneden hartje dat de oorspronkelijke status verraadt, de poepdoos, 't huuske. Daarnaast staat het provisorische hok dat hij voor de winter heeft gebouwd voor twee geiten die bezoekers met langgerekte nekken proberen te besnuffelen.

Het feit dat hij wel een slokje durft te nemen, betekent niet dat de middelen met gulle hand, als bij een kunstmestviool, over het land worden verspreid. Daar is weer de pietluttige, of beter gezegd precieze boer. Want de plekken waar door draaien of keren van 'de spuit' wat meer van het spul terecht is gekomen, zijn 'vergeeld'. Het beste bewijs dat je zo zuinig mogelijk om moet gaan met chemische middelen. En wat doet die opeenstapeling van middelen met de gezondheid van mens en land? vraagt IJsbrand de Weerd zich af. Daar maakt hij zich juist druk om, overigens zonder echt bang te zijn.

Aan de Rijksuniversiteit Groningen doet professor Violette Geissen onderzoek naar de gevolgen van langdurig chemiegebruik; het Onderzoeksprogramma heet 'Sprint'. De opeenstapeling van gif door de decennia heen, zoals die door Nederlandse boeren over Gods akkers is gestrooid, heeft meer gevolgen dan een weldenkend mens lief kan zijn, stelt IJsbrand de Weerd zelf vast. Op het zo zorgvuldig verzorgde land van de familie De Weerd zijn vooralsnog vijftien verschillende middelen teruggevonden. Bij de groene buurman Ben van Tilburg slechts één preparaat, behalve kleine restanten van Round Up en DDT, het middeltje waarmee opa De Weerd destijds nog vrolijk het fruit behandelde. Opa heeft desondanks 'toch wel' een gezegende leeftijd mogen bereiken. DDT wordt nog overal in grondmonsters gedetacheerd, en dat zal volgens de deskundigen voorlopig zo blijven. Het ene bij Ben van Tilburg gevonden middeltje kwam hoogstwaarschijnlijk uit de spuit van een buurman, met de wind meegekomen.

Of zo veel opgestapeld gif van de 'beschermingsmiddelen' van invloed kan zijn op de gezondheid van de primaire gebruikers? De Weerd junior durft er geen uitspraken over te doen. Hij vraagt zich evenals zijn vrienden wel af of het zo'n goed idee is om de tractor met de uitschuifbare tentakels vol gif zo vaak te laten rijden, zoals tegenwoordig gebruikelijk is bij de gangbare uienteelt: twintig keer per seizoen 'met heel kleine beetjes' in plaats van twee keer zoals vroeger. Er wordt dus veel vaker gespoten, een gevolg van de wetgeving die elk jaar meer middelen verbiedt. De alternatieve producten bevatten veel minder werkzame stoffen, dus vandaar. Al dat gif vormt een aanslag op de vruchtbaarheid van het land. Daarom worden uien maximaal één keer per zes jaar op een en hetzelfde perceel geteeld.

Je zou verwachten dat de prijs van een milieuvriendelijke ui veel hoger is, maar op de vrije markt bepaalt de consument de prijs. Zou je in die ui iets kunnen proeven, een snufje dat herinnert aan de twintig spuitbeurten? IJsbrand de Weerd wekt niet bepaald de indruk 's nachts ergens van wakker te liggen, maar hij weet zeker dat de intensieve manier van landbouw en veeteelt ten koste is gegaan van de rijkdom van de bodem en dus van de inhoud van de producten. Hij kan dat niet echt weten, omdat goed betrouwbaar wetenschappelijk onderzoek nu eenmaal tot op de dag van vandaag ontbreekt. Niemand zit te wachten op de mededeling dat wat u eet 'helaas zonder inhoud' is. Dát zou juist de trigger zijn voor alle boeren om anders te gaan boeren.

De Weerd heeft zo'n trigger helemaal niet nodig, zegt hij. Hij is bereid om te priegelen op de vierkante centimeter, om het gebruik van Round Up te voorkomen. De werkzame stof daaruit, glyfosaat, wordt op grote schaal aangetroffen bij bloed- en urineonderzoek. Het lijkt overal in te zitten, zelfs in bier. Ook om die reden is De Weerds plezier waarmee hij vertelt over zijn landbouw op de vierkante centimeter de moeite van het vertellen waard. 'Vorig jaar wilde ik in het voorjaar bieten zaaien tussen de nog resterende tarwestoppels. En ik wilde ook niet ploegen.' Het laatste komt voort uit de zogeheten niet kerende grondbewerking (NKG), steeds populairder bij akkerbouwers, ook de meer traditionele. De akkers worden daarbij maar heel lichtjes bewerkt om niet, zoals de ploeg doet, het kwetsbare bodemleven met alle functionele bacteriën en schimmels te verstoren.

Zijn vader verklaarde hem aanvankelijk voor gek. Waarom zou je moeilijk doen als het ook gemakkelijk kan, dus met glyfosaat dat alles doodt? Uiteindelijk moest er een loonwerker aan te pas komen die over een gespecialiseerde machine beschikte om tussen de tarwestoppels door toch bieten te kunnen inzaaien. 'Want de tarwe groeide natuurlijk door. Het zag er eerlijk gezegd ook niet uit, tarwe en bieten in hetzelfde veld.' Maar het lukte wel; dat was een overwinning, zij het een dure. Op het betreffende perceel hebben ook twee paartjes kieviten met succes gebroed. 'Dat is leuk en alle moeite waard.' De weg van de meeste weerstand geeft vaak de meeste voldoening.

Jaren geleden had IJsbrand de Weerd zich aangemeld voor de bodemcursus van René Jochems, een Brabander nota bene. Die kwam even uitleggen hoe de jongens aan de andere kant van Nederland het beste zouden kunnen omgaan met het land. Terwijl zij zelf in het zuiden des lands een enorm mestprobleem hadden gecreëerd. In Brabant en Noord-Limburg zetten ze zoveel mogelijk hokken neer, en altijd gevuld met dieren. Varkens vooral, waanzinnig veel kippen, kalkoenen, nertsen, konijnen, geiten en koeien of kalfjes. De mestproductie was navenant. Toen er een karavaan van stront op gang kwam naar de rest van Nederland, hoorde je vaak: geen roomse stront op protestantse grond.

III

Zelf nam ik ook deel aan de bodemcursus van René Jochems. Je kon er van alles leren, mij ging het op den duur duizelen. Waar het echter in de basis om ging was een gezond bodemleven. Het ondergrondse gekrioel van wormen en torretjes en schimmels die de gezonde groei van de gewassen en van gras bevorderen, daar ging het om. Dat ondergrondse leven moet dus vooral met rust gelaten worden. Niet verpest met imposante plassen drijfmest, die combinatie van urine en vaste fractie. Maar nog altijd staat het platteland vol met giertanken en kan er een penetrante lucht boven de landerijen hangen.

Drijfmest 'vermoordt' het bodemleven. Mais kan er goed tegen, het absorbeert de drijfmest tijdens het groeiproces als een spons. Het is de reden dat Nederland voor de helft is volgebouwd met mais, bestemd als veevoer voor binnen- en buitenland: je kunt lekker de stront kwijt en die mais groeit toch wel. Maar intussen is dat land, dus het meeste land, zo dood als een pier.

Bij René Jochems leer je dat kunstmest de grond tot luiheid aanzet. Een handjevol over het land en alles groeit als kool. Dat geldt zeker voor de enorme hoeveelheden die lang door de vertegenwoordigers van kunstmestproducenten als noodzakelijk werden gepropageerd. Idealiter moet de kostbare bodem mee tot het einde der tijden, maar kunstmest bereikt het omgekeerde. Als je Jochems hoort spreken over Round Up, ga je denken dat het een uitvinding van de duivel moet zijn. Het zal niet verbazen dat de niet-kerende grondbewerking (NKG) bijval van Jochems krijgt. Zijn boodschap is even simpel als duidelijk: zorg jij goed voor je grond, dan zorgt de grond goed voor jou.

Hoe noordelijker je komt in Nederland, des te meer 'bekeerlingen' je vindt van boeren die meegaan in de filosofie van de Brabantse bodemdeskundige. Door notoire tegenstanders wordt hij 'goeroe' genoemd, maar hoe dan ook zijn zijn leerlingen vatbaar voor verandering. 'Ik denk wel te weten waardoor dat komt,' zegt IJsbrand. 'Onze kleigrond is kwetsbaarder dan bijvoorbeeld de zanderige gronden van Oost-Nederland. Daar heb je weinig kans op structuurbederf. Je kunt de grond zo vaak kapotrijden als je wilt, en vervolgens wachten tot die weer droog is in het voorjaar. Een machine er overheen, een cultivator of een woelpoot die de grond losmaakt, en klaar ben je.'

'De Flevopolder heeft het voordeel van de jongste en dus vruchtbare grond van Nederland. Daar kan bijna alles, letterlijk.' Nog wel, moet hij erbij zeggen. De intensieve landbouw pleegt wel enorme roofbouw. Er zijn pessimistische experts die zeggen dat het land nog goed is voor hooguit dertig oogsten, als je niet snel prioriteit geeft aan bodemverbetering en minder chemie gaat gebruiken. 'Je kunt er ieder willekeurig gewas verbouwen, rooien en volgend jaar weer overnieuw,' zegt De Weerd. 'Onze grond is iets ouder. Onze grond is ook minder egaal, varieert van zwaar tot licht en alles ertussenin. In de Flevopolder lijken de akkers precies op die van je buurman. Bij ons kan er een verschil zijn van dag en nacht door de momenten van aanslibbing van de kleideeltjes. Hoe nieuwer de grond, des te zwaarder de klei.' De ene akker heeft een heel andere gebruiksaanwijzing dan het perceel honderd meter verderop. En dat is weer het gevolg van de zee, de inpoldering en geulen en bijhorende stromingen die zich niets aantrekken van voorspelbaarheid. Niets veranderlijker dan de Waddenzee.

Niets veranderlijker ook dan de mens. Iedere akkerbouwer in de noordelijke kustregio weet intussen wel hoeveel expertise er nodig is om goede resultaten te halen met de corebusiness, de pootaardappelen. Die gaan de hele wereld over, in alle soorten en maten, en de Nederlandse boeren proberen aan die diversiteit in vraag te voldoen. In het geval van de familie De Weerd gaat er vandaag een partij relatief grote piepers richting Afrika. Zoals hij het vertelt, zie je de Afrikaanse boer al voor je met vijf zakken van vijftig kilo op een ezel geladen. Hij snijdt de pootaardappelen waar hij ze wil hebben doormidden en stopt ze onder de grond. Succes en oogst verzekerd. Maar het vermogen om te veranderen zie je ook veel dichterbij, in de relatie die de akkerbouwer heeft met die schitterende, vruchtbare grond waarop de aardappeltjes het schijnbaar moeiteloos doen.

De Weerd: 'Als je in onze regio slordig met de kostbare grond omgaat, heb alleen jezelf er maar mee. Wanneer je iets kapotmaakt, word je er het volgende jaar genadeloos voor gestraft.' De verzilting, het zouter worden van de grond, neemt toe, zeker in perioden van droogte. En ja, het klimaat verandert. Dat hoef je de meeste boeren niet meer te vertellen. Beregenen is bijna uitgesloten in de Westpolder. Veel collega's kijken volgens vriend Geert Jan de kat uit de boom. 'Er zijn er ook nog steeds die zich nergens om bekommeren,' aldus IJsbrand de Weerd.

Dat zal vooral met leeftijd te maken hebben. Hijzelf is nog jong, maar hij kan wel begrijpen dat je als dikke zestiger niet even *rücksichtslos* het roer omgooit. Maar ook van de generatie boven hem, de vijftigplussers, hoef je volgens hem niet veel te verwachten. 'Die boeren zeggen: ja, als ik wat jonger was geweest, dan... Dat vind ik een beetje flauw. Die willen alleen al niet meer beginnen aan een biologische bedrijfsvoering vanwege de verplichte omschakelingsperiode van (tegenwoordig) drie jaar.'

Het moet ook gezegd dat het bij 'andere, betere' landbouw niet alleen gaat om de term 'biologisch'. Daarmee word je te pas en te onpas om de oren geslagen, zegt De Weerd. Als heel Nederland biologisch moet gaan produceren, dan kom je grond tekort: biologisch telen betekent minder opbrengst per hectare en ook minder koeien per hectare. En er dreigt toch al veel landbouwland geofferd te worden aan woningbouw en natuur. Maar je zou in milieutechnisch opzicht al heel grote stappen kunnen maken door alle gangbare boeren – die voor minimaal 90 procent de agrarische sector uitmaken – grootschalig minder chemie en minder kunstmest te laten gebruiken.

Dat zet volgens De Weerd veel meer zoden aan de dijk dan door een minderheid te verleiden tot biologisch boeren. Want in dat geval zou allereerst de vraag naar duurdere producten in Nederland (hekkensluiter in Europa!) drastisch moeten toenemen. De crux is dus: 'Wíj willen wel veranderen, maar wil de consument ook veranderen?'

Van heel dichtbij, als het ware vanuit zijn keukenraam, ziet hij collega's van wie hij denkt te weten dat ze niet snel drastisch zullen veranderen, maar die wel op hun 'gangbare' manier zuinig omgaan met het land. Neem de familie Werkman. Er zijn verschillende generaties van hen actief in De Marne. Van hen heeft De Weerd al heel vroeg geleerd om de restanten van de graanoogsten op het land te laten liggen en te versnipperen, ter bevordering van de grondkwaliteit voor een volgend gewas. Even rekenen: 37 hectare graan, dat is al snel 8000 euro aan stro dat hij laat liggen. 'Daar kun je leuke dingen mee doen.' Zo bezien is kiezen voor de lange termijn, zoals buurman Werkman dat doet, eigenlijk heel logisch.

Dezelfde Werkman rijdt ook zo min mogelijk met zwaar materieel over zijn akkers. En toch. Toch ziet De Weerd hem niet snel besluiten ook 'iets' biologisch te gaan doen, of in elk geval minder intensief te willen produceren. Ze respecteren elkaar, laat dat duidelijk zijn. Het gaat op voor alle buren, zoals gezegd 'nette spuiters' en vooral nette mensen.

Een soort van 'half-biologisch' zou de beste optie zijn, vindt De Weerd, al krijg je daar geen keurmerk voor. Laat staan dat je voor het nette werk als boer beloond zult worden. Hijzelf krijgt er ook geen cent extra voor. Kijk, voor zijn aardappelen gebruikt hij veel minder kunst- en hulpmiddelen dan in een recent verleden. Dat kan door zijn 'nette', bijna pietepeuterige manier van boeren. De grond, het bodemleven is er ook enorm op vooruitgegaan. Hij wil niet anders meer. Maar als een hectare in een goed jaar 14.000 euro kan opleveren, dan ga je niet stunten door helemaal te stoppen met die kunst- en hulpmiddelen en groot gevaar te lopen op ziektes en resistentie. Op 7 april wordt een 'bio'-perceel bij buurman Duisterwinkel ingezaaid voor uien. En op of omstreeks die dag zijn op het land van Ben van Tilburg ook de aardappelen (consumptie en poot) aan de beurt. IJsbrand de Weerd en zijn twee fietsvrienden wagen het erop, en nogmaals, het kan alleen vanwege het driemanschap. Op hoop van zegen. Als het ergens moet lukken, een geslaagde transitie, dan is het hier wel, 'want,' zegt hij, 'dit is het land van hoop en glorie'.

7. De grond is moe, doodmoe

I

Overtuigd van het belang van gezond en niet alleen maar lekker voedsel, en tegelijkertijd twijfelend over de inhoud van de lekkere en o zo gezonde groenten die ik volgens de 'Schijf van Vijf' van het Voedingscentrum moet eten, schuif ik in het voorjaar van 2020 in Kollumerzwaag aan in een klasje van akkerbouwers, melkveehouders en loonwerkers. Ik wilde als betrekkelijke leek ook graag weten hoe dat kostelijk geachte voedsel precies tot stand komt. Cursusleider René Jochems uit Brabant moet met luide stem spreken, want in een aanpalend zaaltje van het buurthuis leven dorpsbewoners zich uit in een sjoelcompetitie.

Van een gepensioneerde boer uit Usquert, Koos Koop, gespecialiseerd in de *Waddenpeen*, krijg ik bij een eerdere gelegenheid na afloop een boek uit 1920, geschreven door C.A.J.M. de Gier, Rijkslandbouwleraar voor Limburg te Roermond. Op een willekeurig opengeslagen pagina lees ik over 'den noodzakelijkheid van lagere organismen in den grond, die geen dode massa bevat waarin alleen zuiver scheikundige en natuurkundige processen plaatshebben, doch in den bodem werkende massa's bacteriën en schimmels. Deze lagere organismen oefenen een zeer gunstige invloed op de vruchtbaarheid van den grond uit. Het is nodig dat er een krachtig leven van bacteriën in den bodem is.' We hebben het dus niet over geheel nieuwe inzichten hier.

Boer Koop uit Usquert weet desgevraagd overigens niet of de zo intensief verbouwde gewassen nog wel over de veronderstelde gezonde inhoud beschikken. Maar hij weet wel dat 'we' niet op dezelfde voet moeten doorgaan met het produceren van voedsel. Aldus sluit hij zich aan in de langgerekte karavaan van critici die vinden dat 'het' anders moet. Maar hoe?

Die vraag staat centraal in het klasje waarvan de leerlingen op veilige anderhalve meter afstand van elkaar hebben plaatsgenomen. Corona is dan nog jong in Nederland. We zeggen er allerlei dingen over die achteraf nogal stompzinnig klinken. Maar andersom lijkt het wel, indachtig de woorden van Rijkslandbouwmeester De Gier, of het heden is ingehaald door het verleden. Hoe is het toch mogelijk dat zo veel kenners, voorop de politici met landbouw in hun portefeuille, blijven spreken over verantwoord rentmeesterschap, terwijl je geen raketgeleerde hoeft te zijn om te begrijpen wat er aan de hand is en hoe het land de afgelopen vijftig jaar bijna letterlijk onder een laag van (kunst) mest werd bedolven.

De beeldspraak van de raketgeleerde komt van René Jochems. Medecursist Jelte Wiersma, akkerbouwer uit Pieterzijl, luistert aandachtig en stelt de meeste vragen. Hij is een mooie kandidaat voor mijn eigen vragen over hoe landbouw idealiter zou kunnen zijn, wat de hoofdrol van de boer daarbij is en wat wij, u en ik, als consument kunnen doen. Maar zijn schuur met daarin alle pootgoed en machinerie zal later dat jaar in vlammen opgaan en Wiersma, een modelleerling in de ogen van onze cursusleider, heeft voorlopig andere dingen aan zijn hoofd.

De meester benadrukt dat het niet de bedoeling is om een groot deel van de agrarische sector bij voorbaat te diskwalificeren om het vermeende misbruik van ons land, dat immers voor meer dan zestig procent door boeren wordt beheerd. Dat de intensieve veesector nu verantwoordelijk wordt geacht voor de enorme milieuschade van stikstof en methaan, hoeft van hem niet te betekenen dat de veestapel in één klap gedecimeerd moet worden. Hij begrijpt echt wel dat de boeren woedend zijn om verondersteld onbegrip en 'pesterijen' door regelgeving. Begin eens, zegt hij, met het afbouwen van de drijfmest, een oceaan van bruine drek 'die door het te injecteren in het land ervoor zorgt dat allerlei bodemleven naar de kloten gaat'. Bereik met behulp van wetenschap dat slechte mest goede mest wordt, en dat je daardoor geen kunstmest meer nodig hebt. De industrie van kunstmest, chemie, Friesland Campina, de stallenbouwers en andere belanghebbenden die zeggen 'dat gaan we mooi niet doen' tot zwijgen brengen. Want de industrie is een heel grote sta-in-de-weg.

René Jochems is lang beschouwd als een roepende in de groene woestijn, en er zijn nog voldoende boeren die hem nog altijd bestempelen als 'piskijker' of als 'gekke Henkie'. De piskijker heeft door 25 jaar volharding omstreeks 3000 agrariërs 'anders' leren doen (en laten), en bovenal leren kijken naar wat er zich zoal afspeelt in de bodem, het zo onmisbare krioelende leven van Rijkslandbouwleraar De Gier. In het hoge noorden bestaat de meeste interesse voor zijn bodemcursus. 'Hoe meer de grond boven de zeespiegel uitstijgt,' zegt hij niet alleen maar voor de grap, 'des te eerder je ervan afglijdt, met een symbolische val tot gevolg.'

Maar voor heel Nederland geldt hetzelfde: naarmate veehouders en akkerbouwers intensiever zijn gaan werken, hebben ze het moeilijker gekregen met die grond. Loeidure grond. 120 mille per hectare: probeer daar maar eens een goed verdienmodel bij te vinden, zonder meteen (goed betaalde) bloembollen of bomen te moeten gaan kweken.

De ruimte is schaars in dit postzegellandje, dat wereldwijd zo fantastisch scoort en waar de handelsgeest in het bloed zit. De inhoud van voedsel, waaraan dus aanhoudend getwijfeld mag worden, was niet de eerste reden voor Jochems om zich met hart en ziel te storten op het belang van een gezonde bodem. Als leerling van de Middelbare Agrarische School in Den Bosch was hij al zeer kritisch. Hij stelde vaak vragen waarop de leraren geen antwoord hadden. Waarom worden planten en bomen ziek en hoe zorg je ervoor dat ze gezond blijven? De onderwijzer bodemkunde verwees hem naar de biologieleraar en die deed andersom hetzelfde. Bodemkunde ging vooral over landafzet van de ijstijd, ook zeer interessant, maar hij bleef zichzelf afvragen: waarom wordt een mens of dier ziek?

Omdat hij geen bevredigend antwoord kreeg, ook niet na jaren werkzaam te zijn geweest in de glastuinbouw en als technisch-commercieel medewerker met specialisatie boomteelt, ging hij zelf maar op onderzoek uit. Google was nog lang niet geboren. Zijn kasten in Zundert vallen bijna om van de zware boeken die erin zijn opgeborgen. Ook zwaar van inhoud, trouwens: zeer specialistisch. Als er werkelijke interesse aan te pas komt, interesse die overgaat in passie, kan geen uur of dag hem lang genoeg duren. Jaren van zelfstudie gingen vooraf aan de beslissing zich als een van de eersten in Nederland te specialiseren in het bodemleven, in bodemgezondheid met als katalysator bodemvervuiling en daarbij horende uitputting van de grond. Hij wordt inmiddels gehoord.

Natuurlijk, je kon er je ogen voor sluiten, maar de sector liep langzaam maar zeker vast. Goed produceren werd steeds moeilijker door het met chemie, kunst- en drijfmest aangetaste bodemleven. Een kantelpunt kwam in zicht. Jochems vormt een soort van tandem met Theo Mulder, markante verkoper van landbouwproducten in Kollumerzwaag en een begrip in Friesland en Groningen voor iedereen die ‘iets’ doet met akkerbouw of veeteelt. Zijn vrachtwagens, 32-tonners, zie je overal, en één ding is zeker: daar zit geen Round Up in. Dat is verboden verklaard door de Fries, die als een eenzame zendeling de boodschap verkondigt van gezond eten door het land zo gezond mogelijk te houden.

Deze Theo Mulder rekent graag op bierviltjes voor hoeveel de medische zorg minder zou kunnen kosten door dat land op een andere manier te behandelen. Zorgkosten 115 miljard per jaar, gedeeld door 17 miljoen mensen = 6500 euro per persoon. Dat bedrag kan, denkt hij, flink omlaag. Mulder gaat er daarbij van uit dat veel ‘gangbaar’ voedsel te weinig nutriënten bevat en dat gezondheid zou kunnen worden bevorderd door ‘beter’, vaak biologisch eten. Verwen je grond nu eens, spreek die desnoods toe en pas vooral op met drijfmest, de smurrie van dierlijke poep en pis. Als de beste kent hij foefjes om de inhoud van de vermaledijde gierkelders om te toveren in betere mest. ‘Boeren als apothekers van de toekomst’ is een van zijn slogans die hij graag terug zou zien op wandtegels. Maar zoals gezegd: dan moeten de boeren beter gaan luisteren naar mensen zoals hij en René Jochems. Ik krijg een sticker mee: ‘Van farmacie naar FARMacie.’ Van kunstmest wil hij ook niet veel meer weten. De zakken die hij nog in de winkel heeft, staan in een hoekje, het verdomhoekje.

We dachten en denken dat de natuur een onuitputtelijke bron van rijkdom is en dat we er volledig en willekeurig over kunnen beschikken. Mooi niet dus. ‘De bodem is de maag van de plant, het maaiveld de mond,’ noteer ik gedienstig tijdens de cursus. Poep (zonder pis) is goud. Ik leer het verband tussen een krop sla en een groene stofzuiger. De regenworm als compostkampioen: ze trekken de blaadjes van de planten in een gangetje, ‘een soort broeikasje,’ aldus Jochems. Schimmels zo kolossaal als walvissen of olifanten. Micro-organismen die elkaar naar het leven staan. De kracht van Bokashi, waarbij voedselafval wordt omgezet in bodemverbeteraars. Mijn oren tuiten.

Ik schrijf en ik schrijf, ik weet steeds meer en ik begrijp steeds minder. Het klinkt zo eenvoudig: laat vooral de natuur haar gang gaan, laat de wormen werken, geef ruim baan aan het ondergrondse onzichtbare 'slagveld' om wortels diep te laten groeien en zoveel mogelijk voedingsstoffen op te slaan. Gebruik zo min mogelijk hulpmiddelen als kunstmest en 'gewasbeschermingsmiddelen', waarlijk een eufemisme; Jochems spreekt liever van 'chemische hulpmiddelen'.

De natuur kan gemakkelijk zichzelf reguleren. Planten (lees: onkruid) kiezen de bodem die het beste bij ze past. Zorg als boer voor een goede bodembalans en de ongewenste paardenbloemen verdwijnen als sneeuw voor de zon. Daar is geen gif voor nodig. Wat mij vooral bijblijft van de avonden met de rondvliegende sjoelschijven is het ongelooflijk delicate proces van het bodemleven dat zich gemakkelijk laat verstoren door veel te zware machines en allerhande hulpmiddelen om oogsten zo groot mogelijk te laten zijn. En ook het grote gevaar van de gentechnologie, van wie niemand weet wat de gevolgen op lange termijn zijn.

'Het is allemaal hebzucht,' aldus de meester, winnen en winsten op de korte termijn. We hebben geen enkel idee wat de aangetaste bodem op de lange termijn doet en wat er met oogsten staat te gebeuren door steeds extremere weersomstandigheden. 'De natuur doet niets zonder doel,' zo citeert Jochems met graagte de Griekse filosoof Aristoteles. Je moet wel stokdoof zijn niet te horen dat die natuur schreeuwt om andere landbouw (en veeteelt).

II

Als de natuur dan schreeuwt om verandering, waarom gebeurt het dan niet op grote schaal? Daar zijn goede redenen voor, vertelt René Jochems in Zundert, de plek waar hij is geboren en waar zijn vader in de jaren zeventig botste met aangescherpte regelgeving voor onder andere zuivelwerking. Waar hebben we dat laatste vaker gehoord? Er moest een melktank komen, de boeren werden even beleefd als dwingend, goedbedoeld misschien, verplicht tot meer hygiëne. De kleine René heeft nog geholpen de mest weg te scheppen van de 25 koeien, hun schatten deponerend in een grupstal (met mestgoot), goede mest natuurlijk. Er liep nog een paard rond om de tien hectare rondom de boerderij te bewerken.

Vader was niet van de tractoren. Toen de melktanks verplicht werden is hij ermee gestopt en ging op de suikerfabriek van Dinteloord werken. Later begon hij samen met zijn oudste zoon een boomkwekerij. Je ziet hier nog altijd niet veel anders dan boomkwekerijen en je vraagt je af wat Vincent van Gogh, geboren in Zundert in 1853, van het moderne landschap zou hebben gevonden. Zou hij weer geïnspireerd worden tot kleurexplosies op het doek?

Alles was kleinschalig hier, behalve de gezinnen, hoewel meneer pastor de gelovigen niet meer kon aansporen tot veertien of vijftien doopplechtigheden zoals een generatie daarvoor. Zes kinderen, zoals bij de familie Jochems, was ook acceptabel. De vier of vijf varkens mochten scharrelen bij de buren. Die werden vetgemest en gingen de diepvries in, uiteraard nadat de slager met zijn scherpste messen was langs geweest en je je hoofd onder een kussen stopte om het gegil van de dieren in doodsnood niet te hoeven horen. Kringloop, waar het ministerie van Landbouw tegenwoordig de mond vol van heeft, was overal. De varkens aten het afval van de mensen en de mensen aten de varkens. Vader Jochems wilde niet mee met zijn tijd, maar de tijd liet niet op zich wachten.

In 1997 overleed hij, nadat hij zijn nalatenschap keurig onder de kinderen had verdeeld. 'Hij zei eerder, toen hij met pensioen ging: ik wil helemaal niets, als ik hier maar mag blijven wonen tot ik doodga.' En zie: René Jochems woont nu in een sprookjesachtige omgeving, zijn vrouw schildert overdag in een even verderop geparkeerde pipowagen. Hun kavel is een overgangsgebied tussen wat 'gangbaar' kan worden genoemd en natuur in. Een bufferzone, deel uitmakend van wat de Ecologische Hoofdstructuur (EHS) moest worden om alle natuurgebieden in Nederland met elkaar te verbinden. De completering daarvan werd weggewuifd en ongedaan gemaakt door CDA-minister en boer Hans Bleeker, toen hij het even voor het zeggen had. De bossen behoren tot een 'nat' natuurgebied. En wie in deze omgeving een boterham wil beleggen, moet in elk geval afblijven van gierputten, bestrijdingsmiddelen en andere agrarische handvatten. '"Zachte" landbouw mag wel,' zegt Jochems, zoals zijn adviesbureau.

En zo reist hij door Nederland met dezelfde vragen die hij als jongen had, met dit verschil dat hij nu ook de antwoorden kent. 'Holistisch denken' klinkt nogal zweverig en je ziet daarbij normaal kruidenvrouwtjes in wijde gewaden voor je. De meester zou willen dat de bedrijven die een wereld van verschil zouden kunnen maken in de sector een poging waagden verder te denken dan hun verlies- en winstrekening. Neem het keurmerk *Planet Proof* van Neerlands grootste zuivelaar Friesland Campina. Klinkt fantastisch, zeer duurzaam, maar je verandert aldus Jochems nul komma nul aan het 'integrale' systeem van de zuivelproductie. Het is *greenwashing* in de zuiverste vorm, 'het schoonhouden van je eigen toko en de boeren het probleem laten oplossen. Dat vind ik schandalig, sorry.'

René Jochems, die baas in eigen huis en eigen hoofd is, legt de link zonder zich te bekommeren om de oorspronkelijke fabrikant van glyfosaat (Round Up), de Amerikaanse chemiereus. Monsanto ontwikkelde ook het chemische ontbladeringsmiddel Agent Orange, waarmee de Amerikanen in de jaren zestig de jungle in Vietnam vanuit de lucht besproeiden om zo de schuilplaatsen van de Vietcong te kunnen vinden. Glyfosaat staat ter discussie, maar is nog steeds toegestaan in Europa en Nederland. Juridische en medische gevolgen zijn door de Amerikaanse uitvinders inmiddels handig over de schutting geworpen bij Bayer, de van oorsprong Duitse multinational die in 2018 Monsanto overnam. Beide bedrijven hebben veel geld verdiend met chemische wapens.

Alles gaat kapot door glyfosaat, zegt ook de meester in de lente van 2020 in het klasje van Kollumerzwaag tegen zijn leerlingen. Werkelijk alles. En wat te denken van wetenschappelijk onderzoek dat heeft laten zien dat glyfosaat inmiddels bij tachtig procent van de koeien wordt aangetroffen? Het zou toch wel bijzonder wonderlijk zijn als er geen restanten zitten in de pakken en flessen van Joris Driepinter en de jongens en meisjes van de Melkbrigade, waartoe ik zelf als jongen behoorde. Trots als een pauw op het eervolle blauworanje embleem, dat mijn moeder op mijn jas naaide. Wat nou, *Planet Proof*?

Voeding is macht, en je bent behoorlijk machteloos als je Land- en Tuinbouw Organisatie (LTO) heet en je zegge en schrijve over één belangenbehartiger in Brussel beschikt. En dat terwijl in het kielzog van de 'gewasbeschermingsmiddelen' een heel peloton lobbyisten in driedelig pak de wandelgangen van het hoogpolig tapijt beheert. Dan sta je met 11-0 achter. 'En als de overheden middelen blijven goedkeuren, dan zeggen de boeren vanzelfsprekend dat ze niets verkeerds doen.' Maar er gloort licht in de duisternis, zegt de cursusleider als we weer terug zijn in zijn eigen hof van Eden in Zundert. We houden de achterdeur in de gaten, waar straks – als het goed is – de vrachtwagenchauffeur zal aanbellen om een lading 'bosstrooisel' te leveren. Zo biologisch als het maar kan, voor zijn eigen voedselhaag van noten, kastanjes, enzovoort.

Er gloort hoop, omdat het aantal kritische boeren toeneemt, en misschien wel sneller dan iedereen op dit moment mogelijk acht. Dan gaat het wat hem betreft niet in de eerste plaats om het stikstofprobleem dat sector en politiek verdeelt, maar vooral om de toenemende terughoudendheid ten opzichte van chemische middelen, met name glyfosaat. Jochems kan het niet laten in zijn telefoon op zoek te gaan naar de plannen van de modelleerling uit Pieterzijl, Jelte Wiersma. Die is vastbesloten om over drie tot vijf jaar 'zo organisch mogelijk' te werken. Vanaf de display leest Jochems het bouwplan van Wiersma: pootaardappelen één keer in de vier jaar, wintergraan één op twee, zaai-uien één op acht, spinazie één op acht. Sinds 2020 is Wiersma al overgegaan tot NKG (niet-kerende grondbewerking) en bewerkt het land na de maaigewassen standaard met groenbemester, een soort van doping voor het bodemleven met daarbij optimalisatie van dierlijke mest. Chemie wordt met minstens 30 procent verminderd en als het even kan zal kunstmest volledig worden uitgebannen.

Misschien is dat allemaal iets te veel jargon. René Jochems is er in ieder geval van overtuigd dat deze jonge boer zal slagen. Beetje geduld hebben en niet meteen in paniek raken door overtollig onkruid: zo gaat dat bij de omschakeling naar 'groener'. En vooral je poot stijf houden, niet luisteren naar de vertegenwoordigers die zullen zeggen dat het onmogelijk is wat je wil. Ja hoor, ook Jelte Wiersma had voorbeelden van de bangmakerij. Je moet kali (kunstmest) strooien, anders heb je geen productie. Nou, hij heeft het niet gedaan. De vertegenwoordiger bedoelde natuurlijk dat hij zélf anders geen productie meer had.

Onkruidbeheersing, zegt Jochems, is 'wel een dingetje'. Boeren, gewend aan en verwend door de chemie en het gemak van kunstmest bij wat hij 'de industriële landbouw' noemt, schrikken zich in het begin een ongeluk. Afhankelijk van de ouderdom van de akkers en de nog aanwezige veerkracht van de grond, schiet er allerlei ongewenst 'spul' omhoog. Het hoort bij groei en bloei zonder of veel minder chemie en/of kunstmest en is een hele logische reactie van de natuur. 'Je moet hulp krijgen bij verandering. En geduld hebben. Anders wordt er heel snel teruggegrepen op wat altijd al werd gedaan: ploegen en kunstmest strooien. Je hoeft ook niet in één jaar om, het kan ook in drie jaar.'

Je moet heel sterk in je schoenen staan om je eigen koers te varen, terwijl een tegendraadse boer helemaal niet zo zeker is van een beloning. Het probleem van de drie mannen uit de Westpolder die voorlopig geen garantie verkrijgen voor biologisch pootgoed is typerend. Jochems weet wel zeker dat het gaat lukken, erg afhankelijk van vraag van winkelketens en consument. 'Eerst kleinschalig en dan grootschalig. Het gaat om volhouden, niet bang zijn.' Maar het gaat lukken. Het zou bij lokale afzet, in populariteit gestegen door de coronapandemie, een voorwaarde kunnen zijn. Je schiet er niet zo veel mee op door dichtbij 'gangbaar' te kopen, want die producten zijn even gangbaar als wat er bij de meeste supermarkten ligt. 'Voedsel met inhoud' zou moeten worden beloond, zoals straks de aardappels en spinazie van modelleerling Jelte Wierma uit Pieterzijl of natuurlijk ook de zorgvuldig gekweekte gewassen van de drie fietsvrienden. 'Zolang de Appies van deze wereld alleen maar denken aan eigen marges en desnoods hun wortels importeren uit Timboektoe omdat het een cent goedkoper is, zal er nooit iets veranderen in de sector.'

Voedsel met inhoud, dat zal volgens hem de toekomst zijn. 'Er komt een moment dat het daarover zou moeten gaan,' denkt de bodemprofessor. Maar om aan te tonen dat er een verschil is tussen, oneerbiedig gezegd, 'de bulk' en de aardappelen of spinazie van Jelte Wiersma uit Pieterzijl is zachtjes uitgedrukt ook wel 'een dingetje'. Wetenschappelijk onderzoek uit Groot-Brittannië en de Verenigde Staten tonen een drastische achteruitgang van mineralen aan, maar is tamelijk gedateerd. In Britse groente en fruit werden significante dalingen aangetoond van onder meer ijzer en magnesium bij vergelijking van oogsten tussen 1930 en 1980. 'Maar de data van deze tabellen zijn voor een ander doeleinde verzameld en eigenlijk niet geschikt om een verandering aan nutriënten te bepalen,' aldus een conclusie van het Wageningse groene onderzoeksinstituut Alterra.

'Onze' eigen experts uit Wageningen konden in 2007 geen spijkerharde bewijzen vinden voor de stelling dat het nutriëntengehalte de afgelopen decennia hebben geleden onder wat ook wel de industriële landbouw wordt genoemd. In Nederland werden alleen lagere fosforgehaltes geconstateerd bij aardappels en tarwe. 'De invloed van de veranderende bodemkwaliteit van landbouwgronden is als zodanig zelden onderzocht,' was ook een van de waarnemingen.

III

Over de rol van goed voedsel in relatie tot gezondheid bestaat geen twijfel meer. Onder auspiciën van de Universiteit van Groningen wordt sinds enige jaren grootscheeps onderzoek gedaan naar de invloed van 'gunstige' bacteriën in de darmflora. Sinds 2006 zijn zes miljoen monsters van menselijk materiaal zoals bloed, haar en ontlasting verzameld, opgeslagen op een Gronings industrieterrein. 167.000 inwoners van de drie noordelijke provincies van alle leeftijden doen mee aan het bevolkingsonderzoek. Wetenschappers, onder anderen hoogleraar humane genetica Cisca Wijmenga, hopen antwoorden te vinden op de vraag, welke factoren van invloed zijn op gezondheid.

Zij worden daarbij 'aangemoedigd' door dramatische gezondheidscijfers. Tachtig procent van alle mensen boven de 65 jaar lijdt aan een of andere chronische ziekte, zoals obesitas of hoge bloeddruk. Bij zeventig procent is zelfs sprake van twee of meer van deze chronische kwalen. Het is al bekend dat factoren zoals leefstijl, stress en leefomgeving met daaraan gekoppeld luchtkwaliteit van invloed zijn. Voorlopige conclusie: hoe minder 'slechte bacteriën' in de darmflora (op een totaal van 4 biljoen in het menselijk lichaam), hoe minder kans op een van de chronische ziektes. Vaststaat nu al, aldus professor Wijmenga tijdens een lezing op de Thuisacademie van Franeker, dat een afwijkende darmflora voorafgaat aan een van de ziekteprocessen. Nu nog achterhalen wat de exacte rol is van 'gezond voedsel' en wat daar precies onder moet worden verstaan.

In 2019 sprak ik met de succesvolle BD-akkerbouwer André Jurrius uit de Betuwe. Hij vertelde over de 'komkommerproef', om aan te tonen wat het verschil is tussen biodynamische teelt en de gangbare. Men neme twee komkommers, één afkomstig van het gangbare land en de ander geteeld volgens de strenge normen van Rudolf Steiner. Voordat gezaaid wordt, is op websites de stand van de verschillende planeten goed bekeken en de mestextracten van de koeienpoep op voorgeschreven wijze langdurig omgeroerd in grote tonnen. Wat je ook goed moet weten is wanneer je linksom of rechtsom moet roeren.

'Goed, je snijdt de komkommers in stukken, stopt ze afzonderlijk in folie en vervolgens in een ijskast. Na drie weken haal je ze eruit. En wat blijkt?' Hij keek me verwachtingsvol aan. Ik had geen idee. Hij geeft zelf het antwoord: 'De gangbare komkommer is compleet verrot. Terwijl in het BD-exemplaar de stukken aan elkaar zijn gegroeid. Dat is de kracht van cellen die kunnen helen. Het is helende voeding! Dat is volgens mij het medicijn van de toekomst.' Een uitroepteken.

Als nu eens met honderd procent zekerheid zou kunnen worden aangetoond dat het eten van 'gangbare' groente helemaal niets doet voor je gezondheid, integendeel, je krijgt er alleen maar een lading Round Up mee naar binnen, holt dan de burger met zijn of haar boodschappenwagen naar de 'biologische' schappen? En het tegenovergestelde is toch wel 'bewijsbaar', namelijk dat mensen steeds ouder worden? Ik vraag het maar gewoon, tijdens onze ontmoeting in Zundert. Jochems sputtert tegen. 'Je moet in plaats daarvan de vraag stellen hoe de mensen gemiddeld ouder worden,' zegt hij. 'In 1900 waren er ook Nederlanders die honderd jaar of ouder werden. Alleen zat hun lijf niet vol chemie. Veel mensen gingen vroeg dood vanwege het gebrek aan hygiëne. Sinds de ontdekking van het riool ging het beter. De initiatiefnemers daarvoor zouden alsnog met een standbeeld moeten worden geëerd. Die hebben meer voor gezondheid betekent dan de wetenschappers uit de vaccinindustrie.'

De grote multinationals hebben er geen enkel belang bij om met diepgaand wetenschappelijk onderzoek vraagtekens bij de kwaliteit van ons voedsel te plaatsen en twijfel te zaaien over de inhoud. Wie wenst er te weten dat het avondje doorzakken met veel bier ook een avondje Round Up betekent ('dat bij veertig procent van de consument in de urine is aangetoond'), ook al gaat het dan om minimale gehaltes van de gangbaar geteelde hop? Moet dan werkelijk alle plezier uit de wereld verdwijnen? René Jochems vindt het zijn taak, na alle zelfstudie sinds 1996, in elk geval te wijzen op wat hij het veiligheidsprincipe noemt. Bij twijfel niet doen, niet eten.

Wetenschappelijk onderzoek? Het ligt er maar aan welke getalletjes je toont en achter welke je je kunt verschuilen. Of het nu kunstmest is die sporen achterlaat in de gewassen of de chemie, samen goed voor 'allerlei narigheid'. 'Als ik het vermoeden heb dat iets niet goed is voor mij, dan laat ik het uit mijn eigen lijf. Je draagt zelf de verantwoordelijkheid voor hoe je je voedt.' Kwaliteit boven kwantiteit – dat moet voorop staan.

Dan zegt hij het zijn vriend Theo Mulder uit Kollumerzwaag na: FARMacie als 'farmacie met boerenverstand' in plaats van de beeldspraak van de raketgeleerde om te moeten (en te kunnen) inzien dat gezondheid en goed voedsel in elkaars verlengde liggen. 'Ziekte is handel, gezondheid niet.' Is het niet typisch en veelzeggend dat iemand die arts wil worden 'medicijnen' studeert en geen 'gezondheid'? Onderzoek, wetenschappelijk onderzoek richt zich op het gebied van waar wat te verdienen valt. Het klinkt heel plat. Een actueel voorbeeld: bij de eerste uitbraak van corona ging veel bloementeelt verloren of werd stopgezet. Uit dertig hectare dahlia's konden stofjes worden gefilterd waar medicinaal onderzoek bij gebaat was. Subsidiegevers stonden – aangemoedigd door de farmaceutische industrie – bij wijze van spreken de volgende dag op de stoep.

En probeer nu eens andersom geld vrij te maken voor wetenschap die zich richt op 'preventieve gezondheid'. Mulder kreeg een mooi advies van een Duitse boer, die vroeger bij Unilever had gewerkt en die was gevraagd een 'gezond dingetje' als tussendoortje te ontwikkelen voor kinderen. Die wist wel raad, na een vergeefse poging om oud-politicus André Rouvoet als voorzitter van de overkoepelende zorgverzekeraars te interesseren voor het onderwerp van de preventie. Misschien had die het daarvoor te druk. Je kon volgens de Duitse boer veel beter aankloppen bij de uitvaartverzekeraars, die immers baat zouden hebben bij lang (en dus gezond) leven. Hun lobbyisten zouden beslist willen luisteren.

Maar gelukkig: ook hier is licht in de duisternis. Sinds kort besteedt zowel de Hogere Agrarische School Venlo als de Rijsuniversiteit Groningen aandacht aan de inhoud van de gulle gaven van het land in relatie tot gezondheid. Het onderzoek staat nog in de kinderschoenen; logisch ook wel, want als 96 procent van de agrarische omzet uit gangbaar boeren komt en slechts 4 procent uit biologisch boeren, dan lijkt daar misschien weinig urgentie te zijn. Maar over voedsel met inhoud zal het de komende decennia moeten gaan en je zult zien, zegt Jochems, dat de kritische burger vanzelf zal volgen. Het is een kwestie van geduldig blijven, niet drammen. En waarschijnlijk heeft zijn 'broeder in de strijd' uit Kollumerzwaag wel gelijk als die een bekende marketingwet aanhaalt: dat een boodschap pas landt bij de 'geadresseerde' als die zeven keer is herhaald.

Waarom zou je 12.000 liter uit iedere koe moeten 'trekken', als het op natuurlijker wijze zonder zo veel krachtvoer ook kan? Intussen jongleren met een papje van dit of een middeltje van dat om de dieren gezond te houden. En de bodem is door de intensieve bewerking uitgeput en lang niet meer zo veerkrachtig als voorheen, met kans op meer ziektes en kleinere opbrengsten als gevolg. De grenzen van de groei zijn bereikt. Van de hoge heren en de managers in driedelige pakken moet je het niet hebben. De bodemprofessor heeft het destijds zelf gezien, voor 1996, toen hij nog de producten uitventte die hij tegenwoordig verkettert, zoals bestrijdingsmiddelen. Hij zag hoe graag 'de mensen van de werkvloer' duurzaam wilden zijn, echt duurzaam, en niet alleen in woorden maar vooral in daden.

In de managementlagen daarentegen, zoals bij Shell als Bayer, speelt zich een schimmige lobby af. Macht en geld zijn er de toverwoorden, maar sinds kort ook 'duurzaam'. Nou, het spijt hem, maar deze mensen zullen nooit het verschil maken. 'Dan zien zij hun cijfertjes naar beneden hobbelen, en dan stort hun wereld in. Die kunnen helemaal niet in "gezondheid" denken. Daar zijn ze helemaal niet mee bezig.'

De verandering zal dus moeten komen van de boeren zelf, en verandering begint met herkenning. Vooral niet bang zijn voor het onvermijdelijke onkruid bij het begin van omschakeling, en niet bang zijn voor de collega's die naar hun voorhoofd wijzen en zeggen dat het niet kan. Je niet laten overdonderen door de verkopers van tractoren, groot, groter, grootst. De machines zouden juist steeds lichter moeten worden ten gunste van 'moedertje Aarde'. Wat Jochems betreft is puur biologisch, laat staan biodynamisch boeren, *niet* de heilige graal. Er zou een label moeten komen voor alles dat afwijkt van wat nu gangbaar heet, de industriële productie die – denkt hij – toch onmogelijk kan beklijven. 'Zorg ervoor dat je niet meer afhankelijk bent van middelen, waarvan je niet zeker weet of ze er morgen nog wel zijn.'

De bonus? Dat je tegen vertegenwoordigers van de industrie kunt zeggen: ik heb je niet meer nodig, dankjewel. 'Je voelt je er veel prettiger bij, en het is ook heerlijk om te beseffen dat je niet meer zo afhankelijk bent van grillen en grollen van de overheid. Het maakt je sterk als ondernemer.' Probeer, zegt hij, eens holistisch te denken. 'Je maakt deel uit van een systeem en daarin ben je een belangrijke dirigent. Hoe jij je daarbij voelt kan niemand anders weten. Wees niet bang voor de natuur, maar ga uit van haar mogelijkheden. Doe het uit liefde, dan ga je vanzelf heel anders sturen.'

Ja, de verandering begint bij de eenzaten die de herrie van vliegende schijven van sjoelende Friezen voor lief nemen tijdens de bodemcursus. René Jochems, roepende in de groene woestijn, schat dat ongeveer twintig procent van alle boeren in Nederland, akkerbouwers en veehouders, bereid is tot verandering en omschakeling. Van de anderen kijkt volgens hem zestig procent de kat uit de boom: hoe doen zij het? En er zijn er ook bij die nooit zullen veranderen, 'die alleen maar bezig zijn met overleven'. Het is allemaal angst, zegt Jochems. De schuldvraag, wie verantwoordelijk is voor wat, mag je van hem niet eens stellen. Pas kreeg hij weer een telefoontje van iemand die zei een paar dagen depressief te zijn geweest na afloop van een cursusavond. Hij zegt het er daarom tegenwoordig bij: niet depressief worden, het is nergens voor nodig.

En kijk wat er in zijn eigen huis is geschied: waar je vroeger met de grootste moeite één boontje achter de kiezen kreeg, vragen de vier jongens nu zelf om gezond 'groen' eten. De ene, bijna even breed als lang, zorgt uit eigen beweging voor magnesiumsupplementen omdat er te weinig in ons dagelijks voedsel belandt. Ze hebben daar in Zundert een eigen Schijf van Vijf van wat wel gezond is en wat niet. Pa hoeft niets meer uit te leggen. Wie de wereld wil veranderen, moet klein beginnen.

8. Meisjes in een kippenhok

I

De woonkamer van Nieuw-Midhuizen biedt uitzicht op de middeldijk, met schop en kruiwagen door arbeiders opgeworpen in 1807. Het is een laatste stukje geschiedenis, want alle andere boeren in de Westpolder hebben de ophoging daarna weer gladgetrokken. Elke vierkante meter aan landbouwgrond is er immers één en het is inmiddels bekend hoeveel deze waard is.

Jacobien en Klaziena Louwes zijn in 2021 de laatst overgeblevenen van de families die in de negentiende eeuw besloten tot inpoldering van dit stukje Nederland, gelegen in de oksel van de Waddenzee. Het was destijds geen unaniem besluit geweest. Hun vader Hendrik Jan, vernoemd naar zijn grootvader, had zich wel kunnen verzoenen met een eventuele afgraving, oudste dochter Jacobien ook. Maar zij waren niet opgewassen tegen de overredingskracht van Ada Westerhuis, de moeder, en jongste dochter Klaziena. Zij wilden de middeldijk behouden.

Het huwelijk van Ada Westerhuis en Hendrik Jan Louwes was een van de vele verbintenissen in de Westpolder die in tegenstelling tot de grillen van de natuur juist in de pas liep met het voorspelbare van afkomst en verworvenheden. Er was aanvankelijk geen goed openbaar vervoer, het sociale netwerk bleef dus beperkt tot de eigen polder, en tot de eigen positie op de sociale ladder. Het was 'ons kent ons'. De families waren rijkelijk beloond voor de risico's die hun voorouders hadden genomen bij de inpoldering van de Westpolder. Je tenniste samen, je zag elkaar bij de Rederijkerskamer en je ontwikkelde je. Samen.

Waag het niet om in het bijzijn van Klaziena Wiepke Louwes, de jongste van de twee zussen die het land beheren, te suggereren dat de successen zijn komen aanwaaien. Zij is, na haar studie aan de Landbouwuniversiteit Wageningen en verre reizen voor ontwikkelingswerk, relatief kort geleden teruggekeerd op haar geboortegrond. Andere bewoners kunnen misschien wat lacherig doen bij wat zij zien als uit de hand gelopen behoudzucht, en noemen het middeldijkje 'een lijst om een schilderij van het landschap'. Maar dat moeten die mensen weten, vindt Klaziena. Als vrouw in een mannenwereld heeft zij geleerd om zich staande te houden.

Toen het bericht kwam dat de gemeente toestemming verleende om de dijk bij het land te trekken, was de familie in vergadering bijeengekomen. Het was een zondags ritueel geweest dat de meisjes van jongs af aan op politiek gebied werden bijgepraat. *Zehn minuten politik* noemde de vader dat, die net als zijn eigen vader een talenknobbel had en veel verder keek dan het panoramisch uitzicht vanaf de Waddendijk. Hij was eerder een 'vergaderboer' dan een traditionele akkerbouwer die destijds overigens ook nog koeien had.

'Amerika', de Verenigde Staten, was thuis een vast thema. Vlak na de Tweede Wereldoorlog had papa zijn masters landbouwkunde gehaald op de universiteit van Illinois. Hij en zijn kersverse verloofde hadden 'heel diep' moeten nadenken voordat zij besloten terug te keren naar dat weliswaar vruchtbare, maar verdomd afgelegen plekje aan de Waddenzee. De verleiding moet groot zijn geweest, maar er waren voorwaarden bepaald bij het Marshallplan, die enorme kapitaalinjectie voor de wederopbouw van het verwoeste, naoorlogse Europa. Vader hield zich aan de belofte terug te keren naar zijn thuisland, zoals hij zich zijn leven lang aan afspraken zou houden. Ze kwamen terug, later gevolgd door een bootlading tractoren en andere agrarische hulpmiddelen, om nooit meer weg te gaan. De tractoren zouden het begin van de intensivering zijn, maar dat konden we toen nog niet weten.

Ogenschijnlijk had de pater familias het voor het zeggen, maar dat leek alleen maar zo. De vaste medewerker, uiteindelijk de eigenlijke regisseur op herenboerderijen zoals Nieuw-Midhuizen, ging voor belangrijke beslissingen eerst langs bij zijn vrouw, Ada Louwes-Westerhuis, in intieme kring 'Binnenlandse Zaken' genoemd, kortweg BZ. En 'BZ' zette samen met jongste dochter Klaziena, die zich in de voetsporen van haar vader zou ontpoppen tot wereldreiziger, de toon toen het ging om het behoud van de middeldijk. De betrokkenen wisten immers hoeveel offers de dijk had gekost. Die ga je niet zomaar weghalen. Achteraf was iedereen blij dat de aanhouders hadden gewonnen.

Ada Westerhuis en Hendrik Jan Louwes overleden rondom de laatste eeuwwisseling kort na elkaar. De herenboer werd, half in driedelig kostuum van de vergaderaar, getroffen door een hartinfarct. Hij werd, zoals het een VIP betaamt, onder grote belangstelling begraven. Deze telg uit een roemrijke familie had het dan weliswaar niet tot 'burgemeester' geschopt, zoals zijn vader, maar hij was wel lid geweest van de Eerste Kamer en nam namens de VVD zitting in het Europees Parlement. Hendrik Jan Louwes was ook vicevoorzitter geweest van de Raad van Bestuur van de Suikerunie. Kortom, een man om je hoed voor af te nemen en een van de vele mastodonten die dit kleine stukje Nederland, de Westpolder, voortbracht.

II

Om rond het overlijden van haar ouders 'de boel gaande te houden' was Jacobien eerst heel vaak heen en weer gependeld tussen haar woonplaats Oegstgeest en Vierhuizen. Na haar scheiding was ze definitief teruggekeerd naar haar geboortestreek. Het dwong haar tot een carrièreswitch, van verpleegster tot boerin, maar toen ze in 1999 de oprichting van een agrarische natuurvereniging meemaakte, was ze vanzelf enthousiast geraakt. Van 'zorgzaam typje', zoals zij zichzelf karakteriseert, werd ze onderneemster, met alle dagelijkse zorgen van dien.

Tot de laatste snik had Hendrik Jan Louwes zich bekommerd om de zorg over ruim tachtig hectare vruchtbare grond. Hij was een cijferkanon, een van de eersten die heel goed overweg konden met computers. Het kan niet anders of hij, eveneens academisch geschoold in Wageningen, moet ook zijn meegegaan met – of 'meegesleurd door' – de moderniteiten van de landbouw, met steeds grotere oogsten tot gevolg. Het verhaal van de kunstmest en de 'gewasbeschermingsmiddelen' is niet voorbijgegaan aan deze unieke boerderij. Hoe vaak het bij belangrijke onderwerpen niet is gevraagd aan de kersverse boerin, het 'zorgzame typje' terug uit Oegstgeest: wat haar vader ervan gevonden zou hebben. Want, zo zal blijken: ook Nieuw-Midhuizen blijft niet stom voor een nieuw geluid van de tijdgeest. De vader was van 'gangbaar', de dochters willen wel anders, maar ook is hier de vraag: hoe? Zo gemakkelijk als het lijkt is het niet.

Anders boeren, minder chemie en zelfs een ruim bemeten akker 'in omschakeling'. Dat kan ook eigenlijk niet anders met haar bijzondere interesse voor de agrarische natuurvereniging en van wat ze weet van biodiversiteit. Maar heel zeker over de afloop kan en wil zij zich niet uitspreken. We zullen zien. ‘Het is spannend.’ En hoe haar vader zou hebben gedacht over de biologische plannen? Ze heeft werkelijk geen idee.

Bij een bezoek aan haar zus in Zuid-Soedan, een jaar of negen geleden, hebben ze het al gehad over biologische akkerbouw. De kritiek op de intensivering van de landbouw klonk steeds luider, boeren konden niets goeds meer doen, weliswaar vooral de veehouderij, maar toch. Anno 2021 moet de oudste toegeven dat het ‘bij ons’ niet zo snel gaat. Ze durven niet goed. Maar vergis je niet: je spreekt ook van een heel grote verandering. Ze kijkt vol bewondering naar de jonge buurboeren op wie ze haar hoop heeft gevestigd.

Het perceel nabij de zeedijk en te zien vanaf de weg eist bijzondere aandacht op. Een zachte groene gloed staat op doorbreken. De luzerne, een groenbemester en bij uitstek geschikt als vruchtbare basis voor andere (lucratiever) gewassen, wordt hier al ‘half-biologisch’ verkocht als veevoeder. Het klopt wat experts zeggen: in het begin schrik je je dood van alle onkruid, ‘en zo hoog!’ Maar je wist dat dit ging komen, geen paniek dus. En na twee of drie keer maaien zag je het land al snel opknappen. Toen besefte de oudste dochter ‘dat we ermee aan de gang moeten’. Het wachten is op de eerste veldleeuweriken die verderop bij Max en Ben van Tilburg al kind aan huis zijn. Een mooiere beloning kan Jacobien Louwes zich niet voorstellen.

Ze neemt me mee naar wat bekendstaat als het driedijkenpunt. Dartelend als een jong meisje loopt ze tegen de zeedijk op en schreeuwt tegen de wind in: ‘Kijk eens hoeveel hoger deze ligt dan de oorspronkelijke! Daar liggen de kwelders. Mooi hè?’ Ze komt hier heel vaak, om een hoofd vol twijfel leeg te maken. Niet paniekeren als de uien weer eens keihard fluctueren en een cent per kilo opleveren in plaats van het 25- of 30-voudige. Ondernemers in de problemen door corona? Een boer weet nooit of de boterham wel belegd kan worden en hoe dik. Wat bijvoorbeeld te doen met het overtollige water dat veel te vaak voorbarig wordt weggepompt? Dat doet het waterschap, maar na een droge zomer verlang je wel naar dat naar de zee afgevoerde water. Jacobien maakt zich er zorgen over. Maar hier moet je vooral genieten. Het uitzicht zal nooit vervelen.

Jacobien en Klaziena hebben hier ontelbare voetafdrukken staan, in de jonge zeeklei. Afdrukken van de onschuld die horen bij de jaren, en dat weet iedereen, die veel te snel voorbijgaan. Ze haalden er ongerechtigheden weg, achtergebleven na stormen, om zodoende het slib op de rietmatten mooi gelijkmatig te kunnen laten neerdalen. Vanaf hier zaten ze in 1969 op de eerste rang om de vorderingen van de inpoldering van de Lauwerszee te zien. Het lijkt wel gisteren. En nu, iets meer dan vijftig jaar later, moet de zeedijk alweer worden opgehoogd. Stijgende zeespiegel... Het stemt wel tot nadenken, ja. Je hoopt maar dat de dijk hoog genoeg zal zijn, als later onverhoopt de wind aanzwelt tot kracht twaalf of meer. Maar als kustbewoner heb je wel 'een soort van' veilig gevoel ontwikkeld, hoor, achter de dijk. Aldus Jacobien.

In september 2012 was bij een controle door het waterschap een ernstig probleem aan het licht gekomen. Pal achter de boerderij van de familie Louwes werd bij paal 86 een 'spoelgat' ontdekt van omstreeks elf meter diep met het gevaar van verzakking en breken van de zeedijk. Over een breedte van negenhonderd meter zou die bij een calamiteit kunnen bezwijken met 'een muur van zeewater' (Ineke Noordhoff in *Schaduwkust*) tot gevolg die theoretisch zou reiken tot Lauwersoog. De zwakke plek was veroorzaakt door de stroming van het Vierhuistergat die hier tot 1969 vrijspel had gekend en eeuwenlang de natuurlijke vaargeul was geweest richting Zoutkamp. Met het aanbrengen van een paar duizend ton breuksteen werd het gevaar in de kiem gesmoord. Er zou sprake zijn geweest van een noodsituatie en de paniek was groot bij de betreffende ingenieurs. En je kunt je voorstellen dat de vaste bewoners van de Westpolder niet altijd rustig slapen bij storm.

Nieuw-Midhuizen zou als eerste boerderij door water kunnen worden verzwolgen, zoals dat ook in het rampjaar 1877 geschiedde. Vlakbij moet zich destijds dat verschrikkelijke drama hebben afgespeeld met die arbeider uit Engwierum, die had meegeholpen bij de inpoldering en die zijn familie in veiligheid wilde brengen door van Nieuw-Midhuizen de weg over te steken naar het hoger gelegen De Manneplaats. Hij werd meegesleurd door de sterke stroming en spoelde aan op de dijk waarover we nu uitkijken over de Waddenzee, met uitzicht op Schiermonnikoog. Daar kwam hij tot de gruwelijke ontdekking dat hij een plankje stijf tegen zich aan had geklemd, in plaats van zijn baby-zoontje.

III

Zou je mogen concluderen dat de natuur, eerst bedwongen door de zee met dijken te temmen, en later door overvloedig gebruik te maken van kunstmatige hulpmiddelen, kolossale werktuigen en chemie, nu begint terug te slaan? Zal de deltahoogte van de dijken over een halve eeuw opnieuw onvoldoende blijken? En wat kunnen boeren doen om het milieu tevreden te stellen en nieuwe rampen te voorkomen? Wat kun je leren van geschiedenis?

Wat geschiedenis betreft: dat er destijds goed is gezorgd, in ieder geval relatief goed, voor de arbeiders, mag worden verondersteld, gezien de reputatie van opa Herman Derk

Louwes en die van andere voorvaderen. Willem Lammerts Dijkhuis, boegbeeld van de Groningse landbouw in de negentiende eeuw en de man die zijn publiek urenlang kon toespreken, is de betovergrootvader van de gezusters Louwes. Het besturen lijkt wel genetisch bepaald, zo moge blijken uit een boek van H.M.L Geurts uit 2002, *Herman Derk Louwes. Burgemeester van de Nederlandse landbouw*. De uitspraken en verhalen uit dit boek zijn heel wat smakelijker dan de droge titel doet vermoeden. Geurts noemt deze bewoner van Nieuw-Midhuizen de eerste bestuurder die de Nederlandse landbouw structureel en organisatorisch 'smoel' gaf.

Deze 'burgemeester' Louwes kreeg zijn sociale betrokkenheid niet van een vreemde. Zijn vader Hendrik Jan trok zich het lot aan van werkstakers uit het Friese De Bildt. Ze waren 'tot wederzijds genoegen' werkzaam in de Westpolder tijdens de oogstmaanden in de rumoerige jaren rondom de negentiende eeuwwisseling. Het waren 'taaie Friese vasthouders', jammer alleen dat de meesten 'zo slecht ontwikkeld' waren. 'Enkelen hadden een heel goed inzicht in de zaak,' schrijft herenboer Louwes in een brief aan Domela Nieuwenhuis, aanvoerder van de opkomende sociale beweging en later bestempeld als oproerkraaier, 'van toegeven is geen sprake. Maar met dat al hebben de mensen een heel treurig heenkomen. Och God, wat waren ze arm. Ik heb een paar mensen van kleding moeten voorzien. Ze hadden letterlijk niets om het lijf. De stakkers.'

Hendrik Jan Louwes probeerde tevergeefs te bemiddelen in een uit de hand gelopen ruzie tussen 'de rode' Domela Nieuwenhuis en Derk Roelfs Mansholt, de stiefgrootvader van Hendrik Jan Louwes, 'een onverkwikkelijke strijd als een donderbui onder het dorsen'. Als reactie op de beschuldiging als zouden liberalen zoals hij zich alleen uit eigenbelang bekommeren om het lot van de arbeiders vroeg de pater familias zich – blijkbaar hardop – af 'waarom het misdadig werd geacht om zich als gegoede burger bezig te houden met het sociale vraagstuk'. Moest je daarvoor potverdorie per se in een hut geboren zijn? Het was heel begrijpelijk dat zo veel arbeiders uitweken naar de andere kant van de wereld vanwege de 'allerellendigste' toestand, in de woorden van Mansholt, voor 'de matigste, zuinigste en meest oppassende mensen die men zich denken kan'.

Kleinzoon Herman Derk Louwes beweerde zelf veel te hebben geleerd van meester Winter, het hoofd van de lagere (openbare) school in Vierhuizen, diepgelovig en liefhebber van samenzang. Herman Derk zong uit volle borst mee, godsdienstige liederen die hij thuis nooit had gehoord. De schoolmeester nam het ook op voor de arbeiders die het waagden te staken voor betere omstandigheden en hoger loon. Eerbied voor 'het voorbij gegane' stond bij hem voorop en niet alleen maar dat wat voorbijkwam op de herenboerderij. De nazaten hadden het dus niet van een vreemde toen zij zich druk maakten om een stukje oude dijk.

Favoriet gespreksonderwerp van 'opa' Hendrik Jan was de ontmoeting die hij met een naburige arbeider had ter gelegenheid van diens honderdste verjaardag. Het was een flinke man met een flink gezin, die als oogstarbeider op de Groningse klei maandagsmorgens om drie uur van huis ging en dan zes uur moest lopen om op tijd op zijn werk te zijn; en op zaterdagen maakte hij dezelfde tocht andersom. Welke mysterieuze krachten moet deze eenvoudige man hebben gehad! 'Hoe afbeulend moet dit leven zijn geweest en hoe ontzaglijk gering de ontplooiingsmogelijkheden,' concludeert H.M.L Geurts in zijn boek.

Voor kleinzoon Herman Derk (Vierhuizen, 15 augustus 1893 – Zuidhorn, 8 oktober 1960), zo blijkt uit hetzelfde boek van H.M.L Geurts, was het klip en klaar dat het landbouwbelang bij zijn opa boven het algemeen belang ging. Hij zette zich een leven lang in voor een staatspensioen, speciaal bestemd voor de boerenstand. Al was het alleen maar om 'in het dikwijls harde en zware leven van den boer – vooral ook de kleinere – bestaanszekerheid en levensvreugde te brengen en de positie van onzen boerenstand blijvend te verbeteren'. Met 'onverdroten ijver' en inzet van al zijn gezag en diplomatieke talent ('neem de ander op zijn best') zette hij zijn schouders onder het 'boerenpensioen'. Het zou er nooit komen. Wat hij wel voor elkaar kreeg was meer respect voor de hardwerkende mannen en vrouwen, zonder wie geen Nederlander een fatsoenlijke maaltijd zou krijgen.

In tegenstelling tot zijn ouders, aldus H.M.L. Geurts, was Herman Derk zeer religieus. Hiervan zijn de wortels niet duidelijk. Mogelijk hing het samen met zijn beschouwende, naar de zin van het leven zoekende geest. Volgens J.P. Wiersma, die in 1969 een boek schreef over Herman Derk Louwes als 'een voorman van de Nederlandse landbouw', zocht Herman Derk in zijn jeugd vaak contact met een oudere, gereformeerde arbeider die in dienst was bij zijn vader. Wiersma beschrijft Herman Derk Louwes als een man 'met fors figuur en ferme stap' én de ideale boer, een schapenteller en rederijker ineen, een realist en gelovige, practicus en idealist. Overdag in het gareel van de arbeid en het 'bedrijfstechnisch denken', 's avonds 'in de ban van zijn denkvermogen'. Ordening van de vrije handel of protectionisme was in zijn ogen een vraagstuk van doelmatigheid. Herman Derk koesterde een regelrechte afschuw van de grote stad, de asfaltcultuur, dancings en 'de massamens'. Geef hem maar de 'onbedorven boerenstand', een bevolkingsgroep die innerlijk en uiterlijk nog niet was 'gelijkgeschaafd'. De boerenstand was de kern, de oergrond van het volk. Boeren stonden dichter bij de fundamenten van het economisch leven dan de industrie dat deed. En zouden recht hebben op meer invloed bij meningen over economisch beleid.

Hij, de betrokken 'burgemeester van de landbouw', moet zelf een nogal eenzame man zijn geweest, altijd eerder denkend aan de ander dan aan zichzelf, iets meer in theorie dan in de praktijk. Een visionair, romantisch, filosofisch, idealistisch en religieus, aldus H.M.L Geurts. Maar bovenal een boer. Vrienden heeft hij volgens de auteur niet gehad, of in ieder geval heel weinig. Misschien heeft zijn oogziekte, al op jonge leeftijd geconstateerd, hierbij een rol gespeeld. Volgens uitspraken van zijn zoon, de vader dus van Jacobien en Klaziena, was het de onweerstaanbare aantrekkingskracht van het platteland geweest die hem had gemaakt tot wat hij was: een denkende boer.

Altijd ruiste daar ver op de achtergrond zacht de zee. Vriend in de eerste plaats, maar soms ook een vijand. In Herman Derk Louwes' eigen woorden: 'De zee kan altijd meer.' Hij was een van degenen die zich uitspraken voor de afsluiting van de Lauwerszee en hij heeft zich er ook sterk voor gemaakt. Hem hoefde je niet uit te leggen waartoe de oerkrachten van het water in staat waren.

Zou de kosmopolitische kijk van herenboer-burgemeester Herman Derk iets te maken kunnen hebben met zijn woonomgeving en het onbelemmerde uitzicht vanaf de dijk, zoals een journalist het formuleerde na een interview? 'Die wijde blik van de bewoners der lage landen aan den zeedijk. Wie boven op den dijk gaat staan ziet bij hoogwater zee en lucht in elkaar overgaan en den horizon, slechts hier en daar onderbroken door de contouren der eilanden in de verte. Zijn blik wordt niet belemmerd, terwijl de frisse zeewind om zijn slapen speelt. En de gedachten vliegen ongehinderd voort tot ver buiten de grenzen van het dagelijkse leven.' Alleen het nabijgelegen eindeloze wad als 'onvervreemdbaar bezit' is de stille getuige.

Uit *De burgemeester van de landbouw*: 'Ik ben met alles wat in mij is aan de Westpolder verbonden. Dikwijls vraag ik mij af of ik ben als de kat die zich aan het huis hecht of als de hond, die zich aan de mensen hecht. Ik weet het niet: misschien hecht ik nog het meest aan de grond.'

IV

Jacobien Louwes zegt zich een ongeluk te zijn geschrokken toen zij omstreeks de eeuwwisseling bij terugkeer naar haar geboortegrond merkte dat zij en haar zus de laatsten waren van de families die nog de zee hadden bevochten. Herenboeren waren langzaam meewerkend voorman geworden, want de moeilijke apparaten van de moderne tijd waren lastig te hanteren, en daarna namen anderen het over. Jacobien schrok zo ontzettend, omdat precies bij haar terugkeer even verderop de familie Sijpkens er om verschillende redenen de brui aan gaf. Plotseling stond zij er alleen voor in de Westpolder, met steun weliswaar van haar trouwe zuster en de vaste medewerkers, maar toch voelde het zo: eenzaam en alleen.

BD-boer Max van Tilburg was vanuit zijn Utrechtse rivierendelta langsgekomen met een grondboor om op Bromo en Nieuw Bromo monsters te nemen. Dan wist je als buurtbewoners voldoende: Bromo en Nieuw Bromo gingen over in andere handen. Het betekende een onherroepelijk einde van een tijdperk. Het was zo begrijpelijk dat de nieuwe baas van Nieuw-Midhuizen, net terug uit Oegstgeest, schrok en zich misschien wel in de steek gelaten voelde.

'Ik vond het heel heftig, ja,' vertelt Jacobien Louwes op een mooie voorjaarsdag. 'Het was een klap. De broers stopten er allebei mee. Met de jongste, mijn leeftijdgenoot Jaap, ben ik altijd opgetrokken.' Samen naar feesten, met alles erop en eraan. Ze leidden een eigen leven natuurlijk, maar je wist dat die anderen er altijd waren. Tot het allerlaatste moment, zoals bij Dicky Sijpkens, geboren in het oorlogsjaar 1914 en deze lente op 107-jarige leeftijd overleden.

Jacobien vindt het een probleem om zich 'een echte boerin' te noemen, laat staan een 'herenboerin'. Wat is dat voor idioot woord? Maar als we naar buiten kijken, de natuur in alle pracht langzaam zien ontwaken, spreekt toch een echte boerin, die met zicht op een perceel van buurman Jochum Mansholt tevreden vaststelt dat de tarwe, 'die behoorlijk geleden heeft onder een korte maar strenge vorstperiode', toch weer voorzichtig groen begint te worden. 'Gelukkig maar.' O ja, ze loopt regelmatig over het land om de draineerbuizen te controleren. Voor de boerderij links staat een monumentale boom die veel zou kunnen vertellen over de afgelopen pakweg 150 jaar, als die kon spreken. O, en als het toch eens zou kunnen gebeuren: straks weer broedende veldleeuweriken op de eigen akkers, zoals vroeger.

Zij, de dames Louwes, worden in het noordoostelijke deel van Groningen met zowel eerbied als verbazing bekeken. Twee vrouwen in een mannenwereld, hoe is dat mogelijk? Of eigenlijk vijf vrouwen. De maatschap – zo is bij erfenis bepaald – bestaat ook uit de drie dochters van Jacobien, inmiddels ook alweer veertigers. Het historisch erfgoed, Nieuw-Midhuizen met de omringende boomsingels en aanpalend land een parel in het landschap, mag niet verloren gaan. Hoe het precies moet in de toekomst is niet bekend, de drie dochters noch hun kinderen lijken vooralsnog over het vereiste boerenbloed te beschikken. Ontzettend jammer, maar de twee sterke vrouwen zullen er alles aan doen om wat door voorvaderen met zo veel moeite op de natuur is bevochten niet in vreemde handen te drijven. Wel verzoekt Jacobien om enige terughoudendheid, want ze wenst de jeugdige buurboeren als voorlopers van een nieuwe tijd te zien, de protagonisten in een nieuw verhaal, en haar eigen rol en die van haar zuster te relativeren.

Klaziena wordt beschouwd als de *non executive director*, met een broodnuchtere kijk op alles wat met landbouw te maken heeft en trouwens ook daarbuiten. Zij wil nog wat kwijt over opa, die beiden hebben gekend. Hij hield niet van small talk, net als Klaziena, hij was een echter denker en schrijver. Betovergrootmoeder was Aaltje Dijkhuis, later gehuwd met Derk Roelfs Mansholt. De familiegeschiedenis is in beton gegoten. Daar liep een dijk, en nog een dijk, en daar liggen ook weer gedeeltelijk roots.

Niet vergeten, zuinig op zijn. Grootmoeder deed er alles aan om de gedachte aan opa Herman Derk levend te houden. En 'het waterschapje' waaronder de Westpolder viel, zegt Klaziena, deed er ook alles aan om in de herinnering te blijven: er verschenen mooie boeken waarin de nadruk werd gelegd op het pionieren van de polderaars, het zware werk dat vooral werd gedaan door arbeiders tegen betaling van 50 cent per dag. Bij elk jubileum volgde een heruitgave van het boek *De Westpolder* of ten minste een geactualiseerde aanvulling.

Ooit was alles ver weg. Nu, met het supersnelle internet, ben je heel wat dichter bij de grote buitenwereld dan vroeger met de snik, al beschikten de bevoorrechte boeren hier al snel over eigen transport. Eerst met steun van pure paardenkrachten en later de kunstmatige. 'Men' – Klaziena spreekt het persoonlijk voornaamwoord met nadruk uit – men ging dan niet al te lang geleden zeker niet naar de opera in Amsterdam, maar wel naar tennis of de Rederijkerskamer. Want hier, in deze omgeving, had gekke Henkie allang plaatsgemaakt voor ontwikkelde boeren die trots waren op hun leesvaardigheid en hun bekommeringen om de grote, vaak boze buitenwereld. Zo gek was het niet dat veel van oudsher bekende familienamen aan elkaar zijn gekoppeld. Maar die gewoonte is dankzij de ontsluiting en andere geschenken van de moderne tijd allang verleden tijd.

Toen zijn zoon de nieuwe schatbewaarder werd van het erfgoed aan de Waddenzee, ging opa niet voor niets wonen in het nabije Zuidhorn, plaatsje met station waar de trein je in een paar minuten in de stad Groningen dropte. Klaziena, de jongste kleindochter, kwam naar eigen zeggen alleen maar terug naar de Westpolder omdat op de grond van het gesloopte arbeidershuisje schuin tegenover de boerderij een nieuwe woning mocht worden gebouwd. Kom zeg, het had net zo goed Joure kunnen zijn: een vaste woonstek na alle wereldreizen. Het is volgens haar onzinnig om, zoals nu vlakbij geschiedt, een groot project op te starten (Holwerd aan Zee) met als argument de jeugd een toekomst te bieden. Hou op. 'De jeugd moet opzouten, opleidingen doen en een mooi verhaal van hun leven maken.' Alleen de boeren en hun beoogde opvolgers bleven.

Verbondenheid met de grond? Wat is dat voor onzin om te blijven wonen in kleine dorpjes alleen maar vanwege die blijkbaar magnetische aantrekkingskracht van de plek waar ooit je wieg stond? Wat heeft Vierhuizen te bieden, behalve de schitterende verhalen van dingen en mensen die voorbijgaan? Ja, je ging destijds met je vader altijd met Oud en Nieuw langs bij de mensen om het pachtgeld van het ouderwetse 'beklemrecht' te incasseren, heel kleine bedragen. Dat is waar. Maar dat hele systeem moet je niet proberen uit te leggen aan een leek, nergens voor nodig. 'Zeg maar: een oude vorm van aandelen.'

Overdrijven, dat doen anderen maar. En om nu te zeggen dat je met een opleiding aan de Landbouwuniversiteit Wageningen ook meteen voorbestemd bent om boerin te worden, is ook niet erg realistisch. Het was een heel lange opleiding en niet bepaald praktisch om dan ook maar even de vruchtbare akkers te gaan bewerken. Dat vereist heel wat meer en andere expertise dan je denkt. Het is gelopen zoals het gelopen is, en '*everybody is happy*'.

De Europese plannen liggen al klaar om de chemie sterk terug te dringen hier op het platteland. Aan deze *Green Deal* uit Brussel valt niet te ontkomen, zegt Klaziena, al zijn er ook hier 'grote boeren' die daar niet bepaald op zitten te wachten. Maar genoeg is genoeg. De kringloop van produceren en consumeren zal (geografisch) kleiner moeten worden, alleen is de vraag – uit academisch oogpunt beschouwd – hoe groot die mag of moet zijn. Mag Australië nog, dat niet eens zo veel kleiner is dan heel Europa? Hoort Thailand, van waaruit nu goedkope kip wordt geïmporteerd, bij de kringloop of moet je je alleen richten op Europa? Of zelfs alleen op de eigen landsgrenzen? 'En waarom niet: alleen de Westpolder als kringloop?' vraagt Klaziena zich af. Je zult in ieder geval steeds voorzichtiger moeten zijn met je grondstoffen, want die raken op.

'We' moeten maar geloven dat er 'een heleboel' gaande is in de landbouw, zoals boeren voor hun goede mest (dus geen drijfmest) proberen samenwerking te zoeken met bijvoorbeeld kippenboeren uit de Noordoostpolder. De grote tankwagens die je weleens in deze omgeving ziet rijden hoeven niet per se gevuld te zijn met varkensmest uit Brabant of Gelderland. En dat 'de jongens', IJsbrand de Weerd, Geert Jan Duisterwinkel en Ben van Tilburg, op problemen stuiten voor de afzet van hun biologische pootgoed 'is nu eenmaal een feit'. Maar dat zij wel met de nodige zorg naar de toekomst kijken, is wel weer heel begrijpelijk. Je zult maar een gezin hebben zoals Geert Jan met drie opgroeiende kinderen. 'Technisch gezien is het een beetje onzin dat zij hun biologische pootgoed niet kunnen afzetten, dat ook wel weer, maar het probleem van biologisch pootgoed wordt echt opgelost,' aldus Klaziena. 'Je zult het zien. En dan kunnen we los met de transitie.'

En je zult wel gek zijn als je niet meegaat in de vaart der volkeren, nu groener gekleurd dan ooit. Maar je bent even gek als je al je geld inzet op biologisch en als je niet heel voorzichtig omspringt met je unieke decor, zo geschikt voor aardappelen, pootgoed voorop. De geïsoleerde ligging, waar de vermaledijde luizen, die hele oogsten kunnen vernietigen, zich niet senang voelen. Hier is de meeste kennis, maar je moet wel oppassen voor een crisis door een of andere ziekte. Niet iedereen zal vanaf het begin enthousiast meedoen, dat kun je niet verwachten. Geen politieke partij die nog hardop durft uit te spreken dat de wal het schip gaat keren, op een paar uitzonderingen na, want je krijgt er alleen maar boze kiezers van. Maar de transitie naar een duurzame(r) landbouw gaat er komen, of je wilt of niet.

Er zijn dus heel veel mitsen en maren ten aanzien van een biologische toekomst. Bedrijfsleider Renze Rispens, een 50-jarige boerenzoon uit het nabijgelegen Niehove die is aangenomen onder de voorwaarde dat hij bereid is af te wijken van het gangbare pad van akkerbouw, is met zijn deskundigheid een veilig anker. De vrouwen van Nieuw-

Midhuizen kunnen op hem bouwen. Jacobien verheugt zich enorm op het biologische waagstuk, een waagstuk ja – dat kan niet genoeg worden gezegd.

Heerlijk, de kleine en lichte machientjes die gebruikelijk zijn in de sector. En ook een heerlijke mentaliteit waarin mislukkingen even openhartig worden gedeeld als de grote successen. Jacobien Louwes: 'Op de een of andere manier gunnen biologische boeren collega's het allerbeste en wordt het als een plicht gezien om expertise te delen. Niet geheimzinnig doen.' Voor elkaar, door elkaar.

Een paar jaar geleden zijn de vijf vrouwen die de toekomst bepalen van de herenboerderij op een lokatie in het westen bijeen geweest, om samen met een deskundige gespreksleider die toekomst te bespreken. Dat het erfgoed in de familie moet blijven, stond voorop. Moeder en tante regeren over het graf heen om de mitsen en maren voor zover mogelijk uit te bannen. Het is niet heel ingewikkeld, ook niet erg gemakkelijk. Lukt het op tijd met biologische teelt een flinke stap voorwaarts te zetten? De dochters kennen zelf in ieder geval de link tussen kwalitatief, inhoudrijk voedsel en gezondheid.

De twee gezusters zullen elke gelegenheid aangrijpen om de interesse voor het boerenbedrijf aan te wakkeren. Uit voorzorg om wat waardevol en dierbaar is te behouden. Maar er is nog iets anders: het zijn allemaal meisjes daar op Nieuw-Midhuizen en het is hun eer te na dat een of ander jongetje dat schitterende bedrijf overneemt, zoals het vroeger altijd ging. Klaziena Louwes: 'De meisjes krijgen het kippenhok en de jongens de boerderij.' Nou, zij laten zich de kaas niet van het brood eten. Dat heeft iedereen inmiddels wel begrepen.

9. Nieuwe toverwoorden: voedselzekerheid en kringlooplandbouw

I

'Hier,' zegt Jochum Ubbo Mansholt als hij op een stormachtige lentedag van 2021 voorgaat om te laten zien hoe hoog de zee kwam in de januarinacht van 1877, terwijl hij een deur van boerderij Fletum opent. 'Kijk maar.' Op de muur staan bleke, onregelmatige afdrukken. Hijzelf, een man in de bloei van zijn leven en bijna twee meter lang, zou het hoofd nauwelijks boven water hebben kunnen houden.

Het is nog maar een jaar geleden dat hij officieel de baas is geworden van het bedrijf dat veel geschiedenis herbergt. Bange verhalen soms, maar hij houdt zich met permissie graag bezig met het heden. Ook zo'n modern akkerbedrijf kan overigens bang maken.

Als er één goed voorbeeld is van een boerengeneratie die moest, wilde en kon meedeinen op de golven van de tijdgeest en flexibel genoeg bleek het hoofd boven het water te houden, dan is dat het geslacht Mansholt. Vrijwel iedereen kent Sicco. Die was het nota bene die als minister van Landbouw de lopendebandproductie van voedsel orkestreerde, maar in de laatste jaren van zijn leven tot inkeer kwam en spijt betuigde. Diens opa Derk Roelfs stelt zich al eerder aan ons voor. Het was de minder bekende jongere broer van Derk Roelfs die in 1877 op deze plek een veilig heenkomen moest zoeken om samen met wat diens opvolger werd, in die rampnacht in een dekentje gewikkeld, te ontsnappen aan de stormvloed. Van zijn vrouw, Rena Loots uit Zuurdijk, bleef tijdens de vlucht een pantoffel in de modder steken.

Nabij de bleke zoutsporen op de muur moet ook de *schaap-vent* (die niet veel later tijdens het spelen veronge-lukte) de verschrikkelijke nacht hebben doorgebracht, samen met zijn hond. Voorvader Jochem Helmers Mansholt kon in die negentiende eeuw aanvankelijk moeiteloos worden gerangschikt onder de herenboeren. 'De boer die niet meer in de trage sleur de vastgetrapte paden der voorvaderlijke traditie bewandelt,' aldus de plechtige karakterschets die de Wageningse socioloog en demograaf E.W. Hofstee in de twintigste eeuw van de moderne boer opstelde, 'zonder dat hij er zich eigenlijk van bewust is waarom hij dit zus of zo doet, maar de boer die rekende en overlegde en die nadacht over de te volgen werkwijze en de te gebruiken werktuigen.'

De uitnemende en vrijdenkende landbouwers die precies wisten hoe je vruchtbaar land zo vruchtbaar mogelijk moest bewerken, gaven aan deze contreien een luxe uitstraling, en stuwden de cultuur voort in de vaart der volkeren. Ze moedigden bijvoorbeeld collega's aan om boeken te lezen.

Die rampnacht van 1877 zorgde voor een abrupte ommekeer, zeker wat betreft de betovergrootvader van de man die vandaag zijn bezoek voorgaat. Jochem Helmers, die nooit had kunnen voorzien dat zijn juist gebouwde en betrokken boerderij door het noodlot werd getroffen, moest in figuurlijke zin van alles bedenken om het hoofd boven water te houden. Hij 'kluste bij' door gewassen, veelal intuïtief, optimaal te veredelen. Uit bewondering vernoemde Sicco Mansholt, toen hij zelf akkers bebouwde in de Wieringermeer, zijn boerderij naar die van zijn oom in de Westpolder: Fletum.

En het is niet vreemd dat de biograaf van Sicco Mansholt, Johan van Merriënboer, de overeenkomst ziet tussen de kortstro-erwten en witte dikkop-tarwe, ontwikkeld in het veredelingsbedrijf in de Westpolder van oom Jochem. Over dikkop gesproken: het mag een prominente familietrek worden genoemd. Fraaier laat het geslacht Mansholt zich niet typeren: het zijn stuk voor stuk lange, ooit uit de klei getrokken dikkoppen. 'Eigenzinnige landbouwpioniers van de beste soort.'

En toen stond daar opeens een van de nazaten 'van de beste soort' in oktober 2019 bij het gemeentehuis van Groningen, waar een tractor – pardon, een trekker – op het punt staat een deur in te beuken, om protesterende collega's de toegang tot de raadszaal te verschaffen. Op tv-beelden is te zien hoe de ME de boeren tevergeefs naar buiten proberen te knuppelen. Storesten dwarrelen door de lucht en er zijn zelfs met bloed besmeurde lichaamsdelen te zien. Jochum Ubbo stond naar eigen zeggen iets achteraf.

'Tegen vrienden zei ik, toen een cameraploeg van de NOS voorbijkwam: moet je vanavond eens zien hoe dit nieuws gebracht wordt.' Van een uit de klei getrokken dikkop mag je natuurlijk niet verwachten dat hij overal 'ja en amen' op zegt, hij is een dwarsdenker. Wat zal de schade zijn geweest van 'de overval'? vraagt hij. Misschien een krasje op de deur? Maar wat te doen met de kras op de ziel van de boeren?

Er zijn voldoende redenen om anders tegen de Nederlandse landbouw aan te kijken dan heel lang 'gangbaar' is geacht, heus. Maar er zijn volgens hem minstens evenveel goede redenen om te begrijpen waarom gangbaar gangbaar is geworden. Niet alleen de boeren, nee, we zijn met z'n allen meegesleept door een systeem dat vanzelf de grenzen van het toelaatbare opzocht. Een systeem nota bene dat dus op gang werd gebracht door een eigen familielid. Een systeem dat het veelkoppige en onbestuurbare monster van

Flying
LEGEND

de vrije markt creëerde. Maar om daar nu de hedendaagse boer zonder voorbehoud op af te rekenen? Ja, dan komt de uit de klei getrokken dikkop in opstand.

Het gebeurt regelmatig dat lezers van *De graanrepubliek* in de voetsporen treden van Frank Westerman en bij een bezoek aan de Groningse Westpolder heel gemakkelijk de verschillende generaties Mansholt door elkaar husselen. Huh, Torum? Een even verderop gelegen monumentale herenboerderij was toch de uitvalsbasis geweest van Sicco, en hoe kon het dat daar een andere familie woont? En Fletum dan, ongeveer een kilometer noordwaarts? Beide boerderijen zijn door Sicco's grootvader vernoemd naar verdronken dorpen op de grens van Nederland en Duitsland, zijn vaderland. Verdronken dorpen: was die vernoeming achteraf geen uitnodiging voor het noodlot om langs te komen, vragen om watersnood? Of de pech van boedelscheiding door opgeëiste erfrechten, de nagel aan de doodskist van Sicco Mansholt, geboren en getogen in de Westpolder en plotseling verjaagd uit de omgeving, zonder overdrijven een paradijs op aarde?

Pas veel later slaagde de beroemdste telg van de Mansholt-dynastie erin met meer liefde dan pijn terug te kijken op zijn jeugd. Met de geluiden en de lucht van het wad altijd in gedachten. Ja, het is waar: je ruikt er het zilt van de Wadden, een andere geur dan die van gewone zeeën. De Westpolder? Een onvergetelijke wereld, of beter: het was dé wereld. Alles was mooi, *alles*, maar de dijk, de kwelder en 't wad waren het allermooist. De herinnering van de stille zondagen met het gezin op de Waddendijk en het uitzicht op Schiermonnikoog, daarbij de geluiden van de natuur. De lange koperen verrekijker in de aanslag, niets mocht

Links: *Jochum Ubbo Mansholt*

ontsnappen aan de kinderogen. Het verlangen, niet te weerstaan zo groot, om te reizen bij het horen van de doffe motorgeluiden van voorbijvarende schepen. En achter je, boven de polder, hoorde je de zingende leeuwerik. Maar je zag hem niet.

Misschien vergis ik me, maar ik zie de nazaat nog niet zo snel met een lange koperen verrekijker in de weer. Deze Groningse dikkop beseft wel hoe gunstig hij door het lot is bedeeld met standplaats de Westpolder. Alleen denkt en argumenteert hij daarbij in iets prozaïscher bewoordingen dan zijn beroemde voorvader. Als Jochum Ubbo Mansholt na een bezoek aan het midden of het westen van het land thuis terugkeert, ervaart hij 'na alle drukte' in de eerste plaats de rust, maar vooral ook het praktische van de bijeengelegen akkers. 'Zo dicht bij elkaar vind je ze nergens.' Met dank aan zijn vooruitziende voorouders, eigenzinnige en praktische (in)polderaars van het eerste uur. En door onderweg goed om zich heen te kijken, voor zover stuurmanskunst en files dat toestaan, ziet hij ook hoe bevoorrecht ze hier in de Westpolder zijn.

II

Er wordt, zegt hij, niet voor niets vol lof over deze polder gesproken. Je bent daarom als boer wel verplicht om goed voor het landschap te zorgen en 'het aanzicht' zo mooi mogelijk te houden. Inclusief het erf, ondanks de hoog opgestapelde kisten, bestemd voor de aardappeloogst en vandaag op het punt van omwaaien. Trots? O, zeker, zeker. Het land, de boerderij in een lange traditie, al beschouwt de eigenaar zich eerder een beheerder. 'Rentmeester' vindt hij weer een te groot woord, misschien omdat geschiedenis voor jonge mensen zoals hij minder zwaar weegt dan de praktijk van alledag.

Die lastige praktijk zegt hem dat 'de grote stad', waar iedereen roept dat het anders moet op het platteland, 'werkelijk geen flauw benul heeft hoe voedsel wordt geproduceerd'. Terwijl dat platteland voor minstens zestig procent wordt beheerd door boeren zoals hij. Is het niet raar dat je dan zo weinig inspraak hebt en zo weinig te vertellen? Het moet anders, maar hóé dan? En dat je dan ten einde raad maar in lange colonnes door Nederland trekt om je stem te verheffen? 'Met z'n allen hebben we na de Tweede Wereldoorlog een systeem geschapen, waarbij goedkoop voedsel moest worden geproduceerd. En nu zijn we met z'n allen slachtoffer van datzelfde systeem.'

Mijn eerste kennismaking met een telg uit de familie Mansholt dateert van een jaar of vijf geleden. Tijdens de toneelvoorstelling *Mansholt*, die handelde over het leven van Sicco Mansholt, de minister die Europees landbouwbeleid vormgaf, zat ik (in een nauw stoeltje) naast een reusachtige man die het nog moeilijker had zijn knieën kwijt te kunnen dan ikzelf en die zich tijdens een pauze tot mijn verbazing voorstelde met: 'Mijn naam is Mansholt, aangenaam.' Hij deed denken aan een reusachtige judoka uit een ver verleden.

In mijn boek *Boerenbloed* schreef ik: 'Misschien verbeeld ik het mij, maar meneer Mansholt lijkt tijdens de staande ovatie na de voorstelling ook tranen in zijn ogen te hebben. Hij klapt zijn reusachtige handen stuk, en de twee voornamelijk in het zwart gehulde vrouwen die bij hem horen, applaudisseren als teken van waardering zelfs met de armen gestrekt in de lucht. Boven hun hoofd. Bravo! Ik vraag hem of ik hem mag spreken over zijn banden met de held van de voorstelling, maar helaas. "Sorry, ik krijg net een seintje," zegt hij verontschuldigend, met een korte hoofdknik naar zijn twee secondanten.'

De voorstelling vond plaats op het erf van de familie Louwes in Vierhuizen, Nieuw-Midhuizen. Dat realiseer ik me pas na de ontmoeting met de twee zussen, zoveel jaren later. Het geslacht Mansholt, zo leer ik vandaag bij de beheerder en eigenaar van Fletum, staat niet alleen voor 'eigenzinnige landbouwpioniers van de beste soort', maar ook voor lengte. De vader van Jochum Ubbo, Riepko Lambertus Jan, geboren in 1954, heeft eveneens een gestalte om tegenop te kijken, zo blijkt uit een korte ontmoeting in de kantine van de boerderij. Een ander genetisch kenmerk is het slanke voorkomen. Obesitas is hier ver te zoeken. Werkhanden vol eelt des te meer. Met welke telg uit het roemruchte geslacht ik vijf jaar geleden kennismaakte weet ik nog steeds niet.

Maar wat de drijfveren zijn van de nieuwe regisseur op het bevoorrechte land laat zich eenvoudig omschrijven, hoe moeilijk de actuele stand van zaken in de agrarische sector ook is. De 'spuit' verdient, helaas misschien, bij dat verhaal weer extra aandacht. De machine ter waarde van 400.000 euro, dit jaar aangeschaft, beschikt over de modernste techniek en kan GPS-gestuurd worden bediend. Een druk op de knop en de manshoge banden van de tractor nemen de druk aan die past bij het te berijden parkoers, weg of akker.

Dan volgen de onnavolgbare specificaties van 'het beest', zoals 'voldoen aan de nieuwste driftreducties', variabele afgiftes 'per dop', aanwezigheid van 'extra luchtketels' op de spuit en de knop voor de bandendruk, hoppa binnen twee seconden van 0,8 bar naar 1,2 bar. Of desgewenst andersom. Is bekend waaróm chemie in de akkerbouw een hoge vlucht heeft genomen? 'Alleen maar om grote tegenvallers, zoals misoogsten, te voorkomen. Snap je?' Er is niets aan, werken met veel chemie en kunstmest. 'Dat kan iedereen. Dan komt er een adviseur langs bij problemen en zegt: moet je een beetje "dit of dat" spuiten. En inderdaad, je spuit een beetje dit of dat en het gewas begint weer heerlijk te groeien.'

En wat ziet de moderne milieubewuste boer dan gebeuren bij voorbijgangers, meestal op de elektrische fiets gezeten en zomers gekleed? Die knijpen hun neus demonstratief dicht en kijken misprijzend de andere kant op. 'Terwijl ze niet eens weten wat er precies over het land gaat en of het wel chemie betreft. Hoe ik dat vind? Niet leuk natuurlijk. Vervolgens prikken zij 's avonds een vorkje van het door jou zo goedkoop mogelijk geproduceerde voedsel.' Denken de voorbij fietsende critici met hun dichtgeknepen neuzen echt dat hij voor de lol spuit? En verkeren ze misschien in de veronderstelling dat 'de middelen' gratis zijn? Om dezelfde reden is hij 'helemaal klaar' met tv-uitzendingen waarin de boer als boeman excelleert. Die noemt hij vanwege het ontbreken van transparantie en de in zijn ogen eenduidige belichting een 'hoax', te vergelijken met de logica van virusontkenners. 'Heel gemakkelijk, met al dat goedkope eten op je bord.'

Nu je het zegt: corona heeft wel voor 'een soort van' zelfreflectie onder de bevolking gezorgd. Het lijkt erop dat iedereen zich meer bekommert om gezond, liefst lokaal voedsel. Maar zullen die mensen, dus ook de voorbijfietsende vakantiegangers met dichtgeknepen neuzen, zich zodra het weer kan weer niet in hordes op Schiphol melden om voordelig naar de andere kant van de wereld te vliegen?

En, zo vul ik aan: zullen de wereldreizigers er één moment bij stilstaan dat die reizen deels mogelijk zijn door de 'lekker van eigen bodemprijzen'? In een halve eeuw daalde de consumptieve besteding van voedsel van ruim veertig naar iets meer dan tien procent. Of ben je als je wijst op deze race naar 'goedkoop, goedkoper, goedkoopst' opeens een activist?

We zitten op ruim anderhalve meter afstand tegenover elkaar en taxeren elkaars blikken in een ruim bemeten kantine. In de vitrinekast staan bokalen en prijzen, voor ploegwedstrijden of een tulpenshow. Allemaal herinneringen aan hoe het nooit meer zal worden. Langs de muren blinkende bekers en plattegronden, met potlood ingetekend, van de percelen die ooit bevochten zijn op de zee, en nu eigendom van deze telg uit de Mansholt-dynastie. Het is bij elkaar een indrukwekkende hoeveelheid land verdeeld over vier boerderijen, eveneens familiebezit. 250 hectare, inclusief dijken, sloten en kwelders, waarvan ongeveer 215 hectare 'onder de ploeg', zoals dat in jargon heet. Tegenwoordig is het nog slechts een manier van spreken. In werkelijkheid rijden er machines over die hectares, en zijn sommige boeren zo voorzichtig mogelijk met het gebruik van de ploeg.

Achter mijn rug ligt een prachtige 13½ hectare, een akker die wordt gemarkeerd door de kerktoren van Ulrum. Het zal wel een subjectieve inschatting zijn, maar ik vind dat het land – in het najaar heel voorzichtig 'niet-kerend' bewerkt – er als een zonnetje bij ligt. Daar worden later dit jaar bieten ingezaaid. Mansholt durft nu al te bevestigen dat de bodem inderdaad, zoals de pleitbezorgers stellen, weerbaarder is geworden. Omdat onkruidzaden 'bovenin' blijven 'loop je tegen andere problemen aan'. Onkruid! Hij beschikt (nog) niet over de handige schoffelmachines zoals zijn collega's IJsbrand de Weerd en Geert Jan Duisterwinkel die gebruiken van hun BD-vriend Ben van Tilburg. Chemie heeft de rol van het schoffelen overgenomen en je ziet, zegt Jochum Mansholt, langzaam maar zeker het omgekeerde gebeuren. Dat is oké.

III

Je zou met enig cynisme kunnen beweren dat gezonde, weerbare akkerbouw weer terug is bij af, op het niveau van 150 jaar geleden. Toen ging de patriarch van Fletum intuïtief aan de slag met de veredeling van gewassen, in financieel opzicht gedwongen om anders te denken. De evolutieleer van Charles Darwin was daarbij een dankbare ruggensteun. Jochem Helmers Mansholt was evenals de Britse wetenschapper een autodidact die durfde te vertrouwen op de combinatie van intuïtie en puur natuur.

Van de door hem gekweekte rassen kregen de Fletumer tarwe, veredelde Probsteier-haver, de Groningse wintergerst en de 'uit de klei getrokken' dikkop-tarwe nationale bekendheid. Zoon Rijpko Jan, nog als baby in een deken gewikkeld en gered van de watersnood in 1877, legde de basis voor het Dr. R.J. Mansholts Veredelingsbedrijf N.V. dat een internationale reputatie opbouwde.

Jochem Helmers hield erg van de natuur, net als zijn beroemde neef Sicco, en had daar eigenlijk genoeg aan, naast lezen, het veredelen van gewassen en de dagelijkse besognes van een actieve herenboer. Feesten en openbare bijeenkomsten vermeed hij zoveel mogelijk, en liet zich alleen strikken voor het voorzitterschap van het waterschap de Westpolder. Vlak voordat hem in het oorlogsjaar 1914 door de Rijksuniversiteit van Groningen een eredoctoraat was toegekend, overleed hij en volgde de laatste reis naar het kerkhof van Vierhuizen, rustplaats van vele afstammelingen van het rusteloze geslacht Mansholt.

En nu handelt een uit de klei getrokken nazaat op gevoel, zoals de grondlegger van Fletum dat lang geleden ook deed. Een goedverzorgde bodem zorgt op zijn beurt ook goed voor jou, zegt hij. Met andere woorden: Jochum Ubbo Mansholt beseft dat het hoog tijd is om anders te gaan denken over wat gangbaar wordt gevonden. Hij heeft al een voorschot genomen op wat andere collega's te wachten staat, door zijn land minder intensief te bewerken. Wie niet luisteren wil, zal voelen alleen al vanwege de te verwachten extreme weersomstandigheden. Dit seizoen kent een strenge vorst, die de bewerking door 'groenbemesters', de natuurlijke groeibevorderaars, vereenvoudigt. Hoe vaak zie je deze winters nog? Straks komt er misschien weer veel regen, of juist niet en dan volgen extreem hoge temperaturen.

Het land met uitzicht op de kerktoren van Ulrum ligt er 'zaaiklaar' bij met 'mooi organisch materiaal' bovenin. Je kunt wel horen dat hij les heeft gehad van bodemprofessor René Jochems uit Zundert, al nam hij er een tegendraadse rol aan zoals het een echte Mansholt betaamt. De cursusleider was, zacht uitgedrukt, niet erg gecharmeerd geweest van Jochum Ubbo's methode om 'aardappelmoeheid' te bestrijden. Hij had Mansholt schuin aangekeken, terwijl hij sprak over akkerbouwers die hun land onder water zetten, 'het allerslechtste wat je kunt doen'. De leerling uit de Westpolder had het kunstje afgekeken van een buurman, Frank de Schutter. Met succes, want hupsakee, alle percelen waren 'schoon'.

De ziekte, met 'bodemaaltjes' als boosdoeners, is vaak een teken van overbelasting van de grond, van roofbouw, maar kan ook te maken hebben met slechte hygiëne. Gangbaar is om die minuscule wormpjes te verlammen en uit te schakelen met gif. De aardappelmoeheid, zegt Mansholt, is zo langzamerhand een plaag aan het worden en een gevaar voor de geprezen exportkwaliteit van Nederlands pootgoed, een uitwas van 'te veel en te goedkoop'. Loonwerkers, de 'bietenrooiers' per uur betaald, hebben altijd haast om hun dure apparatuur te laten renderen. Door de haast is het heel gemakkelijk percelen te besmetten. 'Voordat hij hier aan het werk gaat, moet hij zijn machine helemaal schoon hebben gemaakt. Maar ik ben de enige die dat eist in de Westpolder.'

Je moet, zegt hij, niet met de meute mee willen gaan. Je verzetten tegen al te gemakkelijke vooroordelen, maar vooropgesteld: wel blijven denken hoe het anders kan, en beter. Goed kijken naar mannen zoals Geert Jan Duisterwinkel en IJsbrand de Weerd, maar evengoed zien wat de echte biologische 'en innovatieve' pioniers in de buurt doen, zoals de familie Westers in Kloosterburen en de Bakkers in Munnekezijl. Pootgoed telen is een vak apart, biologisch pootgoed telen is een kunst. Theoretisch heel goed mogelijk, maar praktisch heel riskant vanwege de verschillende aardappelziektes. Je kunt de knolletjes het beste vergelijken met mensen: zonder stelselmatige vernieuwing, zonder jonge aanwas in de vorm van baby's, is dat ras ook ten dode opgeschreven. Mensen worden ouder en hebben een beperkte houdbaarheid, zo ook aardappelrassen.

Aardappeleters zijn we allemaal, en als we dat willen blijven – zo wil Jochum Mansholt gezegd hebben – dan moet je als voorbij fietsende toerist en vooral als beleidsbepaler toch even iets voorzichtiger zijn met pleidooien in de trant van: 'meer interactie met de natuur'. Weet wat je zegt. Interactie met het zout van de Wadden betekent kans op verzilting, een bom onder een gebied dat hoogwaardig pootgoed produceert voor de wereldmarkt, maar dus ook voor de Nederlandse consument. Er druppelt nu al zout water onder de dijk door, je ziet het aan zoutaanslagen op de drainagebuizen. In perioden van droogte, steeds vaker het geval, kan er soms wel of niet worden 'beregend', afhankelijk van het percentage zout in dat zoete water.

Prachtig hoor, land verbouwen aan de zeedijk. Altijd de wind, altijd de ziltige lucht, je kunt er poëtische herinneringen aan wijden. Zoals Sicco Mansholt deed. Maar voor een boer als Jochum Mansholt is het altijd een strijd op het scherp van de snede. 'Boeren tegen het randje aan,' zegt hij zelf. Trots, natuurlijk. En er bestaat de mogelijkheid van zouttolerante rassen. Maar kun je dan nog de hoogste kwaliteit garanderen? Interactie met de natuur, het is zo gemakkelijk praten voor buitenstaanders, en dan niet alleen activisten. 'Eh, ik weet niet precies hoe ik het moet zeggen.' Hij begint een beetje te stotteren. 'Het is... respectloos. Ja, dat is het. Dat mensen zo gemakkelijk met een gebied aan de haal gaan.' Dat is nóg een nadeel van landbouw in de 'beklemming' van een Nationaal Park.

'Boeren tegen het randje aan' betekent dat je rekening moet houden met het landschap. Het respecteren van oude kenmerken, zoals het door de familie Louwes bevochten stukje oude dijk. Precies aan de andere kant staat het gedeelte van een monumentale zeedijk na eeuwen nog recht overeind. Er zijn steeds meer plekken 'waar niets meer mag' en o wee als je een 'verboden greppel' dichtgooit en je wordt verordonneerd de oude situatie te herstellen. *Big brother is watching you,* met satellietbeelden. Prima dus, natuurbehoud of -herstel, maar wees wel zuinig op je voedselproducenten. Voortdurend balanceren zij op het smalle randje van wat kan, mag en van wat moet. Het is een gevecht.

Er was al de strijd met zijn eigen vader, Riepko Lambertus Jan, een klassiek generatieconflict zoals je dat overal ziet. Maar in dit geval met de verantwoordelijkheid voor ruim 200 vruchtbare hectare en kostelijk voedsel. Senior vond het niet altijd noodzakelijk: het inzaaien en bewerken van de 'groenbemesters', de gewassen die de vruchtbaarheid van de bodem bevorderen. Een hoop gedoe, waarom zou je? Het vele extra werk was vaak een sluitpost, en kijk nu eens: bijna de helft van alle percelen zijn op deze bewerkelijke wijze 'behandeld'. Je ziet het niet, maar de aarde stikt van het (bodem)leven. Geen leek die het zal begrijpen, maar de blauwe ogen van de boer beginnen te glanzen als hij spreekt over het voorbeeldige 'organisch stofgehalte', de basis voor elk groeiproces. De loonwerker die de bieten rooit zei het laatst ook: ik zie het verschil.

Oppassen dus, daar in de Westpolder, voor wat je hebt en wat je heel gemakkelijk kunt kwijtraken. Mansholt maakt graag de vergelijking met de Noordoostpolder en de Flevopolder, in landbouwkringen beschouwd als de top van de top. 'Vanwege de hogere opbrengsten.' De boeren daar kijken neer op andere akkerbouwers, vanwege hun geringere opbrengsten. 'Wij Groningers zijn wat nuchterder en terughoudender, wij nemen over het algemeen meer rustgewassen op in ons bouwplan. Ik denk dat we op de langere termijn beter af zijn.' Hij weet het eigenlijk wel zeker. Waarom anders zie je, juist in de polders waar de boeren zichzelf zo fantastisch vinden, zo vaak water staan op het land, ook wanneer daar geen aardappels worden geteeld? Een beter bewijs voor 'grondgebonden' ziektes is er niet. Roofbouw!

IV

Je zult als toekomstbestendige boer in Nederland wel moeten: een versnelling lager schakelen als het om intensiteit gaat. Zoals Duitsland al laat zien hoort daar een mate van 'kruisbestuiving' bij tussen biologisch en gangbaar produceren in. In het buurland is de wisselteelt voor bijvoorbeeld aardappelen al opgeschaald van een naar vijf, met andere woorden: één keer in de vijf jaar om het land te sparen en voedselzekerheid te garanderen. In ons land is de rotatie van 'een op drie' gebruikelijker dan de 'een op vier' die Jochum Ubbo Mansholt hanteert en die volgens hem de norm zou moeten worden vanwege dat toverwoord 'voedselzekerheid'. 'Ja, zeggen collega's dan tegen mij: jij hebt gemakkelijk praten, jij bent daar al. Terwijl ik denk dat op den duur "1 op 5" veel beter zou zijn.' De kans is groot dat wie niet luisteren wil, op den duur zal voelen. En dat moment zou weleens sneller kunnen aanbreken dan iedereen vermoedt.

Hij verkeert zelf nog in het stadium van 'wikken en wegen', staat abrupt op en pakt een van de plattegronden op bordkarton erbij om te preciseren welk perceel zich het beste leent voor een experiment met biologisch pootgoed. Dat is gewaagd, nogmaals, vanwege de ziektes die op de loer liggen en de 'weinige handvatten' om ze te voorkomen. Kijk, hier. Het is 'een blok' van 22 hectare naast het militaire oefenterrein en het perceel waar 'tantes' Jacobien en Klaziena – van moederskant familie – al begonnen zijn met biologische luzerne. Omschakelen met pootgoed gaat nog verder met slechts één oogst in de zeven of acht jaar. Waarom zou hij het risico wagen? vraag ik hem.

'Ik zou het doen om weer voor jezelf nieuwe dingen te ontdekken die je bij de gangbare teelt kunt gebruiken. Eén ding is zeker: we zullen veel groener moeten gaan werken. Het zal wel moeten, vanwege klimaatverandering, de druk vanuit de maatschappij en wat mijzelf betreft om te voorkomen dat je kinderen, je opvolgers op een dag zeggen: wat heeft papa in hemelsnaam gedaan met de bodem? Vroeger was het heel zwart-wit: je was biologisch of gangbaar. En nu komen die twee wegen samen, zoals in Duitsland al gebeurt, en lopen steeds meer in elkaar over.'

Jochum Mansholt ziet nog niet snel gebeuren dat collega's hem en de andere pioniers uit de Westpolder klakkeloos zullen volgen. De lichaamstaal van buren die zien dat hij het land niet meer ploegt zoals dat altijd is gedaan ('O, hij ploegt zijn land niet meer. Dat kan nooit wat worden') zegt genoeg. Kunstmestgebruik zal volgens hem ook eindig zijn, en misschien ligt de einder wel veel dichterbij dan iedereen denkt. De echte, 'vaste' mest betrekt hij van een naburige geitenhouderij. Zelf verbouwt hij veldbonen voor Gerard Jonas, een melkveehouder die na een MKZ-uitbraak in 2002 vanuit Oene naar Hornhuizen uitweek. 'Die anders soja uit Zuid-Amerika had moeten kopen.' Dan heb je het over dat andere toverwoord naast voedselzekerheid: kringlooplandbouw.

In theorie liggen schitterende oplossingen om de agrarische sector een tintje groener te kleuren binnen handbereik. Maar ja, die weerbarstige praktijk... We kijken tijdens het gesprek naar de twee mannen die aan het werk zijn op een afgebakend stukje land van dertig are. Het zijn de veredelaars die de specialiteit van zijn betovergrootvader Jochem Helmers hebben overgenomen. Het zijn sinds kort 'grote jongens', zegt zijn nazaat, te groot om nog te kunnen concurreren om iedere cyclus van vier jaar een nog beter, een nog sterker graanras te telen. 'Het gaat om zulke grote bedrijven,' daar kan zelfs een Mansholt niet tegenop. De vijfde generatie verleent nog slechts hand- en spandiensten.

Een traditie gebroken. Helaas. Het ontwikkelen van nieuwe aardappelrassen blijft daarentegen op Fletum een corebusiness. Bij welslagen levert iedere elders geteelde kilo een cent aan 'copyright' op. De opbrengsten, over langere periode te genereren, vormen een betrouwbare basis voor een 'toekomstbestendig' verdienmodel waarbij je ook weleens een gokje kunt wagen. Zoals bij biologische avonturen.

Over die toekomst, in relatie met de traditie, houdt Mansholt er een apart standpunt op na. 'Het is heel mooi te bedenken dat je voorouders hier hebben geworsteld met de onvoorspelbaarheid van de natuur en de seizoenen,' zegt hij. Hoe ze eigenhandig land bewerkten. 'En hoe bijzonder het is te beseffen dat jij nu zelf een sloot graaft of een weerbarstig stukje grond egaliseert, en dat je kleinkinderen op een dag zullen zeggen: dat heeft opa gedaan.' Maar je moet niet overdrijven bij dat historische besef.

Zijn vader, Riepko Lambertus Jan, had nog zo gehoopt dat een nieuwe Ubbo kon worden verwelkomd bij de geboorte van diens eerste kleinzoon, nota bene op de verjaardag van opa Ubbo. Opa, 'een mensenmens', actief met organiseren in Vierhuizen en omgeving, een regelaar van de beste soort en zoals gezegd altijd bezig voor en met andere mensen. Een grote, statige man ook, net als zijn kleinzoon Jochum Ubbo, die zichzelf niet snel een 'mensenmens' zal noemen. Laten we het op een landbouwpionier van de beste soort houden, bezig met de toekomst. En wel in de allerlaatste plaats iemand met politieke ambities, zoals andere Mansholts.

Eén keer in zijn leven heeft hij een gemeenteraadsvergadering bijgewoond, 'met hoofdpijn tot gevolg'. Dus nee, alsjeblieft geen vernoeming meer naar beroemde voorzaten. De eerstgeborene moest Ruben heten. 'Mijn vrouw en ik vonden het de hoogste tijd dat het vijvertje eens ververst werd.' Genoeg Riepko's, Ripko's en Ubbo's in de Westpolder. Tijd voor een nieuw begin. Nuchter blijven. Alleen dat karakter van uit de klei getrokken dikkop blijft. Daar valt niets aan te veranderen. Mansholt is de naam, aangenaam.

10. Dictator of rentmeester?

I

Als het bij strenge vorst, een zeldzaam verschijnsel in het Friesland van 2021, begint te sneeuwen en ook de wind tot stormkracht aanwakkert, komt de gehele familie van Geert Broersma in actie. Strobalen worden strategisch opgestapeld, dankzij vereende krachten van vijf paar meisjes- en/of vrouwenhanden naast die van pa, om als provisorisch windscherm te dienen. Er is geen tijd te verliezen. Nu moet alles worden gedaan om die andere 'dames' te beschermen. Koeien kunnen goed tegen kou, maar de combinatie van wind en krakkemikkige accommodatie maken snel ingrijpen noodzakelijk. De oostenwind staat pal op de iglo's van de pasgeboren kalfjes, die ondanks de bescherming van blauwgekleurde 'jassen' ook snel geëvacueerd moeten worden. Oppassen ook dat het drinkwater van de dieren niet bevriest.

Melkveehouder Geert Broersma heeft wel ergere dingen meegemaakt in zijn leven, daar in het coulisselandschap dat in schoonheid niet veel onderdoet voor dat van de op de Waddenzee veroverde polders even verderop in Groningen. Ik keer voor mijn onderzoek naar de transitie terug naar het Friesland van Marten Aedsges Teenstra, die halverwege de achttiende eeuw juist de provincie verliet en in De Soppige Peer in Groningen de slag van zijn leven sloeg. Een van de overeenkomsten is dat het dorpje Oudwoude bij zowel Broersma als Teenstra een tussenstation is geweest. Broersma's opa werd er geboren en bracht hier zijn jeugd door.

Boerenbloed stroomt waar het niet gaan kan en zo be-

Geert en Nynke Broersma

landen we vanzelf in Buitenpost, mijn huidige woonplaats, waar de roots liggen van Tine Bosma, de moeder van boer Geert Broersma, de melkveehouder die ik weer kende dankzij de cursus bij bodemprofessor Jochems. Een 'bodemboer' zogezegd. Broersma heeft desgevraagd beloofd mij te laten zien hoe je groen, of zo groen mogelijk, melk kunt produceren. Dierenvriend als ik ben, deed het me goed te horen dat zijn vader slapeloze nachten had voordat hij besloot een favoriete koe naar de slacht te laten afvoeren. Melkveehouders uiten zich daarbij altijd in eufemistische termen. Het dier 'gaat weg' of 'moet de kar op', een variant die ik vandaag voor het eerst van Geert Broersma hoor.

Ook hij weet dat niet te ontkomen valt aan een transitie

om natuur en voedselvoorziening beter in balans te brengen. Bij koeien, die ongelooflijk presterende dieren, staat daarbij stikstof centraal. Wie toevallig weleens van nabij heeft gezien hoe een koe zich ontlast en daarbij het geluid van een waterval heeft gehoord, zou het kunnen begrijpen. Maar het verdient daarbij aanbeveling dat je iets meer weet van methaan en andere scheikundige processen met stikstof als katalysator.

In 1984 waren er in Europa melkquota vastgelegd, om paal en perk te stellen aan melkoverschotten en tot de nok toe met zuivel gevulde kerken en pakhuizen, maar sinds die quota in 2015 werden losgelaten – ik schreef er in *Boerenbloed* over – is er op ongelooflijke wijze met koeien gesleept, letterlijk. Ze kwamen aanvankelijk uit de verste hoeken van Europa en waren geregeld ziek. En dat alleen maar om te voldoen aan nieuwe quota, tegenwoordig in de vorm van de zogeheten fosfaatrechten (inmiddels alweer onbetaalbaar).

De slimste melkveehouders, soms cowboys genoemd, begrepen precies wat er stond te gebeuren en beschikten over volle stallen toen de nieuwe overheidsregels – om nieuwe overschotten te voorkomen, vooral mestoverschotten – van de ene op de andere dag werden ingevoerd. Hoe meer koeien, hoe meer rechten. Toen de dieren officieel waren geteld, konden ze weer 'weg' of 'de kar op'. Rundergehakt was zelden zo goedkoop in de supermarkt. Geen haan die ernaar kraaide.

Was het niet Derk Roelfs Mansholt geweest die lang geleden waarschuwde voor 'de donkere zijde van de(n) handel'? Broersma senior – met een goed renderend melkveebedrijf begonnen in het Friese Jistrum – was altijd onrustig geweest op momenten dat een favoriete koe naar de slacht moest. Maar dat is helaas inherent aan de zuivelindustrie, gebaseerd op hoge productie, lage prijzen en export. Zonder kalfjes ook geen (moeder)melk en de daarbij horende tot de nok toe gevulde gespecialiseerde kalvermesterijen. Wie daar niet tegen kan of dat niet wil, moet geen zuivel consumeren, laat staan een melkveebedrijf beginnen. Tjerk Broersma beliefde altijd een foto van de koe waaraan hij gehecht was. De donderdagavond was gevreesd bij het gezin, want op vrijdagmorgen gingen de dieren 'weg'. Voor altijd. En dan had vader steevast een rothumeur.

'Ik dacht: in dat gedoe heb ik geen zin,' zegt zijn zoon Geert nu. Zijn dochter Nynke, die op mij een nog iets zakelijker indruk maakt, uit zich insgelijks. Ze lijkt op *beppe*, zegt Geert Broersma, op zijn moeder, die in belangrijke zaken bij twijfel de knopen doorhakte. Het is misschien een te eenvoudige voorstelling van zaken, maar je zou kunnen zeggen dat we mede dankzij haar vastberadenheid in 2021 getuige kunnen zijn van de koortsachtige werkdrift, het gesleep met strobalen onder ijskoude omstandigheden in het coulisselandschap van Damwoude.

Het is niet zo dat vader en dochter, die het bedrijf leiden, over lagen eelt op de ziel beschikken. Het is onmogelijk om niet van de dieren te houden als je er dag en nacht mee bezig bent, zeggen ze in koor. Maar je moet wel met een zekere zakelijkheid over hun lot kunnen beschikken. 'Dan moet je kunnen schakelen van boer naar ondernemer en zakelijk zijn. Anders heb je geen leven.' Kwestie van oefening in 'jezelf harden'.

Maar je hebt van die dieren... Ach ja, een lievelingskoe heeft iedere boer en hij natuurlijk ook, en anders zijn dochters wel. 'Dieren die je fascineren, en waarvan je zegt: tjonge, tjonge wat ben jij een mooie koe.' Neem de 522, om precies te zijn Berber 522, want alle dieren hebben op papier een naam en een nummer. Of de 398, die binnenkort tien jaar wordt. De koe die nog onlangs van een tweeling is bevallen, hartstikke oud 'maar een karákter!'. Die altijd op tijd bij het voerhek staat, de toegang tot de plek waar de krachtvoeding wacht en gedecideerd een plek opeist in de stal. 'En die er altijd in slaagt, na gezondheidsproblemen, op de benen te komen en weer goed gaat presteren.' Straks in de zomer, als de kudde bij de weidegang verplaatst moet worden, komt de 522 altijd even naderbij. 'Een heel lieve koe', alsof die persoonlijk wil komen groeten. 'Nou, dat vind ik leuk en dan haal ik 'r altijd even aan.' Gemakkelijk is het niet, jezelf harden.

II

Het verhaal van deze florerende zuivelfamilie begint op de ijsbaan van Buitenpost, een ruim bemeten stuk grasland dat zoals in alle noordelijke dorpen van enige omvang in de herfst onder water wordt gezet in de hoop op een vorstperiode. Meestal staat er ook een eenvoudig houten gebouwtje naast van waaruit onder meer de lichtmasten kunnen worden bediend, zo ook in Buitenpost. Hier keken Tine Bosma en Tjerk Broersma elkaar voor het eerst in de ogen, het moet in de winter van 1967 zijn geweest. Want in 1968 nam de avontuurlijke Friezin de boot naar de Verenigde Staten om er als au pair te gaan werken; welk jong meisje uit de provincie deed dat haar na? Verliefd of niet, ze wilde eerst haar droom van een buitenlands avontuur najagen, voordat zij zich zou schikken in een bestemming die gezien haar afkomst regelrecht naar een boerenerf moest leiden.

'Beiden boerenafkomst,' zo kleurt Geert Broersma het familieportret kort en krachtig in. 'Vader de werker, de doener, praktiserend, vaktechnisch vaardig en moeder van de grote lijnen, het beleid, de bestuurder. Zij zei destijds tegen mijn vader: wat jij er ook van vindt, ik ga een jaar naar het buitenland.' Bij terugkeer hebben ze elkaar weer 'gevonden', en van het een kwam het ander, zoals de komst van twee jongens, Kees de oudste en Geert de jongste. Er is ook nog een oom, de broer van Tine Bosma, eveneens bestuurder, 'pionier en avonturier' in de Flevopolder. 'De jongens beschikken allebei over goede handen,' zei deze oom, waarmee boerenhanden worden bedoeld, stevige knuisten, nooit te beroerd om in actie te komen. Met andere woorden: ze kunnen en moeten zichzelf weten te redden, het zou zonde zijn als ze níét kiezen voor het boerenbestaan.

Het klinkt achteraf behoorlijk simpel: de twee jongens hebben inmiddels allebei een eigen melkveebedrijf, Kees nam het bedrijf van zijn vader in Jistrum over, en Geert in Damwoude. Maar een groter verschil in temperament of karakter dan bij deze twee, aldus de jongste, is nauwelijks voor te stellen. En man, je moest eens weten wat een strijd deze tegenstellingen in psychologisch opzicht veroorzaakten, althans bij de jongste. Hij zegt zelfs op het punt te hebben gestaan dan maar zijn passie aan de kant te schuiven en te kiezen voor een baan in het onderwijs, de zorg of 'iets anders maatschappelijks, want dat ligt me wel'.

De oorlog in zijn hoofd bracht hem, net als zijn moeder, in de Verenigde Staten, het Californische Ontario in zijn geval. Zij ging destijds per boot, hij per vliegtuig. Hij werd daar 'kuddemanager' op een boerderij met 1400 koeien op stal. 'Je leert er als vanzelf in één jaar meer dan tien jaar in Nederland.' Maar het ging hem er bovenal om afstand te kunnen nemen van de ouderlijke woning, de machtsstrijd tussen vader en oudste zoon wie er thuis de baas was, waarin de benjamin zich beklemd en gemangeld voelde. Klem tussen autoriteit en testosteron. Waar twee vechten om de macht, analyseert Geert Broersma vele jaren later, verkeert nummer drie in onmacht. 'Kapot' ging hij eraan, hij zeilde van de ene naar de andere depressie. 'Mentaal was er niets meer van me over.' Of anders gezegd voor iemand die zich meestal in het Fries uit: hij was 'helemaal plat'.

Je hoort het wel vaker: door tegenslag leer je anders kijken naar situaties die door de meeste anderen vanzelfsprekend worden geacht. 'Vanzelfsprekend' in termen voor zijn beroepsgroep of ja, *gangbaar*. Daar is de term weer. Zijn broer Kees heeft zich op indrukwekkende wijze ontwikkeld tot 'productieboer', inmiddels vader van drie jongens die waarschijnlijk allen hetzelfde pad willen bewandelen als hij. Dus moet je bezig zijn met de toekomst, in zijn geval een toekomst gericht op groei. De stal gevuld ('volgedrukt,' corrigeert de jongere broer, 'investeren in omzet'), van 120 naar inmiddels 300 koeien. Eigenlijk een soortgelijk script als zijn eigen ouders hadden geschreven in het laatste decennium van de vorige eeuw, maar dan voor hun twee jongens en daarbij de oudste eerder in- dan extensief.

Waar pa bleef 'wikken en wegen' gaf ma de doorslag bij de beslissing de boerderij te laten aan de oudste zoon, en zich samen toe te leggen op een andere passie: het fokken van springpaarden. Inmiddels had pa vanuit Jistrum ten gunste van de tweede zoon her en der kavels gekocht van een paar hectare, stukjes grond als in een legpuzzel in de buurt van Buitenpost en later Damwoude. Grondprijzen waren laag, nog wel. 'Toen kwam deze boerderij in zicht.' Het was 1998, Nynke de tweede dochter was net geboren. De oorspronkelijke bewoner, een 65-jarige boer, had wel zonen, maar die wilden hem niet opvolgen. 'Het was mijn redding, anders was het nooit goed gekomen.' Na het Californische uitstapje heeft hij het een jaar of vijf uitgehouden bij zijn broer in Jistrum, 'en ik heb hier tien jaar nodig gehad om mezelf weer op de been te krijgen'.

Waar zijn broer Kees, 'een echte vogelman', in zijn vrije tijd eieren ging zoeken, spendeerde Geert Broersma zijn tijd aan het landschap en de vraag hoe bodemvruchtbaarheid te bevorderen, dus ja: 'een echte bodemboer'. En het kwam het eerste decennium eigenlijk wel goed uit, dat voortdurend zoeken naar oplossingen en oplossinkjes vanwege de betrekkelijk monumentale staat van de boerderij en de 'versnipperde' ligging van de vele percelen. Zo werd je leven vanzelf één groot bouwproject, in fysiek en mentaal opzicht.

Toen werd zijn vrouw Thea, werkzaam in de zorg, zelf bron van grote zorg. Bij haar was een hersentumor gediagnostiseerd, gelukkig een die operatief verwijderd kon worden. En wat zegt een nuchtere Fries in dat geval? 'Nou ja, we hebben het er wel druk mee gehad. We zien wel wat we doen.' Opnieuw: 'Misschien kap ik wel met het bedrijf.' Met Thea kwam het weer goed, godzijdank.

III

Aan de wand hangt pontificaal een fraai portret van de vier dochters, alle vier blond en stralend zoals alleen Friezen en Friezinnen blond en stralend kunnen zijn. De blik van de bezoeker móét er wel regelmatig naar afdwalen. Aan de keukentafel stel ik een van mijn inmiddels favoriete vragen aan keukentafels van boerengezinnen: 'Is de boer, de heer des huizes, een dictator en moet hij misschien wel een dictator zijn?'

'Nee hoor,' zegt Thea Broersma met enige aarzeling. Eerst vroeg ze wie ik eigenlijk bedoelde. Maar haar man is uitgesprokener en is het er wel mee eens, in het algemeen dan. Want hijzelf is niet echt een dictator. Maar boeren hébben nu eenmaal hun eigen koninkrijkje, zegt hij. 'En dus hebben ze een machtspositie. Dat zit lekker. Dan ben je niet zo snel bereid om te veranderen, want jij hebt immers de macht. En iedereen die jou aanvalt, kaffer je gewoon uit.' Maar of je wat opschiet met die machtsspelletjes?

Hij illustreert dat met een voorbeeld. Als hij op de trekker zit luistert hij graag naar de radio, en zo hoorde hij ooit ex-schaatstopper Hein Vergeer vertellen over de opkomst van de klapschaats. De gevestigde orde wilde daar niets van weten, en ook Vergeer niet. Doe maar gewoon. 'En wat gebeurde er? De toppers konden niet meer aanhaken en werden door de jonkies voorbijgestreefd. Zij stonden niet open voor verandering, want zij hadden immers de macht.' Broersma beschouwt zichzelf allesbehalve als een koninkje op het erf. Dat wil hij genoteerd zien.

Wat hij vervolgens zegt zou je de Bergrede kunnen noemen van de moderne boer, de moderne melkveehouder in dit geval. 'Ik ben een rentmeester en voel de verantwoordelijkheid voor het land, de dieren, maar wil ook over de volgende generaties heen kijken. Vaak heb ik bij een terugblik voor mezelf geanalyseerd hoe we zijn gekomen waar we zijn en wat we moeten doen om niet vast te roesten in vaste patronen. Dan blijft alles hetzelfde.'

'Het is ook het verhaal van de machtspositie van de gevestigde orde, het verhaal van de schaatskampioen Hein Vergeer. Ik weet uit ervaring hoe lastig het is onder dictators te moeten functioneren, hoe je eronder uit kunt komen en hoe je handen vrij krijgt om dingen te doen die jijzelf belangrijk vindt.' Om misverstanden voor te zijn: hijzelf is in dit voorbeeld de man van de klapschaats, 'en een boer als mijn broer is Hein Vergeer'.

De rentmeester in hem kon er wel mee leven dat hij in 2015, op 2 juli om precies te zijn, de slag miste om de stal zo vol mogelijk te hebben, teneinde over zoveel mogelijk melkrechten (fosfaatrechten) te kunnen beschikken. Voor hem geen 'reservekoeien', desnoods aangevoerd vanuit de Oekraïne. Het heeft hem achteraf naar schatting 150.000 euro aan rechten gekost. Met dieren laat je niet nodeloos slepen alleen maar om je portemonnee te spekken.

In plaats daarvan kocht Geert in 2020 een naburige boerderij in Wouterswoude – een dorpje zeven kilometer verderop –van een melkveehouder die in het zicht van zijn pensioen ook geen opvolger kon vinden. De bijbehorende productierechten waren niet goedkoop: zo'n 8000 euro per koe of koeplaats. Jongvee, dieren in afwachting van de 'melkgerechtigde' leeftijd, kon mooi profiteren van de accommodatie, ook niet bepaald up-to-date. Het maakte er de bedrijfsvoering eerlijk gezegd nog iets chaotischer op.

Vader en dochter Broersma zijn in afwachting van vergunningen voor de bouw van een stal die aan alle eisen van 2021 voldoen, noem het maar toekomstbestendige eisen. En daar moeten ze veel geduld voor hebben, heel veel geduld. Inmiddels zijn ze behoorlijk moe van het wachten, moe van het improviseren. Ze wonen in Damwoude, nog steeds bij de krakkemikkige stal, en het jongvee is alvast overgebracht naar Wouterswoude. De nieuwe setting moet hun eigen leefomstandigheden verbeteren, maar vooral ook die van de dieren. Ziektekiemen liggen op de loer en je hoeft na corona niemand meer uit te leggen hoe zwaar hygiëne weegt. 'Je loopt voortdurend tegen gezondheidsproblemen aan. Ik wil gewoon medicijnengebruik voorkomen. We lossen heel veel op met homeopathische alternatieven, maar het blijft improviseren.'

Het moet een stal worden waarin drijfmest, de kwalijkste 'bijwerking' van intensieve veehouderij, door technische toepassingen keurig plaatsmaakt voor onderverdeling in vaste (poep) en natte (urine) fractie. Waardoor je opeens over twee uitstekende mestsoorten beschikt. De maatschap in Damwoude heeft de tijd niet mee. Vanwege de actuele problemen met de stikstofreductie worden bouwtekeningen door autoriteiten onder het vergrootglas gelegd. De champagneglazen, tevoorschijn gehaald om te klinken op het verlossende ja-woord, moesten al diverse keren worden teruggezet in de kast. Het wachten is onder andere op de vergunning van de provincie rond de 'natuurbeschermingswet'. Iedere dag wordt reikhalzend uitgekeken naar de postbode.

Bij de rondleiding op een waterkoude winterdag strijden gevoelens van mededogen en bewondering om voorrang. Ik wist wel van andere melkveehouders dat koeien niet alleen voor zuivel zorgen, maar dat zij tegelijkertijd op zo'n grote schaal 'opruimers' zijn van restproducten waar niemand anders iets aan heeft, was voor mij een eyeopener. Een berg van bruinachtige 'spul' is bierborstel en 'komt weg' van Heineken, de stapel met het geelgekleurde goedje (restafval maizena) is afkomstig van de Honig-fabriek, de perspulp – dat op zaagsel lijkt – wordt aangeleverd door ASB dat aardappelmeel vervaardigt. Het restant is bestemd als diervoeding. In de silo's wordt raapschroot bewaard, 'afval' van olie geperst uit koolzaad. En dan zijn er ook nog bergen mest van de twee potstallen, bewaard als kostbare schatten. Even waardevol als het door Staatsbosbeheer pas in augustus gemaaide gras van wat het 'vogeltjesland' wordt genoemd. Alleen: 'Daar moet nog een zeiltje overheen.'

De melkstal, in de jaren zeventig van de vorige eeuw gebouwd, is berekend op 55, hooguit 60 koeien. En niet op de 150 dieren van de maatschap Broersma. Dat vergt aanpassingsvermogen. Melken kost bijna acht uur per dag, weliswaar met hulp van een medewerker en vader en dochter om beurten als supervisor. 'Hier ligt een stuk inefficiëntie,' merkt Geert Broersma met veel relativeringsvermogen op. 'En inefficiëntie die ook nog geld kost,' voegt dochterlief toe. De melktank is nieuw, althans gebouwd in 2001, en er kan 9200 liter in.

Dat is te klein voor de huidige veestapel en de koelinstallatie moet daarom vaak geleegd worden. 'Kost ook geld,' voegt Nynke Broersma er nuchter aan toe. De 'droge' koeien, in afwachting om hun kind te baren, staan in een aparte, provisorische stal. Binnen een maand gaan ze bevallen. Het is een soort tent, maar ook een potstal – waarvan de mest een dankbaar restproduct is – door de omstandigheden gedwongen, en dat mag dan als voordeel bij veel nadelen worden aangemerkt. Het is dezelfde stal die zo veel improvisatie vergde, toen het bij de strenge vorst begon te waaien en te sneeuwen.

De accommodatie van de overige koeien schreeuwt om renovatie. Maar het goede nieuws is dat de zeer bewerkelijke manier van produceren voldoet aan de normen van 'klimaatneutrale' zuivel van Albert Heijn, een welkome plus 'van een paar centen' per liter. Alle moeite waard dus om de noodgedwongen krakkemikkige bedrijfsvoering vol te houden totdat de noodzakelijke bouwvergunningen binnen zijn. Maar je voelt en begrijpt als buitenstaander heel goed het ongeduld, in de woonkeuken met die opvallende foto aan de muur.

Vier dochters, van wie alleen de oudste op voorhand koos voor een leven buiten de boerderij. Ze volgt een opleiding hotelmanagement. En de anderen? Zijn zij boerinnen in de dop? 'Beestenmeisjes,' noemt vader het. Hilde, de jongste, zeker. Die kon niet wachten op de komst van de eerste lammetjes. En Nynke, de beoogde troonopvolgster? Zij kende op haar achtste alle koeien. Hoe? 'Ik zag het aan de uiers en de achterbenen.' Dieren van het ras Holstein Friesian, zwart-wit gevlekt en vanwege de hoekige bouw, gericht op hoge melkproductie, weleens schamper 'wandelende kapstokken' genoemd. Maar dat mag je in deze keuken niet zeggen, want hier in Damwoude wordt niet alleen maar op productie gefokt en gemolken. Je zou letterlijk kunnen spreken van dieren met vlees op de botten 'met de kracht, de bouw en het lichaam om te presteren naar wat er van hem wordt verwacht'.

Het is me al vaker opgevallen: als het over presteren gaat ('economisch verantwoord' melk produceren), veranderen koeien plotseling van geslacht. 'Hij' moet presteren, en dat betekent op de boerderij van de familie Broersma vooral wat hij op de lange termijn presteert. 'Hoeveel melk het dier in zijn leven produceert.' Hoor ik het goed en heeft de boer het werkelijk over het 'vervangingspercentage'? De koeien mogen hier beslist geen topsporters worden, 'geen productiedieren' door roofbouw snel uitgeblust, maar koel calculeren hoort er evenzeer bij. Als ze geen kalveren meer kunnen krijgen of er is sprake van gezondheidsproblemen, 'als we de economische afwegingen moeten maken: jij kunt niet meer mee in de koppel', hoeveel jonge dieren zijn er nodig om de veestapel op peil te houden... 'Ja, dan spreek je over het vervangingspercentage. Daar hebben we het op school ook steeds vaker over,' valt de dochter in.

Nynke Broersma verkoos in 2017 de hogere agrarische opleiding (HAS) van Dronten boven die van het Van Hall Instituut in Leeuwarden, een keuze op gevoel. Met haar moeder had ze een open dag bezocht in de polder en ze was meteen verkocht. Vanwege corona en het studeren op afstand is het nadeel van de reistijd vervallen, maar ze heeft sowieso nooit spijt gehad van de beslissing. Het leert je verder te kijken: in een klas met studenten uit Zeeland, Groningen, Friesland, Gelderland, de Achterhoek, niet alleen maar 'beestenmeisjes' en '-jongens', maar evengoed aanstaande tulpen- en varkensboeren als akkerbouwers. Het gaat daar in Dronten volgens haar alleen maar over transitie en nog eens transitie. 'Veel meer, zeker in het begin, dan in Leeuwarden.' Bovendien, zo zegt haar vader, is een hbo-opleiding een pre, 'transitie vergt immers ook extra ondernemerskwaliteit'.

En het 'vervangingspercentage', een begrip dat mij als een vloek in de oren klinkt, blijkt ook raakvlakken met het toekomstgericht onderwijs in Dronten te hebben. Je maakt er kennis met een zogenoemd 'indexdier', dat zo snel mogelijk na het afkalven melk moet gaan leveren. In Damwoude worden melkkoeien opgeleid. 'We laten ze rustig beginnen,' zegt de studente. Haar vader: 'Bij ons zijn ze na vier jaar klaar voor het grote werk. Je moet de eerste tijd niet veel van ze verwachten. Dat noem je late rijpheid.'

Van stallen 'volduwen' zoals broer Kees doet, moeten vader en dochter niets hebben. Over toekomstbestendig zuivel produceren denken ze hetzelfde. En hoewel ze in grote eendracht, samen met de andere familieleden, uitkijken naar de verlossende brief die hun leven (en dat van de dieren) sterk zal verbeteren, zegt Nynke Broersma nog niet zeker te zijn of zij ooit wel als grote baas zal fungeren. Na het afstuderen wil zij, in navolging van haar oma, 'iets anders' doen. Wat precies weet ze nog niet. Zo goed als zeker vertrekt ze na afloop van de studie meteen naar Canada, waar een vriendin samen met haar vriend een melkveebedrijf zal overnemen. Net als *beppe* wil zij ook iets van de wereld zien, voordat ze zich committeert aan een toekomst in dienst van de dieren, waarvan ze nog altijd op afstand kan zien welke het zijn.

Ogen en andere gezichtsuitdrukking spreken duidelijke taal als ik verwijs naar de BD-aanpak van de familie Van Tilburg in de Groningse Westpolder, met verkoop van eigengemaakte zuivelproducten aan huis. Bah. Zij moet er niet aan denken, altijd maar klaarstaan voor wildvreemden. Nee, geef haar dan maar de eigen koeien. Heeft ze haar handen vol aan.

Boerderij en omringend land (inmiddels geruild met collega's tegen de eerder door ouders aangeschafte percelen 'her en der') voldoen ruimschoots aan de normen van de 'klimaatneutrale' zuivel, in dit geval opgelegd door Albert Heijn: maximaal tweeënhalve koe per hectare. In vaktermen tweeënhalve Groot Vee Eenheid (GVE). Je kunt een herkauwende koe natuurlijk niet in tweeën delen, maar de rekeneenheid hoort bij het ingewikkelde verhaal van fosfaatrechten en stikstof. Ook andere dieren, en het houden ervan, worden tegen dezelfde meetlaat gehouden. Simpel gezegd kan het land een beperkte hoeveelheid mest 'verdragen', te vertalen in GVE's. Hoe graag boeren, en niet te vergeten toeleveranciers, het ook anders zouden willen zien: er is eenvoudigweg land tekort om alle GVE's 'toekomstbestendig' te plaatsen. Te veel poep, te veel stikstof, te weinig biodiversiteit.

IV

Waar je met een klein beetje fantasie bij de bodemboeren van de Westpolder de zee kunt horen, klinkt hier in Damwoude het zoemen van autobanden. In oktober 2017 werd de Centrale As in gebruik genomen, na veel kleine en grote strijd, meestal in ambtelijke vertrekken met toen nog Beatrix aan de muur als kroongetuige. Iedereen begreep dat je het schitterende coulisselandschap niet zomaar kon opofferen aan de grillen van de vooruitgang, betere bereikbaarheid en een snelweg van 34 kilometer. De familie Broersma is er niet op achteruitgegaan, maar je verplaatsen in de overredingskunst van een van de belangrijkste bestuurders die met de boeren moest onderhandelen, levert bij voorbaat medelijden en bewondering op. 'Een belangrijke karaktereigenschap,' zegt Foppe van der Meer van Het Friese Landschapsbeheer desgevraagd, 'is dat elke Fries ervan overtuigd is dat hij of zij het goed doet.'

De eigenwijze volksaard heeft heel lang de ruilverkavelingen, na de Tweede Wereldoorlog dankzij Sicco Mansholt op gang gekomen, op steeds grotere schaal met daarbij horende steeds grotere bouwkranen onder de strijdkreet 'Ga voor uw vaderland' kunnen tegenhouden. Daaraan dankt het coulisselandschap de huidige aankleding, een door vaak eeuwenoude houtwallen, bosschages en bomen omringde vierkanten lappendeken met het reliëf van overblijfsels van de IJstijd. Maar ook de Friese Wouden konden niet volledig ontkomen aan de vraag van de vrije markt en de intensieve landbouw, in deze omgeving voornamelijk melkveehouderij. Van der Meer sloot een paar honderd beheercontracten af met boeren om te redden wat er te redden viel en ook om de provinciale weg 356, de Centrale As, zoveel mogelijk als een warme jas te laten passen bij het landschap.

Wie hier voor het eerst de landerijen doorkruist over het nieuwe asfalt kan niet anders zeggen dan: chapeau! Foppe van der Meer moet beamen dat het gelukt is 'om het landschap de weg te laten ontvangen', een onmogelijke typisch door ambtenaren vernoemde opdracht, maar het is in dit geval niet eens een hele vreemde metafoor. Je moest in dat landschap kunnen kijken, intussen natuurlijk wel goed de weg in de gaten houdend. Alleen de geluidswallen vindt hij 'lelijke dingen'.

Als onderhandelingsgesprekken moeilijk worden, komen er bij Friezen al snel metaforen met ijs tevoorschijn. Hier werd gereden op vliesdun ijs. 'Je moet wel goed begrijpen dat die boeren verder moesten met hun bedrijf en bij voorkeur vasthielden aan hun principes. Iedereen moest opzij voor de weg. Van mij werd maar één ding verwacht en dat was een "ja" tegen hun eisen.' Met de tijd op afstand wordt alles relatief, maar hij werd er regelmatig moedeloos van. Dan stapte een boze boer, omdat bijvoorbeeld een of ander perceel moeilijker bereikbaar was geworden door de aanleg van de weg, achter zijn rug om naar een hoge ambtenaar met de mededeling dat hij geflest werd 'en stond jij in je hemd'.

Van der Meer beschikt zelf over (verdund) boerenbloed. Hij weet hoe zorgvuldig voorouders omgingen met de greppeltjes naast de houtwallen, desnoods met de blote knuist. Schepje of zaag erbij om ongewenste houtsoorten ertussenuit te peuteren. Ze zullen waarschijnlijk nooit hebben stilgestaan bij de waarde van het natuurlijke erfgoed, maar alleen al uit historisch besef is het de moeite waard om nu als een leeuw te vechten voor het behoud van dit prachtige landschap. Met Geert Broersma kon hij lezen en schrijven. Die beheert een dankzij de aanleg van de nieuwe weg verkregen perceel in de geest van die verre voorouders, desnoods met de blote knuist. De aanleg van een nieuwe boomsingel was een extra bonus. 'Beter kan het niet. Hij is heel erg coöperatief. Ik hoor natuurliefhebbers weleens beweren dat het zo stil is geworden in het voorjaar. Nou, zeg ik: dan moet je eens bij ons in de Friese Noordelijke Wouden komen. Niet te filmen hoeveel vogels je kunt horen.'

Geert Broersma kan het beamen. Bij zijn voorliefde voor landschap hoort de interesse voor de kwaliteit van de bodem. Hij volgde de lessen van René Jochems uit Zundert met rode oortjes. De verhouding van 'elementen' (calcium, fosfor) in de grond van het grasland? Planten (onkruid) die iets proberen te zeggen over tekorten in die grond? Hij noemt het 'ontdekkingstochten' die hem leidden naar beheer zonder of met zo min mogelijk gebruik van 'gewasbeschermingsmiddelen'. Aan het grasland voor de koeien kun je door de manier van bemesting 'heel veel sturing geven. Daar heb je helemaal geen gif voor nodig.'

Zijn vader, Tjerk Broersma, die nog regelmatig langskomt om te helpen in Damwoude, was het al opgevallen dat ridderzuring, veelvoorkomend op grasland en een regelrechte plaag voor melkveehouders, als vanzelf leek te verdwijnen. De loonwerker die hem soms assisteert had het ook gezien en gevraagd: hoe heb je dat gedaan? Simpelweg anders bemesten, het bodemleven laten leven door voorzichtig om te gaan met het land, niet ploegen. En de 150 trouwe dames werken middels hun koeienvlaaien ook van harte mee. Ook die natuurlijke bemesting van het land hoort bij het rentmeesterschap van deze boer. De koeien gaan half april naar buiten, heel veel werk om ze te verkassen met veertig percelen in de lappendeken van het coulisselandschap, maar alle moeite waard.

De weidegang is in deze omgeving zo langzamerhand een uitzondering aan het worden. De megastallen rukken op in Friesland en Groningen. De enige koe die er nog buiten komt, zeg ik weleens tegen bevriende 'buitenlui' (die geen flauw idee hebben wat zich afspeelt op het platteland), is een dode koe. Met groen zeil overdekt en meestal onzichtbaar achter een muurtje verstopt langs de weg om tere zieltjes van voorbijgangers te sparen.

Geert Broersma hoef je niet meer te overtuigen van de noodzaak tot verandering. Eerst de nieuwe stal, maar over een jaar of drie moet je niet raar opkijken als hij overstapt op biologische zuivel. 'Heel veel mensen zeggen tegen mij: maar jij boert toch al biologisch? Nou nee, antwoord ik dan, wat ik doe is niets anders dan het ecosysteem "aanzetten", de grond optimaal voor je laten werken door bijvoorbeeld hoogwaardige mest aan te brengen en geen drijfmest. Daar zit volgens mij het grootste deel van wat tegenwoordig ook wel landschapspijn wordt genoemd.'

Op een zomerse dag keer ik terug in het coulisselandschap van Broersma. De koeien grazen vredig, het achtergrondgeluid van suizende autobanden maakt geen inbreuk op het paradijselijke decor. Als ik het goed heb, hoor ik de spotvogel. Het landschap heet iedereen welkom, maar bij voorkeur wereldverbeteraars, vrijgevochten types.

Naschrift

In augustus 2021 arriveerde dan eindelijk de brief van het ministerie van Landbouw. Slecht nieuws: de subsidieaanvraag voor zo'n € 1 miljoen, ongeveer eenderde van de totale bouwkosten van de nieuwe stal, wordt afgewezen. Geert Broersma heeft direct bezwaar aangetekend, maar laat zich niet ontmoedigen en hoopt binnenkort groen licht te krijgen van zijn bank. In het uiterste geval zal hij de bouwplannen versoberen.

Aan de innovatie van 'gunstige mest' (door het scheiden van urine en vaste fractie) zal hij niet gaan tornen. De toekomst van 'groene' melkveehouderij blijft volgens hem simpel: land bewerken zonder drijfmest waardoor de bodem vruchtbaarder wordt en tegelijkertijd uitstoot wordt gereduceerd. Broersma: 'Ik vermoed dat onze oorspronkelijke aanvraag te simpel is geweest en niet voldoet aan de ingewikkelder innovaties waarmee in de sector meer geld kan worden verdiend.'

11. Groen denken als je rood staat

I

Als in april 2001 in Friesland mond- en klauwzeer (MKZ) uitbreekt en de overheid *rücksichtslos* vasthoudt aan het besluit tot ruiming van de dieren, begeeft het Groningse LTO-bestuurslid Wridzer Bakker zich samen met Frans Keurentjes, een latere ceo van Friesland Campina, naar het centrum van de provinciehoofdstad om er brand te stichten. Voor de deur van De Beurs op de Vismarkt, waar RTV Noord juist begint aan een uitzending over de uitbraak en de gevolgen voor getroffen melkveehouders, kringelt zwarte rook hemelwaarts. De rode gloed van de walmende pakken stro, die een penetrante stank verspreiden, moet beschouwd worden als baken van licht in donkere tijden. Uit solidariteit steken collega's op naburige erven om zeven uur 's avonds ook een pak stro in de hens. De boerenprotesten waren beslist niet zo massaal als nu, maar net zo veelzeggend.

Wridzer Bakker, telg uit een eeuwenoud boerengeslacht, is het strijden nooit verleerd. Een Groninger in Friesland, weliswaar op de grens van de twee provincies – in kwantitatief opzicht en qua gemiddelde oppervlakte per bedrijf de belangrijkste in Nederland als het om landbouw gaat, wil hij benadrukken – en nooit echt geïntegreerd. Ben je gek, hij is altijd een 'laten we maar zeggen niet al te goed ingeburgerde, haha' allochtoon gebleven. Fries begrijpen is tot daaraan toe, maar Fries spreken gaat te ver. Als jongen,

Links: *Wridzer Bakker tussen zijn bloemkolen*

loonwerker van een jaar of zestien, hielp hij de op de Lauwerszee veroverde akkers bewerken.

In iets meer dan een halve eeuw zag hij de wereld veranderen, een wereld die in zijn geval ruwweg vijftig vierkante kilometer groot was en is. Keerde hij na een paar jaar terug in bijvoorbeeld Dokkumer Nieuwe Zijlen, dan moest hij drie keer goed om zich heen kijken om te zien dat het waarachtig dezelfde omgeving was die hij had helpen cultiveren. In gedachten kon hij nog de branding van de zee horen bruisen.

Bakker woont, werkt en leeft in geschiedenis, zoals hij het zelf uitdrukt, de gebutste geschiedenis van boerderij De Munckeborch die even over de grens van de provincie Groningen staat. Op weg naar de serre met het indrukwekkende uitzicht over zijn landerijen wandelen we langs een muur met vuistdikke barsten. De kloostermuren zijn aangetast, je spreekt hier over fundamenten van omstreeks 1450. Ja, eeuwen later was daar de NAM aan het werk gegaan met de inmiddels bekende fatale gevolgen van de gasboringen. 'Nu even geen NAM,' zegt de 'oude boer' gedecideerd – de leeftijdskwalificatie is van hemzelf.

Een grijze krullenbol, achter brillenglazen vriendelijke ogen die soms lijken te verdwalen in een web van fijne lijnen. De woorden zorgvuldig wegend, geregeld met gesloten ogen, het hoofd geheven, schijnbaar eindeloos ver weg. Je moet je niet laten meevoeren door een procedure die zich al jarenlang voortsleept, zegt hij. 'Anders word je gek.' *Een Vandaag* wilde ook onlangs langskomen voor een reportage. 'Je moet je leven niet kapot laten maken door een paar scheuren,' zegt hij. En kijk eens hoe schitterend hij woont! De afrekening met de aardoliemaatschappij staat later gepland.

In de naaste omgeving staat hij bekend als 'de Bakker van de bloemkolen'. Daarmee worden hij en zijn zoon Jan Willem beslist tekortgedaan, want voor een prima biologische aardappel kun je hier ook terecht. Maar hun succes in economisch opzicht drijft voornamelijk op de kolen, van Groningen tot Limburg te koop bij de betere grootgrutter. 'Daar hebben we ons kunstje van gemaakt.' Zo mogelijk even zwaar als het biologische label weegt voor beide Bakkers het belang van evenwicht tussen landbouw en kwaliteit van grond en landschap (en de daarmee verband houdende kwaliteit van het voedsel). Voor de nabije toekomst hopen ze dat 'men' de grond leert aanvaarden 'als levend organisme,' aldus de vader.

Levend organisme? Zo heb ik nog geen boer horen spreken over zijn akkers, de almaar duurdere akkers. 'We moeten een balans zien te vinden tussen productie en de manier waarop we met landbouwgrond omgaan. De biodiversiteit moet bij ons ook hoog kwalitatief kunnen zijn,' zegt Wridzer Bakker. En hoe je dat precies doet, gaan we vandaag vernemen. Maar eerst krijgt oud-politicus Ed Nijpels, tegenwoordig appelgroene strijder voor klimaat & milieu als voorzitter van het Klimaatberaad, ervan langs. 'Als ik hem hoor zeggen dat de boeren de aarde "bezetten", dan wil ik hem graag een wedervraag stellen: waarvan denkt hij te kunnen eten?' Als je alleen Nederland onder het vergrootglas legt, je daarbij realiseert dat de helft van de ongeveer 1,7 miljoen hectare landbouwgrond alleen geschikt is als grasland. En met de wetenschap dat een experiment van Fidel Castro in Cuba om mensen gras te leren eten niet bepaald een succes was, dan kun je volgens hem maar beter blij zijn met die koeien.

Met de halvering van de veestapel los je volgens de 'oude boer' ook weinig op. Met *framing*, om even een hele beroepsgroep in een kwaad daglicht te stellen, moet je niet bij deze akkerbouwer aankomen. Het probleem is veel gecompliceerder: overmatig gebruik van fossiele grondstoffen, 'alles vastgelegd in koolstof' met daarnaast een overvloed aan 'een heleboel verbindingen waar de natuur geen raad mee weet zoals plastics, bestrijdingsmiddelen en medicijnen die zich ophopen'. En zo veroordeelt de mensheid, als je niet oppast en snel ingrijpt, ten onrechte een levend organisme ter dood. De oplossing? Simpel gezegd: we kijken welke productie het beste is voor de biodiversiteit 'en we stoppen een verdienmodel in het hele verhaal zodat de boer niet de dupe is'.

Er verschijnt een glimlach van oor tot oor op het gelaat van Wridzer Bakker als ik hem zeg dat ik precies dat hele verhaal wil optekenen. Hij kan zich tot in detail de dag heugen waarop hij besloot de kont tegen de krib te gooien en het land veel meer in balans met de natuur te gaan bewerken dan hij eerder deed. 'Waaraan je begint, kan eigenlijk niet,' zo zeiden criticasters. 'En ik zei tegen mijn zoon: er kunnen drie dingen gebeuren bij de omschakeling. Het kan heel slecht gaan en dan stop je. Of het gaat goed, en dan ga je natuurlijk door. Het slechtste scenario dat ons kan overkomen is dat het goed noch slecht gaat en dat je ergens tussenin blijft hangen. Daar was ik het meest bang voor.'

Het vermogen zich aan te passen is in eeuwenoud boerenbloed gegoten. De Bakkers waren wat ze in Groningen 'vijftig bundersboeren' noemden. Een bunder staat gelijk aan een hectare. 'Middelgroot' naar huidige maatstaven, maar begin negentiende eeuw 'groot'. De voorzaten stonden bekend als molenaars, maar toen het onder Napoleon vanwege nieuwe belastingwetgeving opeens een stuk minder gunstig werd om de molenwieken te laten draaien, om graan en van alles en nog wat te vermalen, schakelden de Bakkers van de ene op de andere dag om en bekwaamden zich in de landbouw. De molen stond in waarde gelijk aan een hoeveelheid akkers, vandaar die 'vijftig bundersboeren'. De belastingontvanger ging wonen in een huisje naast de molen en kon, door uit het raam te kijken, turven of de molenaar zich wel aan de wet hield. Van een dergelijke inbreuk op privacy houden boeren niet, en zeker Bakker niet.

De grootvader van Wridzer Bakker had het naar aanleiding van een vervelende opmerking in de notulen van de kerkenraad in Oldekerk aan de stok gekregen met een onderwijzer. Wederzijdse echtgenotes schijnen elkaar met de bezem om de oren te hebben geslagen. De kemphanen werd aanzitten bij het laatste avondmaal, belangrijk ritueel bij gereformeerden, ontzegd. Grootvader heeft volgens dit ooggetuigenverslag ingebonden, de tegenstrever zou nooit meer zijn gesignaleerd in de kerk. Deze Groningse familie laat niet met zich sollen als het om principes gaat en dat zullen we weten.

II

Het was 1998 toen Bakker letterlijk met tranen in de ogen afscheid nam van de laatste melkkoe. Hij kan het moment waarop het laatste dier de veewagen inliep nog altijd op zijn netvlies terughalen, maar dat doet hij liever niet. Hij was vijftig en als je op deze leeftijd nog eens iets anders wilde, was dat het moment. De rechten die hoorden bij het melkquotum, in de schoot geworpen dankzij de overvloed aan zuivel en de wens van de overheid die te reguleren, waren een fortuin waard. Met de opbrengst van de verkoop van de quota – die andere veehouders de kans gaf uit te breiden – kon hij in één keer de hypotheek aflossen.

Het gezin was twaalf jaar eerder vanuit het Groningse

Aduard naar het Friese Munnekezijl gekomen. Dat ging met veel verdriet en traumatische ervaringen gepaard, door 'pijnlijke' familieperikelen met vader en 'een vechthuwelijk' in de hoofdrol waarover het gezinshoofd niet veel meer kwijt wil dan dat hij de pijn 'goed kan hanteren'. Hij liet het Groningse land – dat hem vormde, misschien ook wel vervormde en tegelijkertijd hervormde – fysiek achter zich, maar draagt het in zijn hart voor altijd mee.

De jonge Wridzer, vernoemd naar zijn betovergrootvader en andere voorvaderen, werd lang voor stom versleten en meent zich de afstraffingen op de lagere school te herinneren. Maar hij zegt ook deze herinneringen liever te laten waar ze zijn. Een gevoelig jongetje moet hij wel zijn geweest door wat pas veel later als dyslexie kon worden gedetecteerd. Dezelfde leraar die hem kon laten voelen hoe dom hij wel was, stelde toen hij psychologie ging studeren de diagnose. Hoeveel jongens en meisjes zullen hem zijn voorgegaan, is een pijnlijke conclusie weer zoveel jaren later. Maar wie weet: juist het nadeel te weten een buitenbeentje te zijn (en ervoor te worden uitgemaakt) is uiteindelijk een groot voordeel gebleken. Je leert anders te denken en te doen, ook uit zelfbehoud.

Wat je op een kille lentedag als bezoeker ook gemakkelijk kunt opmerken aan de man die zich de 'oude boer' noemt, is zijn authenticiteit. Soms lijkt het of hij even met zichzelf in discussie gaat, pauzerend en de blik in het oneindige, voordat hij zijn doordachte hersenspinsels omzet in mooie bespiegelingen. Wat ging er ook alweer allemaal mis? O ja, de omschakeling was heel moeilijk geweest in het begin, alleen maar mede mogelijk dankzij een subsidie voor boeren die 'biologisch' wilden. Hoeveel vraag naar zijn producten zou er vanuit de vrije markt geweest zijn? Anderhalf of hooguit twee procent in 2002, 2003 en 2004. 'En opeens sloeg de markt om, september 2005. Ongelooflijk dat het kan, maar zo ging het echt. Niet te beredeneren zo onverwacht.'

Nu, ruim vijftien jaar later, is Nederland in Europa nog altijd het slechtste jongetje van de klas als het gaat om het percentage biologische landbouw en de belangstelling vanuit de consument. Hooguit vier procent. En diezelfde hekkensluiter haalde wél een record aantal medailles op de Olympische Spelen van 2021. 'Gangbaar' is de norm, eenvoudigweg om op wereldschaal te kunnen concurreren. 'Goedkoop' en 'veel' zijn daarbij de sleutelwoorden. Je niet laten kennen door schijnbare uitzichtloosheid van een markt die al decennia is opgesloten in een web van veronderstellingen, voornamelijk gericht op export, is een zware opgave.

Als de veeboer die hij ooit was, had Bakker in de jaren zeventig al kennisgemaakt met vooroordelen. Wridzer was nog piepjong en had zich in het leger als dienstplichtige verbaasd over de nutteloosheid van de meeste handelingen en vooral over de in zijn ogen verbazingwekkende luiheid en lusteloosheid van veel soldaten. Hij mocht ambulancechauffeurtje spelen. Soms een ritje, tussendoor de vloer dweilen van een provisorisch hospitaal of een bed opmaken. Maar wat stelde het eigenlijk voor in verhouding tot wat hij in Aduard op de ouderlijke boerderij gewend was? Dagen voelden aan als weken en hij kon niet wachten op het moment dat de dienstplicht was vervuld. Over vergelijkbare bullshit-functies in het Nederland van 2021 gaan we het in een volgend hoofdstuk nog hebben.

Andere bullshit, in letterlijke betekenis, nu. Op de middelbare agrarische school, de MAS van Groningen, had iemand die in de Verenigde Staten was geweest en daar had kennisgemaakt met een koe die op één dag zeventig liter melk produceerde, een lezing gegeven. 'Iedereen zei dat die man mesjogge was en later hoorden we inderdaad dat het iemand was die bij voorkeur overdreef.' Want 'wij', en dat gold zeker voor de Friezen onder ons, weten en wisten beter dan ieder ander op de wereld hoe je zoveel mogelijk zuivel uit de koe kunt persen. Het was toch ooit ooit een Friese koe geweest (cows like Aaggie) die tijdens de boottocht naar de Verenigde Staten in 1879 opzien baarde met haar melkgift en een rol ging spelen bij het fokken van wat Friesian Holstein ging heten, nu het dominante ras in bijna elke Nederlandse stal.

Het kon niet waar zijn, het verhaal van de zeventig liter. Maar Wridger Bakker, die de dyslexie grotendeels had overwonnen en wist hoe hij ermee moest omgaan, kon alleen maar denken dat het misschien wél waar was. Hij begon op eigen wijze met fokken. In 1974 legde hij de hand op een stiertje van het Holstein-ras, 'honderd procent zuiver', en behaalde al snel opmerkelijke resultaten. Een jaar of zes later kreeg hij alle gelijk van de wereld dankzij de zogeheten Polen-proef, vernoemd naar het land waar het wetenschappelijk onderzoek werd verricht. Daar werden proeven gedaan met runderen uit onder andere de Verenigde Staten, Groot-Brittannië en Nederland. 'Wij' waren de gedoodverfde favorieten, want 'wij' waren toen het vee-exportland bij uitstek dat als vanzelfsprekend de koeien leverde met de gulste melkgift. 'Maar Nederland presteerde verreweg het slechtst,' aldus Bakker zoveel jaren later met de triomfantelijke lichaamstaal van een olympisch kampioen.

In eigen land had een Fries met de schitterende naam Rommert Politiek al veel eerder opgemerkt dat 'wij' in Nederland, en voorop in Friesland, te veel rekening hielden met de buitenkant van de runderen. Als het liefst zo gespierd mogelijke exterieur maar glom. Tentoonstellingen en keuringen mondden uit in een soort van Miss en Mister World-verkiezingen. In de vacht van de kampioenen kon je je haar kammen, zo prachtig en krachtig waren ze vooraf geborsteld en gepoetst. Maar fokken met de prijsdieren leidde alleen maar tot steeds kleinere koeien met kleinere uiers met een steeds tragere 'melksnelheid'.

Al in 1970 had Politiek, professor veefokkerij aan de Universiteit van Wageningen (WUR), bij een proef in de Flevopolder aangetoond dat Noord-Hollandse koeien veel beter presteerden dan hun Friese collega's. Pas na het vergelijkbare wetenschappelijk onderzoek in Polen waren de grootste sceptici overtuigd. Waarna ze het fokprogramma gingen aanpassen, en de goede waarnemer in rap tempo de uiers tot imposante pompoenen van roze vlees kon zien veranderen, met de inmiddels benijdenswaardige scores van tot wel 12.000 liter per jaar (in 1950 was dat gemiddeld nog 4000 liter). Bakker trok dus in het verre Aduard zijn eigen spoor door te lezen, te lezen en te lezen. Die kunst was hij inmiddels meester. Hij spelde de vakbladen en dankzij de door levenservaring verkregen gewoonte dwars te blijven denken, ontpopte de verlegen noorderling zich tot een veeboer om rekening mee te houden.

In de akkerbouw zie je iets vergelijkbaars als bij de veefokkerij. Daar houden de experts, vooraan in de rij de leveranciers van 'gewasbeschermingsmiddelen' en kunstmest en niet te vergeten de tussenhandel, gebaat bij 'groot en goedkoop', al decennia vol dat we het in Nederland hartstikke goed doen. Ze waarschuwen anno 2021 nog steeds voor de grote nadelige gevolgen van biologisch produceren. Het zou alleen maar kunnen leiden tot rampen zoals misoogsten, uitbraken van allerlei plantenziektes en bovenal:

indrukwekkend lagere opbrengsten van de gewassen. Dat laatste is sowieso onzin, volgens Bakker, en het een-na-laatste ook trouwens.

Illustratief voor de vooringenomenheid noemt Wridger Bakker een proefveld in de Haarlemmermeer, waar Bayer – wereldleider op het gebied van agrarische chemische hulpmiddelen – graag laat zien wat het verschil in productie kan zijn. Van het ene stuk land kan dankzij chemie wel 11.000 kilo per hectare van een willekeurig gewas worden geoogst, terwijl een akker 'waarop niets was gedaan' niet veel meer dan 4000 kilo oplevert. 'Dan laat men beleidsmakers uit Den Haag komen om over de schouders mee te kijken en de resultaten te bespreken. Dat triggert natuurlijk enorm.'

Wat er bij het 'vergelijkend warenonderzoek' in de Haarlemmermeer niet bij verteld wordt, is dat biologische akkerbouw niet betekent 'dat er niets wordt gedaan'. Er wordt juist heel veel gedaan, zoals organische bemesting, het met eggen en schoffels verwijderen van onkruid, het 'schoonmaken' van het land. Wridger Bakker noemt dat *foute framing*, waaraan bioboeren, vaak idealisten, hun handen andersom niet zullen branden.

De 'oude boer' verwijst in dit geval liever naar een gesprekje met een Duitse veehouder in Ost Friesland dat hij zich haarscherp voor de geest kan halen. Hij had weer eens een 'honderd procent Holstein'-stiertje gekocht om mee te fokken. Het moet 'ergens het begin' van de jaren tachtig zijn geweest. Samen hadden ze vol verbazing staan kijken naar een akkerbouwer die 'rijpe' tarwe had bespoten met glyfosaat (toen nog van Monsanto, nu Bayer). Dat kon nooit goed zijn, zo hadden ze hoofdschuddend tegen elkaar gezegd. En zich daarbij afgevraagd welke mogelijkheden biologische teelt zou kunnen (en moeten) bieden. Alsof zijn toekomst al was uitgestippeld.

III

Niemand weet precies wat de chemische hulpmiddelen van het land betekenen voor de gezondheid van de mens, zeker niet op lange termijn. Wridzer Bakker meende onlangs bij zichzelf verschijnselen te constateren die wat weghebben van de 'kopziekte' uit het veterinaire circuit. Die wijst op tekorten aan magnesium, die hij heeft verholpen met supplementen. Hoe gering de doseringen van Bayer ook zijn – steeds geringer ('je zou zo langzamerhand kunnen spreken van homeopathische verdunning') – je moet je volgens hem blijven afvragen wat de schade ooit kan zijn. 'Wat doet een stof voor het levensproces? Grijpt die in en waar, is die hormoonverstorend of is er invloed op de psyche?' Het zijn alarmerende vragen waar vooralsnog niemand het antwoord op weet, en die je ook liever niet wilt horen.

Je kunt het zo gek niet noemen of hij heeft zich er zelf schuldig aan gemaakt. DDT, arsenicum of het pootgoed vooraf in een badje van zuivere kwik dompelen. Hij was een jaar of zestien, de toekomst wachtte immers op hem, wat zou hij zich druk maken. En daar zat hij op een open trekker zonder beschermende kleding of wat dan ook, met achter hem de sproeimachine met een regenboog aan druppels, verspreid door de wind. Je wist niet beter. 'Ik ben er toch aardig doorheen gekomen,' stelt hij laconiek vast, 'het had slechter gekund.' Blij dat het nu zonder gif kan, en dat hij het nog aantonen kan ook. Neem grasklaver, groenbemester en veevoeding tegelijkertijd. Geloof hem maar: er bestaat geen enkel verschil in opbrengst tussen gangbaar en biologisch. En met een beetje goede wil zal het negatieve verschil bij de meeste andere gewassen niet veel hoger uitvallen dan tien procent.

Hij is door schade en schande wijs geworden, dat wel. Als de dag van gisteren kan hij zich de Eerste Pinksterdag van het schrikkeljaar 2000 herinneren. Bakker meende te zien wat een akkerbouwer nooit wil zien: schimmelplekjes aan het groene loof van de met aardappelknollen geteelde velden waren de eerste tekenen van Phytophthora. Een nachtmerrie. Was het waar? Een dag later kwam de bevestiging. De uiteindelijke oogst was het aanzien niet waard, 'de kleinste knolletjes ooit'. En nu? Anderen hebben het ook al gezegd, maar het klopt als een bus: wees goed voor de natuur en de natuur is goed voor jou. Hoe beter je voor je grond zorgt, hoe kleiner de kans op ziektes.

Herinnert u zich nog de ritnaalden, de plaag van de drie gezworen kameraden even verderop in de Westpolder? Een steeds groter probleem en nauwelijks te bestrijden met chemie. 'Maar wij hebben er hier geen probleem meer mee,' zegt Wridzer Bakker. De oplossing schuilt in evenwicht, in dit geval de balans tussen prooidiertjes en hun kleine predators: de ene tor ruimt de andere op. Zorg goed voor de grond en de grond zorgt goed voor jou.

Vader en zoon Bakker waren aanvankelijk van plan zich in Munnekezijl te specialiseren in het telen van biologische zaden, maar daarvoor was de markt – zeker in het Noorden – veel te klein. Toen zetten ze maar in op zoveel mogelijk gewassen op percelen van ongeveer twee hectare. Knolselderij, grasklaver, pompoen, aardappelen, bloemkool, noem maar op, alles geteeld met de natuur als vriend. Bij twijfel konden ze voor goede raad terecht bij nabijgelegen proefboerderij Kollumerwaard, waar zowel biologisch als gangbaar gewerkt wordt en waar allerlei proeven worden gedaan, bijvoorbeeld met zilt-bestendige rassen. Ze hoefden er alleen maar even de weg voor over te steken. Maar Wridzer Bakker werd als voormalige veeboer sowieso argwanend bekeken, en misschien was er zelfs wel leedvermaak toen de heks Phytophthora aanklopte. Eigen schuld. Maar het omslagpunt kwam in 2005. Sindsdien gaat het goed, zelfs beter – kan hij na zoveel jaar ervaring concluderen – dan het bij zijn oude liefde, de veehouderij was gegaan.

Je kunt spreken van een triomf, de bloemkolen van Bakker vinden hun weg in heel Nederland. En toch lukt het de voormalige melkveehouder niet om ongeremd te genieten van het succes. Heerlijk, eerlijk: de hele discussie over andere, minder intensieve landbouw? Dierenwelzijn, groenbemesters, niet-kerende grondbewerking? Moet je de runderen zien die in de potstal wachten op het moment dat ze vrij kunnen rondlopen in de natuur van Nationaal Park Lauwersoog, ze laten zich niet voor niets knuffelen, zo tam zijn ze geworden. De Bakkers worden zelf ook beschouwd als knuffelboeren. 'Maar ik zie natuurlijk wel hoe de collega's lijden onder alle kritiek.' Zoals gezegd, in de ogen van senior is dat vaak onterechte kritiek.

Handelshuizen heten niet voor niets handelshuizen en leg je de bedrijven onder het vergrootglas die optimaal profiteren van de expertise op het gebied van pootaardappels, zoals de producenten in deze regio optimaal profiteren van de natuurlijke omstandigheden, dan zie je heel goed hoe deze gespecialiseerde boeren klem zijn komen te zitten. Als gepensioneerde zit Bakker vaker dan voorheen aan keukentafels samen met bedrijfsleven dat 'gangbaar denkt'. Het gaat maar om één ding: productie.

'Als je tegen handelshuizen als HZPC zegt dat het beter is voor de grond en het milieu om een keer in de vier jaar percelen te belasten met aardappelteelt in plaats van een keer in de drie jaar, dan hoor je dat het onmogelijk is. Want dan is er te weinig productie om de (wereld)markt te bedienen. De boer zit klem tussen vraag en aanbod. Dat geeft strijd.' En hem hoef je als laatste uit te leggen hoeveel pijn die strijd kan betekenen, even afgezien van de onzekerheden van de natuur.

In de naaste omgeving speelt de natuur sowieso een uitzonderlijke rol. Waar in navolging van de monniken, de oer-polderaars die volgens Wridzer Bakker niet genoeg geprezen kunnen worden om hun pionierswerk (en dat meestal met de blote hand), door de eeuwen heen de meeste inspanningen in het teken stonden van landwinning ten gunste van productie, kwam bij de plannen voor inpoldering van de Lauwerszee de nadruk te liggen op recreatie. De Lauwers is het grensriviertje dat provincies Groningen en Friesland van elkaar scheidt. 'Het Lauwersmeer,' betoogt Bakker, 'is eigenlijk een totale inbreuk op wat hier normaal gebeurde. Je gaat niet inpolderen voor de natuur. Het zou meer voor de hand liggen om natuur natuur te laten.'

Vriend en vijand (er waren nog handtekeningenacties aan te pas gekomen om de plannen zestig jaar geleden te verijdelen) moeten het erover eens zijn: het resultaat, bijna vijftig jaar later, is oogverblindend. Maar heeft een boer er belang bij dat het zeldzame vogeltje dat zo mooi kan fluiten en dat vanaf de andere kant van de wereld helse tochten ieder jaar weer moet overleven, kan blijven fluiten en wel precies in deze omgeving? Hem, de man uit een voormalig molenaarsgeslacht, hoef je niet meer te overtuigen: wie de bodem wil beschouwen als 'levend mechanisme' is vanzelfsprekend gebaat bij dat zeldzame vogeltje in zijn biotoop. En dat lukt dankzij aandacht voor biodiversiteit.

Maar ja, helaas houdt het vermaledijde neoliberalisme Nederland en dus ook de boeren in een wurggreep. Probeer daar maar aan te ontsnappen. Al zou je nu, tijdens de pandemie, juist zeggen: hoogste tijd voor een andere wereldorde met een gezonde voedselproductie op nummer één. Een zekere vorm van protectionisme dus. Hier zou de oude Mansholt uit het interbellum uitkomst kunnen bieden. De soja die nu van andere kanten van de wereld komt (net als het vogeltje op zijn trektocht) om ons vee hier krachtig te voeden en de biodiversiteit daar vernietigt, die zou heel goed op eigen akkers kunnen groeien.

Maar dat vergt een heel ander prijskaartje en 'een eiwittransitie op wereldschaal,' aldus denker en boer Bakker. We moeten een voorbeeld nemen aan landen als Zwitserland en Noorwegen, die zich niet laten leiden door de wereldeconomie en waar boeren geen stinkboeren heten maar nog gewoon boeren kunnen zijn. En waar geen sprake is van een uittocht van de agrarische expertise.

IV

Zijn zoon, de naar opa genoemde Jan Willem, heeft het andere uiterste van neoliberale landbouw aan den lijve ondervonden. Toen hij voor een stage naar Moskou vertrok, was er juist een boek verschenen met de titel *Het verdriet van Rusland*. Zijn eigen verdriet bij zijn stage-avontuur kwam voornamelijk door frustratie, maar soms waren er ook wel tranen van het lachen. In zijn portefeuille droeg de landbouwstudent voor de zekerheid altijd een briefje van tien dollar bij zich, om de gekmakende bureaucratie krachtig te bestrijden en tijd te winnen en een of andere wetshandhaver mild te stemmen. De directeur van de kolchoz waar hij werkte, een coöperatieve boerderij gelegen op zo'n 150 kilometer van Moskou, had er een handje van hem van het kastje naar de muur te sturen. In Rusland wordt daar ongetwijfeld een andere uitdrukking voor gebruikt, maar je moet Jan Willem Bakker maar geloven dat het al een avontuur op zichzelf was om een stuk touw te bemachtigen dat nodig was om een koe vast te binden.

Je keek nergens van op, ver weg van Munnekezijl. Toen hij weer eens probeerde om de directeur te treffen en vernam dat de baas 'tijdelijk' in een nabijgelegen gevangenis verbleef, nam hij de mededeling voor kennisgeving aan. De directeur zat samen met collega's van andere kolchozen een straf uit van veertien dagen, omdat zij niet hadden kunnen voldoen aan de minimumeisen van een vijfjarenplan.

Het uitbreken van een 'roebelcrisis', de zoveelste op de rand van de 21ste eeuw, was een goede gelegenheid om de koffers te pakken en zo snel mogelijk af te reizen naar een van de internationale luchthavens van Moskou. Voor de zekerheid hield hij nog wel wat biljetten van tien dollar paraat. Zover is het in Nederland nog niet, zegt Jan Willem Bakker, dat je om de bureaucratie een kontje te geven dan maar in godsnaam steekpenningen in de aanslag houdt.

Maar veel scheelt het niet. Hij is ermee opgehouden om nog aanvragen te doen voor een of andere subsidieproject, om te voorkomen dat hij rare dingen gaat doen en schuim op de lippen krijgt van razernij. De Nederlandse regelgeving is volgens hem hard op weg om de Russische bureaucratie te evenaren en misschien wel in te halen. Gelukkig voor hem en zijn vader gaat het zo goed met de bloemkolen dat ze geen extra subsidie meer behoeven. Maar hij wil er wel bij vermeld zien dat wat zij doen geen kunstje is (zoals senior wil doen geloven), maar een kwestie van heel hard werken. Soms bidden dat het klimaat meewerkt, want voor een gunstige groei moet het bijvoorbeeld 's nachts kouder zijn dan zestien graden. De oogst van 2020 ging vanwege tropische nachten grotendeels verloren.

Toen Jan Willem Bakker was bekomen van zijn Russische avontuur – hij had voorheen ook nog stage gelopen in Wisconsin, zuivelparadijs van de Verenigde Staten – en zijn vader aantrof met de handen in het weelderige haar, besloot hij tot het gezamenlijke avontuur van de biologische omschakeling. Ook wel noodgedwongen, want senior had intussen ervaren dat er met de gangbare akkerbouw geen droog brood was te verdienen. En daarbij is een andere bekentenis op zijn plaats: tijdens zijn studie aan het Van Hall Instituut in Leeuwarden vond hij een biologische bedrijfsvoering ook alleen geschikt voor watjes en boeren met geitenwollen sokken op open sandalen in plaats van klompen. Maar evengoed staat hij dik twee decennia later ervan te kijken dat nog steeds lacherig wordt gedaan over een sector die enorme groeistuipen doormaakt, hoewel voornamelijk in andere landen. Een stagiair heeft het vorige week verteld. Medestudenten vonden het maar vreemd dat zij had gekozen voor 'de blauwe boerderij', zoals die van hen heet.

'Nog steeds in de lachfase. Vreemd, hoor.' Bakker junior begrijpt heel goed de krachten van toeleveranciers en de handelaars die baat hebben bij 'groot en goedkoop', vaak ook omdat ze geen antwoord weten op vragen over onkruid, dier- en plantenziektes. Ja, en dan grijp je maar weer snel naar chemie, een kind kan de was doen. Daarbij wordt handig ingespeeld op angst, en hij hoeft toch niet meer uit te leggen dat angst de slechtste raadgever is die je kunt treffen op het platteland. Hij en zijn vader hadden juist wel geluisterd naar de groene raadgevers, merkwaardigerwijs vaak afkomstig uit Brabant, en meestal voormalige boomkwekers die nog beter dan akkerbouwers (vanwege de langetermijngevolgen) wisten wat misoogsten betekenden. En hoe je die kon voorkomen door samen te werken met de natuur, in plaats van ertegenin te gaan met bestrijdingsmiddelen.

Jan Willem Bakker was dus ook opgegroeid met het verlangen naar groot, groter, grootst en daarbij horende trekkers met 'de spuit' als vlag. Maar na eerst goed te hebben geluisterd naar raadgevers ('heel lastig om het kaf van het koren te leren scheiden'), zag hij nu hoe belangrijk het was je bodem te verwennen, en zoals zijn vader zegt: 'De akkers te leren beschouwen als levend mechanisme.' Vanaf het moment dat zij inzagen dat je heel zuinig moet omspringen met je kapitaal (de grond) en die voor jou aan het werk te laten gaan, ging het goed met hun bedrijf. 'Hoe je de bodem optimaal op gang kunt brengen, je plantengroei bevorderen en de gezondheid stimuleren en niet de ziektebestrijding.'

Het was een gevecht aanvankelijk, de strijd om het land rondom de blauwe boerderij, in de oude staat verkregen in 2006. De eigenaar, zo gangbaar als een gangbare boer maar zijn kan, stond – zo leek het – niet bepaald te springen om zijn land over te leveren aan boeren die er heel wat anders mee van plan waren dan hij altijd had gedaan. Aardappelen, bieten, graan, aardappelen, bieten, graan, aardappelen, bieten, graan.

Elk seizoen weer dezelfde riedel, met de geregelde bezoekjes van verkopers van kunstmest en de zo noodzakelijke bestrijdingsmiddelen. Je kunt veel beter, zo legt junior uit, met de grond van een veehouderij te maken hebben als je wilt omschakelen. Dat land heeft veel minder te lijden gehad van intensieve productie. Elk seizoen weer een pak slaag, want zo moet je de intensieve akkerbouw wel beschouwen wat de bodem betreft, nog intensiever dan de veehouderij.

De voormalige eigenaar komt geregeld kijken. 'Jan Willem, *du hast* geen plassen meer op het land,' zei hij bij een van zijn bezoekjes in onvervalst Grunnings. Natuurlijk zijn die natte plekken allang verdwenen, zij waren het bewijs van het afgeragde land, de kapotte structuur van de akkers en het dode bodemleven. Uiteindelijk is het echt niet zo moeilijk om te schakelen, zegt de boerenzoon misschien ten overvloede, het is vooral een kwestie van omschakelen in je hoofd. Als je dat eenmaal kunt, gaat het snel.

Verandering kan snel gaan, zelfs in de oksel van het Lauwersmeer, waar akkerbouwers al decennialang een dik belegde boterham verdienen met het telen van pootgoed, corebusiness in deze omgeving. Je ziet het ook bij de drie fietsende boeren die nu nog met opstartproblemen kampen, maar – aldus Jan Willem Bakker – zullen zien dat het beginnersfouten zijn. Ritnaalden? 'Dat overkomt ze geen tweede keer.' Zij kunnen de voorlopers zijn die een trend doorbreken. Het is echt onzin te denken dat het onmogelijk is vanwege plantenziektes (en een risico voor de voedselvoorziening), alleen al omdat er voldoende resistente rassen in de aanbieding zijn. Het zijn juist de boeren 'met vet op de botten' die het goede voorbeeld kunnen geven.

Ja, je moet met de natuur mee willen gaan als groene boer, maar soms moet je de winst ook afdwingen. Balans en disbalans horen bij elkaar. 'Anders zijn ook mijn akkers over dertig jaar in bossen veranderd.' Dat er ook iets moet veranderen in de hoofden van consumenten is 'een dingetje' waarvan hij een goed voorbeeld heeft. Een supermarkt in Leens verkocht zijn biologische bloemkolen rechtstreeks, zonder inmenging van de tussenhandel. Maar de verkoop liep voor geen meter, terwijl hun biologische bloemkooltje precies even duur was als een gangbaar exemplaar. De baas verzon een list. De bloemkolen staan nu op twee verschillende plekken in de winkel te koop: een met een bordje van 'Bio Bakker' en verderop met de neutrale vermelding 'firma Bakker, Munnekezijl'. De truc werkt, de kooltjes van de firma Bakker vliegen de winkel uit.

Moraal van het verhaal: bio is voor veel Nederlanders synoniem voor duur, en helaas nog niet in de eerste plaats voor gezond en chemie-vrij. Jan Willem Bakker: 'Ik zeg altijd maar zo: wat er niet op zit (op je groente of fruit) kun je ook niet eten.' Maar hij heeft tot slot ook nog een andere mooie wijsheid in pacht: 'Je kunt niet groen denken als je rood staat.' En dat slaat op zowel burger als boer.

Het zou prachtig zijn, zegt zijn vader, dat je met een dodelijke pandemie achter de rug misschien iets zou kunnen leren van de geschiedenis en bewust op zoek gaat naar gezond denken en handelen. Gezond denken? Daarvoor moeten we echt even terug naar het ludieke protest op de Vismarkt en zijn rol als pyromaan. Het doden van zo veel dieren was een economische en vooral politieke keuze in de ogen van Wridzer Bakker, waarbij in Friesland hele bloedlijnen werden uitgeroeid. En waarom? 'Omdat in Groot-Brittannië de meeste koeien vrij rondliepen en het daar onbegonnen werk was om de dieren in te enten, zoals dat vroeger heel gebruikelijk was.' Dat is het echte verhaal over pijn die twee decennia later nog steeds kan opspelen bij getroffen veehouders. Vertel hem wat.

12. Rustig afwachten nu

I

Vanuit het (woon)keukenraam in de boerderij van Ben van Tilburg heb je het beste uitzicht op het proefperceel, door de drie samenwerkende boeren uitverkoren om te bewijzen dat je aardappelen kunt telen (en eten) zo groen als je maar wilt en slechts met steun van moeder natuur. De maand april staat op de rand van mei, en het betreffende land is nu nog zwart als de nacht. Of het gaat lukken, daarover heeft de baas van Nieuw Bromo geen twijfels. Natuurlijk gaat het lukken. Ze hebben twee zonnige dagen vlak voor het weekeinde benut om met de grootst mogelijke eendracht de verschillende noodzakelijke werkzaamheden te verrichten.

IJsbrand de Weerd tekende voor het 'frezen van de ruggen', de verhoogde richels waarin Geert Jan Duisterwinkel de aardappelen pootte, hijzelf tekende voor de bemesting, van biodynamische kwaliteit vanzelfsprekend, en zijn zoon had meegeholpen vanaf de tractor. Hij schuift de gordijnen wat verder opzij om het resultaat nog wat beter te kunnen beoordelen. 'Mooi, heel mooi,' mompelt Van Tilburg, wiens tevredenheid eerder slaat op de samenwerking dan op de kwaliteit van de akkers, immers bekeken met het oog van de meester.

Hij heeft eerder deze morgen zijn zorgen uitgesproken over het wegblijven van de eerste boerenzwaluwen die er al minstens twee weken zouden moeten zijn. En kijk: we zijn de stal nog niet binnen of daar fladderen de eerste lentebodes ons zenuwachtig tegemoet. Zojuist weer veilig 'thuis' na een reis vanuit Afrika (waarschijnlijk Congo) met alle gevaren van dien, zoals bijvoorbeeld zandstormen in de Sahara. Het vrolijk klinkende gekwetter zal zelfs de grootste chagrijn doen opfleuren.

De dag kan niet meer stuk. Ik heb voor het eerst van mijn leven – bewust althans – een mannetjesleeuwerik horen zingen, hoog tegen het kobaltblauwe decor van de hemel. Te hoog om hem te zien met het blote oog. Zes paartjes broeden op de twee percelen, gescheiden door een betonnen pad, ongeveer één kilometer in lengte, dat recht als een uitroepteken leidt naar de zeedijk. Waar de nesten precies zijn is niet bekend, veldleeuweriken zijn befaamd om de kunstzinnige wijze waarop zij hun broedsels weten te verbergen met daarbij het jubelende mannetje, hoog in de lucht, schijnbaar altijd in opperbeste stemming.

Op de fiets rijden we richting zeedijk en ik vertel – soms schreeuwend om boven de wind uit te kunnen komen – over de troost die bij soldaten in de Eerste Wereldoorlog, lijdzaam wachtend in de loopgraven tijdens gevechtspauzes, altijd uitging van de jubelende mannetjesleeuwerik. Mannen onder elkaar, voor even, vriend en vijand. Een fijnproever als Ben van Tilburg hoef je niets nader te verklaren. 'Dat moet op opera hebben geleken!' De mooiste aria's en loepzuiver. Het voorrecht ook van de biodynamische boer in dit stukje Nederland, want op het land van de 'gewone' collega's geven de beroepszangertjes niet thuis, zeker niet bij de buren, links en rechts. Best gevaarlijk vanwege de chemie, zegt de vogelkenner, die er haastig bij aantekent dat het 'uitstekende boeren' zijn. Vrede op aarde is nergens meer gewenst dan in de loopgraven van de voedselproductie op het platteland.

Het zal te maken hebben met de actualiteit van grote milieutechnische vraagstukken in de wereld, maar er gaat geen week voorbij of de boeren staan weer centraal in een of ander tv-programma. Laatst mocht een naar Denemarken geëmigreerde collega in een actualiteitenprogramma vertellen hoeveel waarde daar werd gehecht aan biodynamisch geteeld voedsel. Volgens die boer ligt de oplossing voor het redden van de wereld dan ook voor het oprapen. Je hoeft zuivel, vlees en gewassen helemaal niet in zo hoog mogelijke kwantiteit te produceren, zoals dat nu gebeurt. Kies je daarentegen voor hoog kwalitatief, dan heb je (als consument) veel minder nodig om voldoende goede voedingsstoffen binnen te krijgen. Klinkt logisch. Na de tv-uitzending schreef een lezer van het *Dagblad van het Noorden* een ingezonden brief met als strekking dat dit puur linkse propaganda was, en dat een dergelijke aanpak zou leiden tot faillissementen in de agrarische sector en uiteindelijk tot hongersnood. Er zouden betere alternatieven zijn om het milieu een *boost* te geven.

Die fatalistische lezersreactie kon de familie Van Tilburg niet op zich laten zitten en ze schreven een opiniestuk (april 2021): 'Deze manier van boeren komt niet voort uit een bepaalde politieke voorkeur, het is geen links idealisme. Het heeft louter te maken met de toekomst van ons en onze kinderen. En wij zijn niet de enige die daar de prioriteit leggen. Om ons heen zien we dat steeds meer jonge boeren kiezen voor deze manier van werken.

Voedsel is in de afgelopen decennia goedkoper geworden en dit gaat, deels, ten koste van het milieu. De vraag is niet of onze melk te duur is, maar de gangbare melk in de supermarkt te goedkoop. Onze melk – verpakt in glazen flessen die opnieuw gebruikt kunnen worden – kost 1,75 euro exclusief 45 cent statiegeld. Dat is anderhalf keer zoveel als supermarktmelk, maar die prijs is wel natuurinclusief.

In het afgelopen coronajaar hebben we geleerd hoe kwetsbaar we zijn, hoeveel invloed ons gedrag heeft en hoe afhankelijk we als maatschappij zijn geworden van dingen die van ver komen. Wij geloven dat onze manier van veehouderij overal toepasbaar is. En dat op die manier zowel de boer als de natuur een eerlijk deel krijgt, en de mens voedsel dat lokaal geproduceerd is, met aandacht voor de natuur. Zoals het vroeger was, eigenlijk. Mensen zeggen vaak: stilstand is achteruitgang. Maar een stap vooruit naar vroeger lijkt ons een goed idee.'

Op het opiniestuk van de Van Tilburgs volgde weer een lezersreactie van iemand die werkte op het ministerie van Economische Zaken, en die BD-landbouw maar meteen 'een misdaad tegen de menselijkheid' noemde. Weliswaar 'een goedbedoelde' misdaad, met het aloude argument dat 'wij' Nederlanders met onze vruchtbare grond, in combinatie met alom geroemde expertise, zoveel wereldburgers kunnen voeden. Misdaad tegen de menselijkheid? 'Ik kon er alleen maar om lachen,' zegt Ben van Tilburg op de onderkoelde wijze die ik inmiddels van hem gewend ben. Hij grinnikt er opnieuw bij.

De zingende veldleeuwerik hoog in de lucht is het bewijs dat een boer goed kan verdienen en tegelijkertijd oog kan houden voor de natuur. Met gemak. Kijk ook maar naar de paardenbloemen die hun kopjes opsteken en de witte puntjes van ontluikend klaver. Hoe dit decor nu als misdaad tegen de menselijkheid moet worden beschouwd... 'Veel meer natuur kun je volgens mij niet krijgen op agrarisch land.' Het lijkt wel of er hier en daar een rode gloed over de landerijen hangt, verklaarbaar door biologische processen in samenhang met de aanhoudende kou.

Als groene boer, voor wie kunstmest klinkt als een vloek, ben je nog afhankelijker van het weer dan de meeste 'gewone' collega's. Een plusje van een paar graden en daarbij wat regen zou mooi zijn. 'Rustig afwachten nu,' doceert Ben van Tilburg doodkalm, terwijl we omhoog turen om het stipje te ontwaren dat zich laat horen. 'Kijk daar, rechts van de zon! Zie je hem?'

Nergens zo veel oordelen en dus ook vooroordelen als in de Nederlandse agrarische sector, zoals inmiddels bekend gericht op export en dus productie. Ik vraag of het verhaal klopt (zoals mij door een melkveehouder was verteld) dat zijn biologische collega's tegen hun grenzen aanlopen, mede door de aanhoudende kou en gebrek aan voldoende voedsel. Van Tilburg haalt zijn schouders op en zegt dat dergelijke uitspraken wijzen op intensieve productie, te intensief, alleen maar 'economisch gedreven'. Want die wetmatigheid gaat net zo goed op voor biologische boeren.

Het aantal dieren moet zijn afgestemd op de hoeveelheid land dat je bezit. In zijn eigen geval negentig koeien op ongeveer 85 hectare met daarbuiten, op de kwelders (veertig hectare) het jongvee, nog niet 'melkrijp'. Tja, en als je dan de collega ziet aan wie hij pas hele ladingen (biologisch) gras heeft verkocht... daar staan 120 dieren op tachtig hectare... Tekorten proberen ze aan te vullen met heel veel (biologisch) krachtvoer. 'Dat klopt eenvoudigweg niet.'

Het gaat om evenwicht, een gezonde balans, de inhoud van het voedsel en of je het nu hebt over biodiversiteit of over voedselproductie maakt niet zoveel uit. De natuur slaat vanzelf terug, als je die op wat voor manier dan ook verstoort. Kijk bijvoorbeeld naar de weidevogels van een bevriende collega die (vanwege de kwaliteit van het land) in kwantiteit voldoende sterk zijn vertegenwoordigd om het gezamenlijk op te nemen tegen een jagende buizerd. Maar in een decor van overwegend 'gangbaar land' en hier en daar een enkele oase zijn die vogels kansloos. Te veel raaigras, te veel 'groen asfalt', te weinig ontsnappingsmogelijkheden.

Met lede ogen heeft hij gezien hoe een buurman het slootje indamde dat met de hoge begroeiing beschutting kon bieden aan hazen of fazanten. Zo kreeg hij weer wat extra meters om een paar kilo extra aardappelen te poten, maar de natuur weer wat minder biodiversiteit. Zelf ziet hij uitgebalanceerde natuur als een cirkel die steeds kleiner wordt, 'ook omdat de klimaatverandering eraan vreet' en voor je het weet is die cirkel te klein voor welk leven dan ook 'en boem is alles weg'.

Ben van Tilburg oogt wat stram als we zijn teruggekeerd van het tochtje naar de zeedijk. Last van zijn rug, te veel krachten verspeeld bij het houthakken en misschien ook wel op de racefiets afgelopen weekeinde. Maar mooi dat zijn tien jaar jongere buurman, vriend IJsbrand, op een zeker moment niet meer kon aanklampen tijdens de rit naar de stad Groningen en terug, 75 kilometer. Fanatisme heeft niets met leeftijd te maken. Bij discussies, altijd aan de keukentafel, komt dat ook goed van pas. Hij heeft altijd het hart op de tong.

De buurjongen kan wel zeggen dat je 'een heleboel mannetjes nodig hebt' om geheel chemie-vrij akkers met enige kans van slagen te bebouwen, maar waarom lukt het hemzelf en in de naaste omgeving families als de Bakkers en de Westers dan wel? En scoorden de consumptieaardappelen van het soort *Belinda*, geteeld op een van zijn biodynamische percelen (geen spuit aan te pas gekomen), niet beter dan IJsbrands piepers met dezelfde naam, die wél met steun van 'drupjes' bekende bestrijdingsmiddelen waren geteeld?

Ik heb het een paar dagen eerder met IJsbrand de Weerd

gehad over de stelling van de biologische bloemkolenexpert Bakker dat je met de pakweg 50.000 euro aan chemie, gemiddeld de kosten van de naburige aardappelboeren, net zo goed arbeid kunt inhuren om gewassen te telen zoals hij doet en zoals Marten Aedsges het in de achttiende eeuw deed.

'Je krijgt van mij vijftig mille om de hele boerderij, alles erop en eraan, "schoon" te houden. Dat lukt je niet. Ik verzeker je dat je een heel leger nodig hebt om te slagen.' Trouwens, door nieuwe technieken gaat tegenwoordig geen drupje meer verloren, bijvoorbeeld om zwarte stippen op de aardappels te voorkomen. Drie liter, verdund met 300 liter water, en hupsakee: voor 150 euro per hectare ben je klaar. Intussen moet je natuurlijk wel blijven zoeken naar niet-chemische alternatieven, want 'gangbaar' is gedoemd te verdwijnen. Maar van het een op het andere moment vertrouwen op resistente rassen is 'de kat op het spek binden', want die rassen zijn er wel, maar voorlopig zijn ze nog minder smakelijk, en de keuze van de consument loopt via de smaakpapillen.

Het schoffelapparaat, door Duisterwinkel, Van Tilburg en hem gezamenlijk aangeschaft, is een stap in de goede richting. Wat Brussel wil op weg naar 2030 kan worden beschouwd als biologische landbouw, maar tussentijds zullen volgens IJsbrand de Weerd stappen met zevenmijlslaarzen moeten worden gemaakt om de ook de andere boeren 'om' te krijgen. Eerst ervoor zorgen dat je over voldoende alternatieve 'groene middelen' beschikt om vele ziektes die in de akkerbouw op de loer liggen te bestrijden.

Een mooi voorbeeld is een extract van karwijzaad dat aardappelziektes in de kiem kan smoren en bij toeval werd ontdekt. 'Stinkt enorm en daarom niet toe te passen bij consumptieaardappelen, maar wel bij de pootaardappelen.

Kostte aanvankelijk niets, maar is nu als officieel middel van Bayer peperduur.'

Maar dan zegt zijn biodynamische vriend Ben van Tilburg een paar dagen later dat 'we' heel erg moeten oppassen voor die misschien wel groene maar toch 'giftige' middelen, die nu al gebruikt worden in zijn eigen sector. 'En voor je het weet is jouw met veel pijn en moeite opgebouwde imago naar de Filistijnen.'

II

Nee, zo gemakkelijk als het lijkt, is een groene transitie zeker niet, hoe ambitieus de bedoelingen ook zijn. Ben van Tilburgs vader Max heeft me eerder een boek meegegeven van Meino Smit, diens proefschrift uit 2018, *De duurzaamheid van de Nederlandse landbouw*. Het is nog altijd hoogst actueel. Zij het met de aantekening dat wat de doctor wil hemzelf heel moeilijk toepasbaar lijkt in de praktijk, hoe innovatief het plan ook is: meer handarbeid, veel meer handarbeid (en dus arbeidsplaatsen in de agrarische sector) door onder meer de belasting te verleggen naar grondstoffen ten gunste van arbeid. En tegelijkertijd afscheid nemen van wat Smit de vele 'bullshit-functies' noemt, meestal met Engelse benamingen waar het woord 'manager' in voorkomt en diep ongelukkige werknemers. Een (gangbare) buurman die het proefschrift las had zich rot geërgerd.

Ik ben bij boer Meino Smit op bezoek geweest, op de grens van Groningen en Drenthe, en werd bij die gelegenheid een paar keer terechtgewezen door te durven spreken van 'teruggaan' in de tijd. 'Je moet niet zeggen: teruggaan naar de jaren dertig of eerder,' zei hij ietwat geïrriteerd. 'Dat geluid hoor ik vaker: jij wilt terug naar de tijd van Ot en Sien. Nee, ik wil vooruit en we kúnnen vooruit naar een optimaal ecologische landbouw mét een hogere hectare-opbrengst.'

Voorwaarde is dan wel dat de veestapel niet met vijftig, maar met tachtig procent krimpt. Het land dat nu wordt gebruikt om het krachtvoer voor de dieren te verbouwen, kan grotendeels worden benut voor menselijke consumptie. 'Landbouwgrond moet dan wel een beschermde status krijgen.'

Er is bizar veel grond nodig om dat stukje vlees te vervaardigen dat de fijnproever op zijn of haar bordje vindt. Om alle dieren in alle stallen, plus de eigen bevolking, van voldoende voedsel te kunnen voorzien, heeft de agrarische sector wereldwijd beslag gelegd op ruim vijf (!) miljoen hectare land, waarvan in eigen land 1,8 miljoen hectare.

Smit bebouwt zelf zesenveertig hectare, op biologische wijze vanzelfsprekend. Hij promoveerde op rijpere leeftijd aan de universiteit van Wageningen (WUR) en dwong daarmee ontzag af. Zijn proefschrift leest als een actuarieel avontuur, zonder de taal ('wartaal,' noemt hij het) van de jaren zestig, toen alles groot, groter, grootst moest zijn en de boer, bijna zonder het zelf in de gaten te hebben, ondernemer werd. Efficiency, kunstmest, DDT of ander gif, daar draaide het allemaal om.

Waar zijn grootvaders het als boeren nog goed (in dienst van de natuur) deden, ging het mis in de jaren van zijn ouders. Binnen één generatie is de landbouw geworden tot wat het is, of liever: verworden tot wat het is. 'Hoe slechter je het doet in milieu-technisch opzicht, hoe meer je kunt verdienen. Als het echt niet meer slechter kan, bijvoorbeeld door de emissie-uitstoot van je stal, zegt de overheid: we kopen je uit. En wie zal dat betalen?' Vanwege steeds duurder wordende mankracht is de agrarische sector arbeid gaan afstoten. De melkrobots kwamen, de tractoren werden groter, de gewasbeschermingsmiddelen (zelf spreekt Smit consequent van 'bestrijdingsmiddelen') geraffineerder en tot slot is het land ook nog onbetaalbaar geworden.

In zijn proefschrift rekent Smit voor dat de toegevoegde waarde van de sector (het verschil tussen de waarde van de verkochte producten en die van de ingekochte grondstoffen en diensten) in 2015 op omstreeks zeven miljard euro mag worden geraamd. Vijf jaar later staat de plus op tien miljard, met de kanttekening van de doctor dat de maatschappelijke kosten al in 2015 werden beraamd op een bedrag tussen de 5 en 20 miljard veroorzaakt door vervuiling van bodem, water en lucht. Denk ook aan het kapotrijden van de wegen en aan de miljarden van de 'oprotpremies', maar bovenal aan de schadelijke broeikasgassen (kooldioxide, methaan, lachgas), waarbij onze zuivel wereldrecords breekt. Voor de productie van een liter melk, zo heeft het Louis Bolk Instituut uitgerekend, bedragen de maatschappelijke kosten tussen de 20 en 58 eurocent. Ja, per liter. Het Planbureau voor de Leefomgeving raamt de totale maatschappelijke schade voorzichtig op zesenhalf miljard euro.

Als je ziet wat een litertje melk ons milieu en de natuur kost, is het krankjorum dat niet ogenblikkelijk aan de noodrem wordt getrokken. Dat onze landbouw zo efficiënt zou zijn, is een p.r.-verhaal, in stand gehouden door de vele partijen uit de sector met eigenbelang, zegt de doctor. Denk aan banken, Friesland Campina, Bayer, stallenbouwers, vleesindustrie, alle toeleveranciers. De boeren 'boeren' eigenlijk vooral om die opportunisten een dik belegde boterham te garanderen.

Meino Smit heeft op de meeste van mijn vragen een pasklaar antwoord – 'alles staat in mijn proefschrift, hoor' – maar valt even stil als ik wil weten waarom hij zo zeker weet dat hijzelf als boer geboren is, zoals hij eerder vertelde. 'Tja, dat weet ik eigenlijk niet zo goed. Een gevoel.' De kleine weifeling wordt al snel gevolgd door een spervuur van argumenten om je leven te geven aan het land. Altijd bezig zijn met 'iets primairs en nuttigs' zoals voedselvoorziening.

Maar dan wel voedsel met inhoud. Voor hem staat het vast dat onze traditionele Schijf van Vijf inmiddels onvoldoende voedingsstoffen bevat en dus grotendeels een lege schijf is. 'Daarvoor waarschuwden wetenschappers al honderd jaar geleden.' Het is heel vreemd, zegt hij, dat veel mensen zonder erbij na te denken geld stoppen in hun auto en bezuinigen op wat er in hun lichaam komt. Het is dus de hoogste tijd dat er in Nederland veel meer boeren komen met 'een zinvolle baan', die er de tijd voor nemen om het land zo natuurlijk mogelijk, zonder kunst- of hulpmiddelen, te bewerken. 'Op een kantoor,' verklaart hij ter aanmoediging van deze transitie, 'zit de een achter een computerscherm en veegt een ander de vloer. Als boer doe je het allemaal. Even de schuur vegen? Geen probleem, ik doe het vaak. Maar als ik had moeten solliciteren naar een baan van schuurveger, had ik daarvoor bedankt.'

Zijn proefschrift is een pleidooi voor zinvolle arbeid en een duurzame agrarische sector, 'natuurlijk' zonder varkensbedrijven, want dat zijn fabrieken geworden. Zuinig zijn op 'eindige', fossiele grondstoffen zoals fosfaat, onmisbaar in de landbouw, maar ook de aardolie om bijvoorbeeld kunstmest te fabriceren en tractoren te laten rijden ('in miljoenen jaren gevormd en er nu even in honderd jaar doorheen willen jassen') en je akkers niet volstouwen met alleen maar bieten, mais en aardappelen. Neem een voorbeeld aan zijn grootvader, 'die wel acht of negen gewassen verbouwde' en van wiens boerderij 'veel gezinnen' in hun levensonderhoud konden voorzien. Bij deze feiten kan ik niet anders dan denken aan het Friese boertje Marten Aedsges Teenstra uit het eerste hoofdstuk dat bijna 250 jaar geleden de boel op z'n kop zette door naar het Groningse land te verhuizen. 'Toen' moet weer toekomstmuziek worden.

III

Laat deze laatste conclusie van dr. Smit precies de reden zijn voor een jonge boer als IJsbrand de Weerd om de nodige omzichtigheid in acht te nemen bij een veranderingsproces dat volgens hem onvermijdelijk is. Het is zondagavond in het hoogseizoen op de boerderij zonder naam aan de Ommelanderweg in Hornhuizen. De enorme wieken van naburige elektriciteitsmolens werpen in slow motion spookachtige schaduwen op de omgeving, waar het groen van de akkers langzaam maar zeker de kleuren bruin, geel en zwart verdringt. De zondag is heilig voor een man als hij, gereformeerd opgevoed zonder het geloof voortdurend te belijden. Op de keukentafel ligt het boek *Een nieuw sociaal contract* van CDA'er Pieter Omtzigt opengeslagen, actueel bewijs van politieke onmacht.

De dag begon met het voederen van de dieren: eerst een kan vol met water aangelengde melk voor de ster van de stal, een bontgekleurd kalfje, door zijn zus de dierenarts gered van een vroegtijdige dood. In een afgebakend deel ligt een schaap ter grootte van een compact stadsautootje zwaar hijgend te wachten op de bevalling van een meerling. De twee huisgeiten verblijven ook al weer binnen, in hun provisorische hok. Ze vinden het buiten te koud en krijsen net zo lang tot de baas de hand over zijn hart strijkt en ze binnen laat. Met nog wat ander 'jong spul', pasgeboren lammeren, waant een voormalige stadsbewoner zoals ik zich hier toch even in hemelse sferen. Zondag in Hornhuizen: de was 'gedaan', eten gekookt en bijna vanzelfsprekend op de pedalen gestaan, samen met de buurman.

Het boerenbestaan zinvol? Daar moet hij even over nadenken. Hij verheugt zich enorm op wat 'landwerk' wordt genoemd. Een paar dagen geleden heeft hij samen met Geert Jan Duisterwinkel een 'vals zaaibed' aangelegd op het perceel dat bestemd is voor de biologische uien, om het ergste onkruid gemakkelijker te kunnen verwijderen. Gedrieën hebben ze de aanschaf bekostigd van een zogeheten 'wiedbed', waar vanuit later dit seizoen ingehuurde medewerkers liggend op hun buik ongewenste planten en plantjes met wortel en al kunnen plukken, terwijl het 'bed' door een tractor getrokken de akker doorkruist. Het biologische uienzaad was trouwens 'loeiduur', 2500 (!) euro per hectare, dus ze hopen maar dat het experiment bij de oogst wordt beloond.

En dan weer een zuur stukje moeten lezen in een krant dat de meeste boeren 'helemaal niet' biologisch willen produceren. Je moet niet onderschatten, zegt De Weerd, dat veel collega's de vele kritische verhalen en reportages met de schijnwerpers op het platteland spuugzat zijn. 'Het zijn reportages die door veel van zijn collega's kernachtig "linkse journalistiek" worden genoemd.' De meeste collega-boeren zijn van mening dat ze de afgelopen decennia al meer dan voldoende stappen hebben gezet ten gunste van natuur en milieu. Stallen aangepast, minder kunstmest en bestrijdingsmiddelen gebruikt, gezorgd voor benodigde peperdure productierechten (fosfaatrechten)... en steeds weer wordt de regelgeving aangepast. Wanneer houdt dat een keer op? vragen ze zich allemaal af. 'En als jij dan als tegendraadse boer ook al voortdurend tegen muren van onbegrip loopt, dan... dan...' IJsbrand de Weerd plaatst symbolisch beide handen in het kortgeknipte haar om duidelijk te maken dat hijzelf ook weleens wanhopig wordt van alle haarkloverij. Kentekens voor de trekkers? Straks vast ook een APK, je kunt er vergif op innemen dat er 'een heel circus achteraan komt'. Steekproeven en nog eens steekproeven, om maar te bewijzen dat je niet meer dan is toegestaan 'spuit', maar als je buurman ook in aanmerking komt voor een steekproef en diens buurman ook, 'dan hebben we het echt niet meer over steekproeven'. Per ongeluk een verkeerd perceel opgegeven om een vergroeningssubsidie binnen te halen? De controleurs van de RVO (Rijksdienst voor Ondernemend Nederland) kunnen zelfs gebruikmaken van satellieten. 'Ze weten alles van je, *alles*!' Hij slaat met zijn vuist op de tafel. IJsbrand is boos. Vergroenen, hoe meer hoe beter. Nietploegen (NKG) belonen? 'Maar hoe moet je dat bewijzen? Een foto insturen van dat je *niet* aan het ploegen bent?'

'Kom IJsbrand,' probeer ik de moed erin te houden, 'het is maar tijdelijk en we zijn hier toch immers in het land van hoop en glorie?' Hij lacht schamper. Toen hij me bij een eerdere gelegenheid de omgeving liet zien, stonden we op de Onderhoudsweg van het waterschap bij een punt vlak bij het melkveebedrijf van Frans Keurentjes, tot voor kort ceo van Friesland Campina – waar de 'landing' is gepland van de kabel die het windmolenpark in de Waddenzee bij Schiermonnikoog moet gaan verbinden met de Eemshaven. Omwonenden en natuurbeschermers maken zich er grote zorgen over, vanwege de route die natuurgebied en landerijen doorklieft. De Weerd zegt er niets van te snappen.

Bij Lutjewad wordt de luchtkwaliteit gemeten, de schoonste lucht van Nederland, zegt hij. 'Het water van dat slootje daar is brak, door de nabijheid van de zee.' Vol geestdrift en met aandacht voor finesses wijst hij op de grote kleurverschillen tussen de ene en de andere kwelder. Hij noemde zichzelf een 'kweldermens', de jongen die het liefst alleen 'een rondje kwelder' deed om te zien of er niet ergens achter een greppel verborgen een schaap op zijn rug lag. Het gras was er altijd hoger in de zomer. In zijn jeugd lagen de eieren van de vogels voor het oprapen, en het is niet te begrijpen waarom dat nu niet meer zo is. Nee, je kunt niet de grote trekkers de schuld geven die veel te vroeg maaien, want in de kwelders komen geen trekkers. Zijn het de vossen of de steenmarters die de eieren opeten? IJsbrand de Weerd moet het antwoord schuldig blijven.

Als hij het voor het zeggen had, zou hij 'best wel' zijn kwelders ingepolderd willen zien: nog een dijk leggen en dan heb je 'Lauwersmeer 2.0', met nog meer peperdure landbouwgrond. 'Maar nee, het moet allemaal blijven zoals het is, een soort openluchtmuseum.' In de droom van de Drentse dr. Meino Smit, die wil dat er veel meer boeren komen, ziet hij niets. Vooruitgang door achteruit te denken, noemt hij dat. 'Die hunkering is maatschappijbreed. Iedereen wil terug naar Het Dorp van Wim Sonneveld. De meeste Nederlanders hebben een soort van Rien Poortvliet-plaatje voor ogen als ze denken aan het platteland.' Groen? Ja ja, iedereen wil dat de boeren dat maar zien te fixen, maar dat de boeren dan met de gebakken peren blijven zitten, daar hoor je niemand over. Hoeveel Nederlanders zullen zich serieus bekommeren om gezond voedsel? Tien procent is waarschijnlijk nog een optimistische inschatting. De Weerd gelooft niets van de hoge stikstofpercentages die het RIVM in de schoenen van de boeren schuift en die aanleiding zijn voor naburige veeboeren om hun bedrijf te stoppen. En waar moet hij straks zijn mest vandaan halen als er te weinig vee overblijft? Want van de kunstmest willen we natuurlijk ook af.

Op de dijk, die als je maar lang genoeg doorrijdt uitkomt bij de Eemshaven, vliegt een zilverreiger laag over. Dit is de plek waar sommige lepelaars in de nazomer hun verenkleed op orde brengen (en in alle rust kunnen foerageren) voordat ze de terugtocht naar het zuiden ondernemen. De Westpolder loopt over in de Julianapolder, verderop is de Negenboerenpolder, daarna volgt de Noordpolder, enzovoort. Onveranderlijk is de zee op de achtergrond, altijd de zee. De Weerd wijst op het mozaïek van kleuren, een gevolg van het weiden van vee. 'Tien jaar geleden was ik nog de enige boer die het deed.' 'Ik was een *Einzelgänger,*' voegt hij er tussen neus en lippen door aan toe. Hij alleen in die grote, naamloze boerderij. 'Kijk, daar bij die molens, daar woon ik. Zie je?' Land van hoop en glorie: je moet er alles voor over hebben om het te beschermen en intact te houden. En ja, natuurlijk leef je als boer een zinvol leven. Die vraag moest ook nog worden beantwoord.

IV

'Om de gevolgen van het gebruik van kunstmest en gewasbeschermingsmiddelen in het gebied te beperken en de bodemkwaliteit te verbeteren, dient de productie van pootaardappelen te verschuiven naar eiwitrijke gewassen zoals soja, bonen, erwten, lupine et cetera. Deze gewassen zorgen voor een toename van biodiversiteit omdat ze minder chemie nodig hebben en omdat het waardplanten voor insecten zijn. Daarnaast wordt koolzaad in de rotatie opgenomen ten gunste van biodiversiteit. Gedreven door deze eiwittransitie [in plaats van de overzeese soja, KK] worden de producten regionaal verwerkt tot vleesvervangers en andere eiwitrijke producten, bijvoorbeeld in de VION-fabriek in Leeuwarden.'

Dit fragment komt uit een publicatie van het College van Rijksadviseurs, in juli 2020 gepubliceerd onder auspiciën van het ministerie van Landbouw, getiteld *Vegan Valley*. En waar we de 'valley' dan moeten zoeken? Nergens anders dan in de Waddenstreek rond de dorpen Ulrum, Leens en Kloosterburen, voorheen De Marne geheten (nu Het Hogeland). *Op weg naar een New Deal tussen boer en maatschappij* luidt de ondertitel van het pleidooi voor 'landschapsinclusieve' landbouw van het College van Rijksadviseurs met precies dit stukje Groningen op de grens van Friesland in de hoofdrol. Door de schitterende opmaak, veelkleurig en fotogeniek, kun je bijna niet wachten op 2050, wanneer de ingrijpende en felgroene transitie moet zijn voltooid. Het is prachtige toekomstmuziek. Een walhalla voor veganisten en vegetariërs, wie wil dat nou niet? Jammer dat 'mijn' drie protagonisten nog nooit van deze publicatie hebben gehoord.

Een van de rijksadviseurs is landschapsarchitect Berno Strootman, een poëet die zingt als hij schrijft over landschap 'waar alles samenkomt. Daar zie je de mooie Hollandse luchten, ruik je de geur van vlierbloesem, fluitenkruid en vers gemaaid gras. Een boer is aan het werk en je toekomstige maaltijd groeit. Aan de slootkant zie je de koekoeksbloem, je hoort de kikkers kwaken en in de zomer zie je de veldleeuwerik stijgen en hoor je hem tierelieren. Je kunt er fietsen, wandelen, stilstaan of in het gras liggen. Je kunt de storm voelen, en de striemende regen – je één voelen met de elementen.'

Het doet enigszins denken aan het Rien Poortvliet-plaatje van IJsbrand de Weerd, realist en idealist in één persoon vertegenwoordigd. Het leven kan hem niet groen genoeg zijn, maar hij zal toch ook een boterham moeten kunnen blijven beleggen, en laat De Aardappel nu juist zijn corebusiness zijn. Hoe zuinig ook in gebruik: groen kun je de chemie die hem daarbij tot steun is, onmogelijk noemen. En wat een alternatief gewas als bijvoorbeeld soja betreft: helaas, die wil niet erg groeien op de Groningse klei. Vriend Ben heeft het geprobeerd, met mager resultaat, en als er één is die het zou moeten kunnen, is hij het. Theorie en praktijk van de Rijksadviseurs liggen dus ver uit elkaar. De ene na de andere proefballon wordt intussen opgelaten (laatst weer een proefballonnetje om 'intensief' en 'biologisch' strikt te gaan scheiden in Nederland, met verplichte verhuizingen als gevolg. Of nog rigoureuzer: onteigening, ja waarom niet?). Het lijkt wel of heel Nederland zich inmiddels bemoeit met de boeren. Maar precies vanwege al deze goedbedoelde plannen en plannetjes trekken de drie pioniers van de Westpolder hun eigen plan.

En wie weet leidt het project van de vrienden dat als een pilot mag worden beschouwd, op den duur tot de verwerkelijking van het beeld dat de meeste stedelingen voor ogen hebben bij het platteland. Wie zal het zeggen. Geert Jan de uien, IJsbrand de gras-klaver en Ben de aardappelen, 'poot' zowel als consumptie. Zo ongewis het resultaat op dit moment is, zo zeker is dat zij zich niet door de eerste de beste tegenslag uit het veld zullen laten slaan. Duisterwinkel, cijferkoning en de man van de logistiek, heeft via een uitzendbureau geregeld dat straks de biologische akkers onkruidvrij worden gemaakt: grofweg tweehonderd uur handarbeid per hectare tegen ongeveer veertig uur in de gangbare akkerbouw. Rekenmeester Duisterwinkel vreest dat Nederland voor dat handwerk afhankelijk zal zijn van buitenlandse arbeidskrachten uit Portugal en Oost-Europa. Hij verwacht daarentegen ook veel van robots, kleine en lichte machientjes die dag en nacht kunnen werken.

Machientjes? Nog minder handen op het boerenland, nog verder weg van het boerenparadijs van Marten Aedsges Teenstra, de polderpionier uit de achttiende eeuw? Nog minder boeren, nog meer bullshit-functies, hoor je doctor Smit bijna hardop zeggen. Moet iedereen dan maar *influen-*

cer worden of een app ontwikkelen in dienst van nog meer gemak van de mens? Met die vraag arriveer ik in mei op de boerderij van Ben van Tilburg, waar de dag in het teken staat van 'preparaten'. Over bullshit gesproken: de afgezaagde hoorns van runderen zijn afgelopen herfst gevuld met de ontlasting van koeien en met de punt omhoog in de grond gestopt. Terwijl de biodynamische boeren uit de omgeving daar in een grote kring omheen staan en eerst onder leiding van een antroposoof ontspanningsoefeningen doen, worden ze nu met scheppen weer uitgegraven.

Wat doet het met de mens als die met gesloten ogen op commando afwisselend de mondhoeken omhoog en omlaag trekt? Een van de aanwezige agrariërs geeft na afloop aan dat het was alsof hij zich afwisselend opgetild en omlaag getrokken voelde, precies dat effect wat de antroposofische voorgangster wilde horen. Dat er veel onverklaarbaar is op het stukje heelal waarover de mens de regie mag voeren, maakt dat ik met open ogen toekijk hoe de hoorns worden opgegraven en de inhoud ervan met grote omzichtigheid en behulp van houten spatels op een blauw zeil wordt losgeklopt.

De smurrie zal later over potjes worden verdeeld, en met water worden er extracten van gemaakt. Ook hiervoor gelden voorgeschreven rituelen, bijvoorbeeld het tijdig links- of rechtsom roeren. Op enige afstand bekommeren andere deelnemers aan de preparatendag zich om de klompen aarde, even zorgvuldig opgegraven, waarin kruiden als valeriaan en mimosa worden vermengd met restanten van dierlijk darmkanaal.

Ik kijk er met gemengde gevoelens naar. Ik moet denken aan de grondlegger van de biodynamische landbouw en de antroposofie, Rudolf Steiner, die een rolmodel werd voor foute lieden en de hakenkruizencultuur. Agrariër rijmt op ariër, dat verhaal. Alsof de Oostenrijker daar postuum (hij stierf in 1925) om gevraagd zou hebben.

Je kunt ook met een iets empathischer blik kijken naar de mannen en de vrouwen die de bodem, waarvan de voedselvoorziening afhankelijk is, met zo veel liefde benaderen en behandelen. De kruimels uit de hoorns bij elkaar vegen, alsof het werkelijk parels betreft. Een ritueel ter ere van moeder aarde. Goed voor de bodem zorgen, zodat die ook goed voor jou zorgt. Al doe je het alleen maar om de aarde goed achter te laten voor toekomstige generaties.

13. Verbeter de wereld, begin bij...

I

Zo rijd je in de zomer nog op een opgevoerd brommertje naar de zeedijk met uitzicht op Schiermonnikoog, en voor je het echt goed beseft ben je Duits ingezetene, die in een ansichtkaart woont met uitzicht op wouden waarin je gemakkelijk verdwaalt. Er is wel het een en ander gebeurd in de tussenliggende jaren, tumultueuze jaren, en heel soms besluipt je de twijfel of het misschien toch niet beter was geweest de kop-hals-rompboerderij in de Westpolder *niet* te verkopen en te blijven op de plek waar je zo'n mooie tijd hebt gehad, waarschijnlijk de mooiste tijd van je leven.

Een typische 'wat-als'-situatie, niet het meest favoriete onderwerp om te bespreken voor een man zoals Dolf van Wesemael. Hij heeft nog, samen met zijn ouders, de toenmalige eigenaren, aan de keukentafel gezeten met vertegenwoordigers van de bank, die mooie rekensommen maakten. Grote twijfel, maar uiteindelijk toch gekozen voor het uitzicht op de buitenwereld, vaak groot en boos, maar altijd vol spanning. Blij dat hij die stap heeft gezet.

Dolf van Wesemael is een man met kobaltblauwe ogen die dwars door je heen kunnen kijken, met een manier van spreken die concentratie afdwingt. Hier in het overweldigende landschap van de Eifel is alles en iedereen klein, maar zijn tweejarige Max, die zijn eerste Nederlandse woordjes op luide toon uitspreekt, is vandaag het kleinst. Het paradijselijke van het decor met de glooiende akkers, eigendom van de Groningse emigrant, is enigszins bedrieglijk.

We staan nu in de tuin, en nu valt me op dat het huis bestaat uit tijdelijke wooncontainers. Dat echte huis komt nog wel, ooit. Eerst moet zijn boerentoekomst veilig worden gesteld, en dat betekent dat zijn land voorlopig op de eerste plaats komt. Hij is doende met 'allerlei' experimenten, ook experimenten om 'best wel' zenuwachtig van te worden, want helemaal voorop moet staan dat deze Dolf van Wesemael heel anders wil 'boeren' dan zoals hij geleerd heeft op de middelbare landbouwschool, de MAS, in Groningen.

Hij heeft het bijna altijd over 'wij'. Daarmee bedoelt hij niet alleen zijn vrouw Madeleine, maar vooral ook 'wij boeren'. Tijdens de hittegolf van 2020 was het dagen achtereen 42 graden en in recordtijd werd het meeste groen geel. De bomen begonnen al in augustus hun bladeren te verliezen. Hardhandig werden we met de neus op de feiten gedrukt: de klimaatverandering. 'Wij' moeten daar onze werkwijze op instellen, zegt hij, en liever gisteren dan vandaag.

Van zijn vrienden in de Westpolder had ik wel gehoord dat de spijtoptant op een heel bijzondere manier zijn oude liefde had opgepakt, maar wat dat inhield kon ik niet bevroeden. De belangrijkste reden om hem te spreken was een andere, namelijk het consumentengedrag ten opzichte van waardevol voedsel dat natuurlijk waardevol zou moeten zijn. Demeter, het biodynamische keurmerk, is een begrip in Duitsland en volgens de meest recente cijfers worden daar drie keer zoveel biologische producten verkocht als bijvoorbeeld in Nederland, hekkensluiter in Europa. Eerder sprak ik agrarische ondernemers die vol vuur ervaringen deelden over fantastische exportresultaten. Ja, Duitsers wilden wél betalen voor dierenwelzijn en kwaliteit.

Helaas, zo verneem ik vandaag in die schitterende ansichtkaart, vormt gezond voedsel ook in Duitsland voor veruit de meeste inwoners een sluitpost. Dokter Madeleine van Wesemael kan daar van alles over vertellen. Obesitas is ook hier een groot probleem. Het mag geen wonder heten dat haar studie, in Utrecht voltooid, 'medicijnen' heet en geen 'gezondheid', gericht op symptoombestrijding in plaats van preventie. Het is een conclusie die al eerder in dit boek voorzichtig werd getrokken.

We zijn het van harte met elkaar eens dat daar ooit, in een verre toekomst, met verbazing op zal worden teruggekeken. We schatten die periode op 'dertig tot veertig jaar' en dan, zo zegt zij, 'zullen we over de slechte gewoonte van het vele ongezonde voedsel spreken, zoals er nu wordt teruggekeken op de rampzalige gevolgen van het roken'.

Voor beide echtelieden staat het vast dat goed voedsel en gezond eten veel, zo niet alles te maken heeft met gezondheid van de bodem. En zo beland ik plotseling in het doolhof van wetenschappelijke voors en tegens over uitgeput land en 'leeg' voedsel, mijn oorspronkelijke uitgangspunt om dit boek te schrijven. Maar weer zal het echte, harde, waterdichte wetenschappelijk bewijs voor die bewering ontbreken. Die conclusie stuit op meer weerstand bij hem dan bij haar.

Over de noodzaak van dat onderzoek bestaat in de tuin naast de wooncontainers geen enkele twijfel, noch over het feit dat de meeste partijen in de agrarische sector daar niet op zitten te wachten. Dolf van Wesemael weet wel een oplossing, en hij is behoorlijk optimistisch over de kans van het slagen daarvan: regeneratieve landbouw, gericht op bodemverbetering in plaats van behoud, waarbij onder andere koolstof wordt opgeslagen in de bodem, die daardoor wel acht keer zoveel water op kan nemen en vasthouden als normaal. Het klinkt bijna te mooi om waar te zijn in tijden van grote klimaatverandering. Dolf van Wesemael is op missie voor dit regeneratieve model, zoals hieronder zal blijken.

II

Hij was nog een snotneus, een jaar of zeventien, en op school ging het vooral om de mooiste meisjes van de klas, ja en natuurlijk ook om trekkers. Hoe groter, hoe beter. Wat hem precies stoorde aan de lessen op de middelbare agrarische school, de MAS, kon hij destijds niet benoemen. Een jaar of vijftien later weet hij het precies: 'Het ging op school alleen maar over symptoombestrijding.'

'Een opleiding van likmevestje,' zegt hij gedecideerd. 'Wat je leerde kon je evengoed vragen aan de verkopers van agrarische hulpmiddelen.' Na twee jaar staakte hij deze studie en stapte over naar de hbo-opleiding landbouwtechniek. En zo belandde de jongen uit de Westpolder tijdens een stage in Tanzania, aan de voet van de Kilimanjaro, een van de hoogste bergen in Afrika.

Er waren in die tijd gesprekken met de snelle bankjongens aan vooraf gegaan om te zien en vooral om te berekenen of er mogelijkheden waren om de monumentale boerderij Westerhalm over te nemen. Zijn ouders hadden er een gemengd bedrijf met onder meer stieren bestemd voor de fokkerij, en daarnaast hadden ze inkomsten van een nieuwe windmolen. Maar het stadsleven – hij woonde op kamers in Utrecht – had een grotere aantrekkingskracht op hem, samen met een vervolgopleiding: *product design engineering*. Het 'priegelen' van fijn handwerk ligt hem wel. Een genetisch cadeautje van zijn moeder, vermoedt hij.

Na afronding van die studie volgden als vanzelf veel vliegreizen voor het bedrijf Mammoet, gespecialiseerd in kolossaal transport zoals kant-en-klaar bruggen. De hele wereld vloog hij over. 'Je komt overal, en je ziet niets.' Nee, dan was het avontuur van loonwerker in de Verenigde Staten veel enerverender. Met de oogstmachine, 'een joekel van een ding', reisde hij als bestuurder met de seizoenen mee het hele land door, van het zuiden naar het hoogste noorden. Hij was gaar, na hele dagen 'op dat ding zitten', maar het was toch vooral 'een heel mooie' ervaring. Na tweeënhalf jaar zegde hij zijn baan als professioneel globetrotter en deskundige in het vervoer van zwaar materiaal van de ene op de andere dag op. De boerenzoon uit de Westpolder laat alles achter zich en gaat met de motor, gekocht van spaargeld, op wereldreis. 'Iedereen verklaarde me voor gek.' De Balkan, Turkije, Iran, de Emiraten, en dan toch even per vliegtuig (met daarin ook de motor), de gevaren van de Arabische Lente omzeilend, naar Afrika.

En daar ontmoette hij Madeleine, de dochter van een man voor wie Nederland, om precies te zijn de Noordoostpolder, ook te klein was. Deze vader bezat boerenbloed en verbouwde aan de voet van Mount Kenya groente, bestemd voor de export. Madeleine neemt het verhaal over. Daar in Tanzania liep ze die aardige jongen tegen het lijf, Dolf. Hij zag er wel wat stoffig uit na zijn motortocht. En kijk nu eens: een boer en een dokter op één erf, dat zie je niet zo vaak. 'Maar we hebben ontzettend veel raakvlakken,' zegt de gynaecoloog, en dan doelt ze vooral op volksgezondheid en de belangrijke rol van gezond voedsel. Echt gezond voedsel.

Op een grijze herfstdag van het jaar 2015 waren ze hier in de Eifel voor het eerst komen kijken, na een tip van een makelaar. Behalve een grote schuur was er niets. Die schuur was bedoeld om er dieren te houden, maar toen ging plotseling de eigenaar dood, en zijn zoon had geen idee wat hij moest met het land (achtenhalve hectare in eigendom) en de schuur. Zij hadden met open mond van verbazing het landschap in zich opgenomen. Omringd door sprookjesbossen en op de glooiende akkers een schitterend kleurenpalet.

Aan Dolf van Wesemael zijn dergelijke poëtische beschrijvingen niet besteed. Hij is een man van weinig woorden en des te meer daden. Ze hadden geld bijeen gesprokkeld, met dank aan ouders en de bank. Er was genoeg te doen om het intensief bewerkte land op te kalefateren. Maar niets onvoorspelbaarder dan de natuur, en zeker niet in tijden van klimaatverandering. Door de combinatie van droogte en hitte samen met het achterstallig onderhoud van de akkers gingen vier oogsten min of meer verloren. Wat kon je als beginnende boer doen, behalve bidden om regen? 'Rustig blijven ademhalen.' Zo rustig mogelijk in ieder geval.

Dolf hoopt dat zijn hartenkreet wordt gehoord door de collega's 'bij wie de haren onmiddellijk rechtovereind gaan staan' als ze het woord 'milieu' horen. 'Ik vraag me steeds af: hoe kan dat nou? Er bestaat geen beroep in de wereld dat zó afhankelijk is van de natuur. Hoe kun je als boer dan zeggen dat je *niet* met de natuur wilt samenwerken?'

Deze onwil heeft, denkt hij, veel te maken met het onderwijs: het lager en middelbaar onderwijs, maar toch ook de universiteit van Wageningen, is vooral gericht op symptoombestrijding. Je leert daar dus boeren met kunstmest en chemie als voornaamste middelen in de EHBO-kist. En ook het lesmateriaal zelf is een steen des aanstoots, omdat het te vaak gebaseerd is op onderzoek dat gefinancierd is door bedrijven die weinig baat hebben bij verandering. 'Hoe wil je in hemelsnaam iets veranderen als de regie blijft bij de partijen die het allerminst gebaat zijn bij een transitie? Is het niet krankjorum dat bijna niemand doorheeft hoe de lobby van de sector werkt?'

Zijn stem stijgt even een halve octaaf bij het vaststellen van zo veel onbenul. We vragen ons samen, tijdens een inspectie van de dichtstbijzijnde akkers, af welke belangen de goedgebekte Caroline van der Plas namens de Boer Burger Beweging in de Tweede Kamer behartigt. Zal zij begrijpen dat er een transitie nodig is? Of staat een van de B's in de praktijk misschien eerder voor Bayer? Het is heerlijk filosoferen ver van huis, je kunt hardop denken wat je wil zonder dat anderen het horen.

Misschien is het een goed moment om vast te stellen dat de gehate bureaucratie, nagel aan de doodskist van menig agrariër, ook in Duitsland over lange armen beschikt. Hij durft zelfs te stellen dat zijn Nederlandse collega's vergeleken met hem niets te klagen hebben. Waarvan akte.

Even later staan we op een rommelig stukje land, met links de stal die aan zijn buurman toebehoort, een gangbare melkveehouder. De robot doet er het meeste werk. Ook in de Eifel mogen de meeste koeien niet meer naar buiten. Heel veel land staat ter beschikking van maisteelt, voornamelijk bestemd voor verwerking tot lucratief biogas. 'Zo dood als een pier,' zegt mijn gids mismoedig over de Duitse maisvelden. Zijn buurman wekt ook stroom op met de mest van zijn runderen, waarvan je als je goed luistert de malende kaken tegen het metaal van de voerhekken hoort komen. Je ziet ze niet, maar je ruikt ze wel.

Wat zijn dat trouwens voor slordige hopen op het erf, en wat doet die thermometer eigenlijk die er zo pontificaal uit steekt? Dit is het beroemde 'bruine goud', compost of een afgeleide ervan, want even eerder heeft Van Wesemael in de stal of schuur een stukje krant in een kist opgetild waaronder het wemelde van het leven. 'Ongedierte,' zal de eerste de beste stedeling met een vies gezicht zeggen. Maar nee, dit is het begin van alle leven, namelijk de krachtbron van ons voedsel, waardoor wij – als er maar voldoende doch met mate van wordt gegeten – kunnen blijven bewegen en leven.

Echt goud is het, een katalysator voor groei, zoals in de slordige hopen op het erf. Ze bevatten paarden- en kippenmest, een mengsel van gras, huis- en tuinafval, afgekeurde aardappelen en zelfs oude kranten. Met een door hem zelf ontworpen apparaat, een soort van flink uit de kluiten gewassen krultang, wordt de massa omgewoeld. 'Nog één keer en dan moet die rijpen.' En moet je nu eens kijken waartoe dat kan leiden. We lopen snel naar een ander deel van het erf, waar een identieke hoop ligt. Hij maakt van zijn grote handen een kom en schept er voorzichtig wat grond mee op, ruikt eraan en vraagt vriendelijk de neus vooruit te steken. Hij kijkt me nieuwsgierig aan: 'En, wat ruik je?' Ik ruik bosgrond.

III

Ook in Altrich, een dorpje op de grens van Hunsrück en Eifel waar de familie is neergestreken, heeft de lente bijzonder lang op zich laten wachten. De dagen kunnen al niet meer lengen nu de temperatuur eindelijk normaal wordt. De akker met pompoen oogt nogal schraal en pas vandaag – een week of drie later dan normaal – laat het eerste plantje zich zien. Vanavond moeten nog 'ruggen' worden gefreesd voordat de eerste aardappelen kunnen worden gepoot, een kilometer of zes verwijderd van de boerderij. De akkers, in totaal bijna zestig hectare, liggen her en der verspreid. Dat is hier een van de grote nadelen bij de bedrijfsvoering, misschien wel het grootste nadeel.

Straks als de aardappelen zijn gepoot, komt de 'spuit' wekelijks langs. De spuit, hier? 'Ik heb voor de zekerheid een bord op de trekker geplaatst met wat er over het land wordt uitgereden. Je kunt maar beter lastige vragen van betweterige passanten voor zijn.' Zullen passanten het weten, wat ‘compostthee’ precies inhoudt? Het is een extract van de slordige hopen, waar we eerder naar keken en waaraan we mochten ruiken. Zuivere compost, en in de ogen van de maker de beste meststof die er bestaat. Het is moeilijk te bevatten, maar hij zei het herhaaldelijk met in zijn handen het bruine goud: ‘Een eetlepel bevat meer organismen dan er mensen op de wereld zijn.’

Voordat we zullen vernemen wat deze ‘regeneratieve landbouw’ verder nog precies inhoudt, geeft de gids met de helblauwe ogen en de grote handen een korte biologieles aan de hand van zijn microscoop. De thee, die je maar beter niet kunt drinken, dient met ‘een soort van netzak’, gedompeld in duizend liter water, te trekken. Voordat die kan worden ‘geschonken’ weet Van Wesemael dankzij een van de cursussen die hij volgde welke bacteriën en schimmels (zichtbaar onder de microscoop) het mengsel beter níét kan bevatten en hoe hij dat proces kan optimaliseren.

Vanwege ‘het warmteproces’ van de rijpende compost zijn sowieso de meeste ziektekiemen en onkruidzaden gedood, zonder dat er een grammetje chemie aan te pas is gekomen. Het idee achter ‘de beste meststof van de hele wereld’ is niet geheimzinnig, integendeel. Het gaat om het stimuleren, ‘op microbiologische wijze’, van de vochthuishouding van de bodem. Elke gram koolstof die door de grond wordt opgenomen, houdt acht gram water vast. Door verschillende gewassen en planten samen te laten werken, breng je het bodemleven op gang – cruciaal ook in tijden van droogte.

Zoals gezegd gaat regeneratieve landbouw veel verder dan bodembehoud en spreek je van een inhaalslag om goed te maken wat fout is gegaan. Dat is hard nodig in Nederland, zeg ik tegen Dolf van Wesemael. ‘Dat is hard nodig in de hele wereld,’ zegt hij.

Niet CO_2 is volgens hem het grootste gevaar bij de opwarming van de aarde – hij spreekt hiermee de 'regeneratieve experts' na – maar eerder de gebrekkige waterhuishouding. Het CO_2 -probleem gaan we volgens hem de komende miljoenen jaren niet oplossen. Maar de waterhuishouding is, zeker in Nederland, bij uitstek iets waar we wél controle over zouden kunnen krijgen. Door intensieve en 'slechte' grondbewerking heeft de grond wereldwijd echter veel 'water-vasthoudende kwaliteiten' ingeleverd. Wie de satellietbeelden van de laatste decennia bestudeert, ziet dat het op veel plekken droger is geworden, maar dat er tegelijkertijd wel meer meren zijn ontstaan. Dat is het water dat niet meer wordt opgenomen door het land: het spoelt weg naar de laagst gelegen gebieden. Met medeneming van grond, zegt Van Wesemael. Hij zag het dit jaar na overvloedige regenval ook op zijn eigen landerijen gebeuren, tot zijn schrik.

Het lukt hem daarom maar niet om begrip op te brengen voor de mensen die niet willen begrijpen 'hoe dun het zijden draadje is waar het hele economische systeem aan hangt'. Anders dan bijvoorbeeld zijn vader denkt hij dat de landbouwtransitie niet vandaag of morgen moet beginnen. Nee, gisteren! En waarom dan 'zijn' regeneratieve aanpak in Nederland nog niet eens de luier is ontgroeid, komt volgens hem doordat het de boeren hier te goed is gegaan, ondanks alle tegenovergestelde geluiden. 'De noodzaak wordt nog niet ingezien,' zegt hij. 'En dat komt mede door de nog relatief gunstige klimatologische omstandigheden.' Iedereen klaagde in Nederland steen en been over de bloedwarme zomer van 2020, maar toen hij voor een familie-uitje in Groningen was, zag hij daar nog heel veel groen, in plaats van het vele geel van de eigen Eifel. 'Dan denk je: jullie zijn nog niets gewend.' Nog niet.

In Nederland zie je alleen maar technische aanpassingen, zegt hij, zoals innovatieve stallen, drones, GPS-apparatuur voor de akkerbouw, nog grotere machines. 'Maar niets ingrijpends. Terwijl toch iedereen inmiddels zou kunnen begrijpen dat niets onbeperkt kan groeien. Je fantasie niet en zeker de economie niet. We moeten dus naar een circulair systeem toe, waarbij afval onacceptabel is en niet bestaat. Zolang we dat niet doen, werken we onszelf de vernieling in.'

Tussen neus en lippen door stelt hij een vraag aan zijn vrienden in de Westpolder, die voornamelijk afhankelijk zijn van de pootgoedsector: wat gaan zij doen met al die grote machines en schuren als er zaaizaad op de markt komt om de lekkere aardappels op een veel eenvoudiger wijze te telen? Hij heeft wel een idee. Een zakje met één kilo zaad erin is zo verstuurd naar de andere kant van de wereld, in plaats van het veel ingrijpender transport van pootgoed. Je kunt er hectares mee vullen, en klaar is Kees. 'Ja, de jongens lachen me uit, maar ik denk dat het er tussen nu en tien jaar van komt. Dan heb je niets meer aan pootgoed en gaat de Westpolder er heel anders uitzien.'

IV

Even sta ik met mijn mond vol tanden, daar in dat schitterende decor. Ik had de boodschapper van het goede nieuws willen zijn, want moesten onze drie fietsende boeren daar pakweg 600 kilometer noordwestelijker niet een begin maken met déze grootscheepse transitie? In een poging om de aandacht te verleggen naar de schoonheid van het landschap hier, met al die kleurenpracht, herinner ik Dolf van Wesemael aan het blauw van de akkers vol vlas op zijn geboortegrond, overigens in lang vervlogen tijden, de tijden van Marten Aedsges – 'Ken je hem?' Hoe mooi moet dat schouwspel niet geweest zijn?

Zonder pardon kapt mijn gids mijn mijmering af en staat stil bij een akker met wintertarwe. Hij pakt liefdevol met duim en wijsvinger een halm beet en wijst me op de glans van het gewas. 'Een gezonde glans, zoals bij een dier dat goed in zijn vel zit.' Minder donkergroen dan bij de buren, dus waarschijnlijk minder kwantiteit maar volgens hem beslist meer kwaliteit, met hoogwaardige nutriënten. 'Kijk maar,' zegt hij even later bij een vergelijkend warenonderzoek. En het is waar wat hij zegt over de kleur, zo zie ik als we naar de naastgelegen akker zijn gelopen. Hijzelf heeft geen grammetje kunstmest of chemie gebruikt. Lang leve de compostthee!

Liever nog: lang leve de regeneratieve landbouw. Om dat uit te leggen moeten we eerst nog even terug naar de schoolbanken. Dan zullen we wellicht kunnen begrijpen waarom het – zwak uitgedrukt – vreemd is dat er industrieel grootschalig kunstmest wordt gemaakt met als hoofdbestanddeel stikstof. Terwijl iedereen zou kunnen weten dat 78 procent van de atmosfeer al uit stikstof bestaat.

'En van de kunstmest die over het land wordt uitgereden, verdwijnt veertig procent linea recta naar het grondwater, dat daardoor tegen hoge maatschappelijke kosten weer gezuiverd moet worden.' De stikstof die bedoeld is als aanjager van de groei van de gewassen kan net zo gemakkelijk – nou ja, het kost wat meer tijd en moeite – op natuurlijke wijze op gang worden gebracht. Door ruim baan te geven aan de wetten van de biologie. En zo ben je aanbeland bij de 'biologische' landbouw, niet te verwarren met het 'bio' van de bio-industrie, het tegenovergestelde.

Maar als je Dolf van Wesemael heet, afstammeling bent van een trots Zeeuws geslacht, via de Noordoostpolder belandt in de Westpolder en na omzwervingen over de wereld uiteindelijk terechtkomt in de Eifel, dan haal je je schouders op over de biologische sector. Want eigenlijk, zegt hij, is dat gangbare landbouw maar dan zonder gebruik van chemie en kunstmest. En dan ga je, omdat je van mening bent dat een ambachtelijke boer zich altijd moet blijven vernieuwen, altijd moet blijven studeren (ieder jaar ten minste één cursus), nog een stap verder. Dan kom je terecht bij een in zijn ogen veel natuurlijker vorm van landbouw. Dat is het regeneratieve alternatief, dat met name in de Verenigde Staten steeds meer terrein wint. 'Ik ben van mening dat we hier in Europa ook voor die omslag staan.'

Er zijn daar, zo zegt hij, al heel grote voedingsbedrijven zoals de Amerikaanse Kellogg Company die geen andere boeren meer toelaten bij de productie van hun voedingswaren dan 'regeneratieve' boeren. Zo durf je het als Duits/Nederlandse pionier ook in Europa aan om allerlei experimenten uit te voeren om de natuur (de fotosynthese, katalysator van het groeiproces) optimaal voor je te laten werken. En kijk! Uit de (mineralen)boekhouding blijkt dat op zijn bedrijf in totaal meer stikstof wordt af- dan aangevoerd: gemiddeld honderd kilo per hectare. Wie dat niet wil geloven, komt maar kijken. Een waarachtig en jaloeziewekkend wonder, met een verwijzing naar de grote maatschappelijke onrust in Nederland over de stikstofdepositie en de dreigende halvering van de veestapel en de boze boeren van de Farmers Defense Force in het verdomhoekje.

Hij zegt zelf nog maar aan het begin te staan van de transitie. Makkelijk is het allemaal niet. Ook gezien de hoogteverschillen hier in de Eifel en de vulkanische ondergrond, die bij het uitblijven van regen kan veranderen in beton. 'Het gaat met vallen en opstaan, en ook met risicospreiding. Het meeste doe ik nog conventioneel biologisch, maar bijna altijd met tests en testjes.' De meest gewaagde?

'Die heb ik afgekeken van een Amerikaanse boer. Je zaait bloemen in, even voordat de aardappelen worden gepoot.' Aan de wortels van goudsbloemen lijkt ongedierte zoals de kniptor (en daarmee de larven in de vorm van ritnaalden) een enorme hekel te hebben, dus dat verdwijnt op een natuurlijk manier. Maar wat als de ritnaald toch overwint? Dat blijft voor dit seizoen nog even spannend, maar Van Wesemael weet zeker dat hij ook dat probleem zal tackelen.

We staan stil bij land dat hij 'de Westpolder van de Eifel' noemt, akkers zo plat als een dubbeltje. 'Heerlijk werken hier.' Naast zijn perceel staat een rij winterrogge hoog en bijna klaar om te oogsten, als natuurlijke beschermingswal tegen de overwaaiende chemicaliën van de buurman.

Wat zijn buurman vindt, kan hem niet boeien. Wel moet je sterk in je schoenen staan om het anders dan anderen te doen. Deze immigrant denkt dat die moeilijkheidsgraad overal, en dus ook in Nederland, een hindernis is om te beginnen met die o zo noodzakelijke ingrijpende transitie. Ik ben benieuwd hoe zijn vader, woonachtig in Leens, denkt over zijn eigen buitenbeentje. 'O, die kijkt met een mengeling van be- en verwondering toe,' zegt de zoon. 'Hij is ook heel nieuwsgierig.' Een andere zoon runt een succesvol melkveebedrijf in Denemarken, gangbaar in zijn ogen, dus precies tegengesteld aan zijn eigen benadering. Zijn broer wil niet eens geloven dat Denemarken het land met de grootste biologische afzet in Europa is. 'Qua landbouwvisie verschillen we als dag en nacht.'

Even later staan we in Osann, een dorpje dat deel uitmaakt van het Wittlicher Tal op ongeveer 200 meter hoogte, vlak bij een plek die uitzicht biedt op wijnranken en het glimmende water van de Moezel, diep in de afgrond. Dolf van Wesemael moet ongeveer zes kilometer rijden om zijn land hier te kunnen bewerken. Ik stel hem een gewetensvraag: 'Stel jezelf eens voor in de Westpolder, jij als een van de vernieuwers. Heb je dan spijt dat je bent weggegaan?' Voor het eerst stokt de spraakwaterval. 'Nee... ja... Met de kennis die ik nu heb over de regeneratieve landbouw, denk ik weleens: wat zou dat een mooie plek zijn geweest.' Maar zou hij er zonder de wereld te hebben verkend ooit wel mee hebben kennisgemaakt? In Nederland begint deze vorm van landbouw nú pas heel langzaam door te dringen.

Ik heb de reis naar Rijnland-Palts in coronatijd natuurlijk niet gemaakt om zonder handzame aanbevelingen terug te komen bij de jongens (en meisjes) van de Westpolder en sowieso bij de Nederlandse boeren die weten dat het anders moet en hun uiterste best doen een begin te maken. Daarvoor keren we terug naar de boerderij met de Hofladen, de boerderijwinkel in een piepklein tuinhuisje op het erf, waar ook de kleine Max zich weer aansluit om zijn vocabulaire te testen op de aanwezigen.

In het weekeinde kan zich hier op het erf een kleine file van mensen vormen die er geen enkel probleem mee hebben een klimtocht te maken naar de boerderijwinkel. Hier is de enige echte 'regeneratieve' aardappel te koop. Het afgelopen jaar werd 10.000 kilo aan piepers verkocht à raison van 1,50 euro per kilo. Een ei kost er 50 cent, de prijs vormt geen enkel beletsel voor de kritische Duitse consument.

In het zicht van de winkel staat het verrijdbare kippenhok opgesteld, en wie goed luistert hoort het tevreden getokkel. 250 dames van het ras Lohman, en drie heren. Het is een heel ander toneel dan de Nederlandse 'hokken' die ik ken, met soms wel 50.000 kippen op een kluitje. Hier doneren de dieren echter niet alleen welwillend hun eieren, maar ook hun poep komt bij de bijzondere mestverwerking van pas. De boer laat zich de kans niet ontgaan om de gunstige invloed van de scharrelkippen op de bodemgesteldheid te tonen. Hun voer wordt vanzelfsprekend op eigen land geteeld. Veel geslotener kan kringlooplandbouw, in Nederland te pas en te onpas 'het ei van Columbus' genoemd, niet zijn.

Kan het ook in Nederland, dat wat de uit de Westpolder vertrokken jongen doet? Het moet anders, en het kan anders: een bodemgezonde agrarische sector. Maar zonder medewerking van de consument kan het niet. 'Ik denk dat uiteindelijk negentig procent van de boeren wel bereid is tot verandering. Onder voorwaarde van een eerlijke prijs.' Dolf van Wesemael droomt zelf van 'nog kleinschaliger' door zijn pakweg achtenhalve hectare intensiever te beplanten met verschillende gewassen. Waarbij het ene de fotosynthese van het andere versterkt en de akkers van begin tot eind optimaal laten werken en floreren.

Puur natuur, meer volwaardige nutriënten, meer gewassen dichter op elkaar, meer kwaliteit, en je laat zo ook nog eens zien dat je de bejubelde kwantiteit van de intensieve sector helemaal niet nodig hebt. Hoe dat precies kan? Hij wil de kennis heel graag met zijn Nederlandse collega's delen, of met wie dan ook. Vooropgesteld: hij beschouwt zichzelf nog als beginneling, een groentje.

Het is niet de vraag *of* hij zijn collega's moet helpen om de koers te verleggen, 'het is een plicht'. Een boer, zegt hij, moet zo onafhankelijk mogelijk zijn, en ten minste onafhankelijk van onbetrouwbare 'partners' zoals de overheid – Europees of nationaal – en de industrie; vooral de laatste is alleen uit op eigen gewin. De globetrotter heeft gezien hoe angstaanjagend snel de biodiversiteit overal ter wereld terrein verliest. 'Dode zones in de zee door het vissen met dynamiet. Miljoenen hectares aan dood land dankzij het feit dat rivieren in de landbouwgebieden de restanten van kunstmest en chemicaliën overal hebben verspreid.' Het milieu is overal in de wereld sluitpost en je moet er volgens hem niet aan denken dat de veelgeprezen methode van de intensieve landbouw overal wordt gekopieerd. Vorig jaar was hij sinds 2005 voor het eerst weer terug in Afrika en hij kon wel janken bij wat hij daar zag. Geloof hem: de toekomst hangt aan een zijden draadje. Verbeter de wereld en begin bij de bodem.

Pagina hierna: *Het land naast proefboerderij Kollumerwaard*

Epiloog

I

De zomer is tot half juli gevorderd als IJsbrand de Weerd op één van zijn percelen, 'velden' zegt hij zelf, devoot voorover buigt om te knielen alsof hij gaat bidden. Hij begint met beide handen te graven en ik moet als vanzelf denken aan het beeld dat zijn ouders eerder schetsten van de kleine IJsbrand, die al vroeg wilde weten welke wonderen ondergronds plaatsvonden.

Het veld oogt armetierig: het bovengrondse loof is 'doodgebrand' met behulp van propaangas, zoals biologische teelt dat voorschrijft. Phytophthora. Je durft het woord in zijn bijzijn nauwelijks uit te spreken. Ongeveer zo moeten de akkers eruit hebben gezien in Ierland, toen de mislukte aardappeloogst de voorbode was van hongersnood halverwege de negentiende eeuw en uiteindelijk een massale emigratie naar het beloofde land, de Verenigde Staten van Amerika, op gang bracht.

Wat De Weerd betreft hoeven we op deze milde zomerdag niet te denken aan hongersnood of emigratie, maar aan zijn lichaamstaal is te zien dat hij wel mistroostig wordt van de oogst van zijn graafwerk. Er volgen vaktermen die erger klinken dan ze zijn, zoals 'verrotte moeder', de exceptioneel laat gepote moederaardappel waarvan 'de jongen' worden geteld. Hooguit de helft is straks bij het rooien goed genoeg als 'krieltjes'. Hebben ze zich daar, hij en zijn fietsvrienden Ben van Tilburg en Geert Jan Duisterwinkel, zo voor uitgesloofd de afgelopen maanden, om te laten zien dat het anders moet en kan in de landbouw? Het is nu afwachten of de Phytophthora van 2021 daadwerkelijk in de kiem is gesmoord. Of dat er in plaats van een geschatte opbrengst van 40 procent van wat idealiter mogelijk was geweest, misschien nog meer rottigheid op komst is. 'Ik ben er niet gerust op,' zegt de boer, die zo graag anders zou willen, terwijl hij 'de jongen' behendig weer met grond bedekt, in afwachting van het rooien over een week of drie. De huid (de schil) moet nog harden, anders kun je alles net zo goed maar meteen tot afval benoemen.

Nee, aan de grond ligt het niet. 'Prachtige grond', lichte zavel, een mengsel van zand en klei. Die is vruchtbaarder en beter geschikt voor de meeste andere gewassen. Uien en aardappelen gedijen er beter, groeien 'vlotter'. En bijna altijd met hogere opbrengsten dan op een andere voedingsbodem, elders. Nog maar eens: 'Aan de kwaliteit van de grond ligt het beslist niet.'

Hijzelf had als eerste een paar dagen eerder de voortekenen gezien: kleine bruine vlekjes in het loof, die zich als een lopend vuur kunnen uitbreiden. Als je niets doet is het hele perceel in een mum van tijd even bruin als het nu is geworden door toedoen van de gasbranders. Een heel zielig schouwspel.

En als je als ervaringsdeskundige heel eerlijk bent, moet je toegeven dat niets anders te verwachten was door het groeizame weer van de laatste weken: vrij hoge temperaturen in combinatie met veel neerslag, zodat de natuur na het koude en natte voorjaar een indrukwekkende inhaalrace maakte. Maar juist de combinatie van temperatuur en vocht is de ideale voedingsbodem van Phytophthora, die verwoestende schimmelziekte. Iedere biologische akkerbouwer weet wat hem of haar te wachten staat.

Het is heel verleidelijk om een vergelijking te maken met het coronavirus dat de mensheid nu parten speelt, en

IJsbrand de Weerd kan die verleiding niet weerstaan. Een kleine mutatie en voor je het weet is ook corona weer een uitslaande brand. Het is nog verleidelijker te verwijzen naar eerdere uitspraken in dit boek, onder anderen die van Jochum Ubbo Mansholt met het beeld van de dichtgeknepen neuzen van voorbij fietsende toeristen en zijn 'spuit'. Van één ding kun je zeker zijn, aldus de jongste van de drie vrienden, en dat is dat een aardappeleter dit jaar in Nederland alleen maar krieltjes had kunnen eten wanneer die 'gangbare spuit' niet regelmatig was uitgereden. Het heeft hem in ieder geval weer aan het denken gezet: kan het eigenlijk wel wat hij en zijn twee vrienden willen, landbouw zonder gif?

In deze zomer passeren rampen van allerlei omvang de revue, in gezelschap van steeds groener nieuws vanuit Brussel en zelfs supermarkten die daarbij het voortouw nemen met een dringende oproep aan de Braziliaanse president Jair Bolsonaro onmiddellijk te kappen met het kappen van oerbossen. In België en Duitsland vallen veel doden door overstromingen ten gevolge van overvloedige regenval, toegeschreven aan de snelle klimaatverandering. Op een half uur rijden van Dolf van Wesemael, de protagonist van het vorige hoofdstuk, werden nog dagen later de lichamen gevonden van de slachtoffers die tevergeefs hadden geprobeerd te vluchten voor het natuurgeweld. Het regenfront dat maar niet wilde wijken. Iets meer naar het zuiden en dan... dan. Een bevriende melkveehouder zag 'zomaar' zijn koeien wegspoelen. Afschuwelijke beelden.

De gevreesde aardappelziekte, dat was natuurgeweld van een heel andere orde. In dit bijzondere geval met een wel heel bittere bijsmaak. Want als het aan de drie samenwerkende boeren had gelegen hadden ze een aardappelras gepoot dat resistent is voor de schimmelinfectie. Zoals geschiedde op een stuk land ter grootte van 1 hectare dat vandaag akelig groen afsteekt tegen het zielige bruin van de verbrande akkers. Niets aan de hand daar, want: resistent. Iedere domoor zou kunnen bedenken dat je geen risico neemt als ondernemer, hoe groen ook, als je een van die speciale rassen neemt.

Maar dan is daar de wispelturige en onbegrijpelijke 'donkere zijde van de(n) handel' die anders beslist. De handelshuizen, waarvan 'aardappelboeren' volstrekt afhankelijk zijn, bepalen tot op de komma nauwkeurig hoeveel arealen mogen worden vol gepoot van bepaalde rassen. En dat houdt weer nauw verband met wat de consument wil en vooral wat die lekker vindt. En u raadt het al: er zijn maar weinig consumenten die deze 'robuuste' aardappels willen.

Even routineus als eerder begint IJsbrand de Weerd, op mijn verzoek, te graven in het perceel waar het resistente ras consumptieaardappelen is gepoot. Hier is ook bovengronds geen spoor van ongerechtigheden aan de gewassen, met als bonus dat er geen chemische hulpmiddelen aan te pas zijn gekomen. De Weerd mompelt goedkeurend: 'Kijk, dat is toch prachtig!' De mini-oogst van vandaag belooft later dit jaar fantastische opbrengsten, 'toch wel zeker tussen 40 en 50 duizend kilo per hectare, echt iets om blij van te worden'.

De Weerd had graag samen met zijn twee buurboeren vijf hectare volgeplant met biologisch (resistent) pootgoed, maar dat kon niet omdat de vraag naar biologische aardappelen vorig jaar in Nederland hooguit 3 procent van de totale afzet bedroeg. Drie! En het buitenland heeft nauwelijks interesse in wat 'robuuste rassen' worden genoemd.

Ik krijg er anderhalve kilo verse piepers van mee, en ik

verheug me al op de maaltijd met even biologische tuinbonen als we ons hoopvol op weg begeven naar dat andere bijzondere perceel van de drie mannen. Foeragerende boerenzwaluwen vormen een indrukwekkende escorte. Soms gaat een jong erbij zitten, om pas op het laatste moment op te vliegen.

De Westpolder is hoogzomer op zijn mooist, met de gouden gloed van de tarwe, de roze glans van bloeiende aardappelplanten, alle tinten geel en groen van andere gewassen, met in het landschap de afwisseling van kleine hoogteverschillen en overal het decor van bomen en bosschages als trouwe wachters die nooit verstek laten gaan. We komen langs een veld, waarin de slechte stukken die in de afgelopen winterperiode zijn 'verdronken', zijn ingezaaid met zonnebloemen. In het reliëf herken ik de vorm van een kruis, maar De Weerd bezweert dat ik er geen stil protest in moet zien voor het boerenseizoen tot dusver, gekker en duivels onvoorspelbaar, nog onvoorspelbaarder dan het altijd al was voor een akkerbouwer.

'Alles komt tegelijkertijd dit jaar,' en daarom voor hem geen vakantie, al kunnen zijn korte broek en witte pet anders doen vermoeden. Te druk zelfs om doordeweeks te fietsen. Gisteren heeft hij nog samen met zijn zus, de dierenarts, de 'zaadkorven' handmatig verwijderd bij de bieten, gevolg van 'de stress' van het koude en natte voorjaar. De natuur doet wat die wil. Jij hebt je maar als 'bouwer' te plooien.

De bloemen van de aardappelvelden, zo ver als het oog reiken kan, zeggen trouwens niets over de kwaliteit. 'De ogenschijnlijke weelde kan ook een teken van armoede zijn,' aldus mijn gids. Mooi van de buitenkant, maar wat gebeurt er ondergronds? Het merendeel van zijn eigen percelen, 'velden', staat er mooi bij, 'heel mooi' zelfs. Hetzelfde kan gezegd worden van de wintertarwe, 'heel mooi' ook en over pakweg twee weken rijp voor de oogst. Voor alles: niet te vroeg juichen.

En dan staan we plotseling voor dat andere gezamenlijke project: de uien. Drie hectare. Nu zeg ik op mijn beurt: 'Mooi.' 'Ja, dat dacht ik ook,' beaamt De Weerd. Op 20 april gezaaid, vier keer met de schoffelmachine bewerkt en twee sessies (tot dusver) met een hele groep jongeren om 'de boel' onkruidvrij te houden. Oogsttijd: ongeveer half september.

Geert Jan Duisterwinkel had afgelopen winter al een uitzendbureau gebeld voor het verplichte handwerk. Geen enkel probleem om voldoende man- en vrouwkracht te mobiliseren, kreeg hij te horen. Niet dus. 'Ga maar in je eigen sociale netwerk zoeken,' werd er gezegd drie weken voordat de eerste shift aan de gang moest. Gemiddeld acht 'vrienden en vriendinnetjes en daar weer vrienden van' en een enkele uitzendkracht waren zo'n negen dagen in de weer om het onkruid handmatig te verwijderen. En dat op drie hectare. 'Moet je je voorstellen,' zegt IJsbrand de Weerd, 'dat je 100 of 200 hectare biologisch wil telen. Waar haal je in Nederland de mensen vandaan?'

Dat de meeste landgenoten zich te goed voelen om met hun handen in de grond te wroeten, zo zal hij even later aan de vertrouwde keukentafel van de boerderij opmerken, is wat hem betreft een teken van verloedering. Minderwaardig werk? 'Bij de uien hadden we een uitzendkracht die na een dag een coronatest moest ondergaan. Geloof jij het?' Aan de wand hangen op een prikbord de bedankjes van gestrande automobilisten: op een van die onvoorspelbare winterdagen een bocht verkeerd genomen op een van die smalle weggetjes en door de aardige boer met behulp van een tractor weer op het rechte spoor gezet. Op een stoel voor het raam rust Piet de kat, die zich nergens druk om maakt.

Echt, deze bodemboer wil anders, en werkelijk: wat hem betreft geen kwaad woord over wat er allemaal mogelijk is zonder chemie of kunstmest en wat hij daarbij de laatste tijd heeft geleerd. Ongelooflijk dat gewassen zoals gras/klaver zelf voor bemesting zorgen zonder welke hulp ook behalve die van moedertje Natuur! Maar of het tot een vervolg komt van de biologische experimenten en vooral het noodzakelijke ruggensteuntje van de markt (en dus de consument)... Hij is sceptisch. 'Het zal boeren eerder verboden worden, vermoed ik, om hun trekkers nog op diesel te laten rijden dan dat de heilige koe van de vakantieganger op het spel komt te staan: de spotgoedkope vliegreizen naar verre exotische oorden.'

Die andere bodemboer, Dolf van Wesemael, hemelsbreed een kilometer of 500 zuidelijker, die ooit het vruchtbare land in de oksel van de Waddenzee de rug heeft toegekeerd, weet het wel zeker. Zelf is hij ternauwernood ontsnapt aan de watersnoodramp in de Eifel, 'een half uurtje noordelijker'. Bij Dolf van Wesemael 'voor de deur' trad de Moezel 'slechts' een paar honderd meter buiten de oevers en er viel in twee dagen tijd 'slechts' 100 millimeter. Hij durft nauwelijks te vertellen dat zoveel regen hemzelf eigenlijk wel goed uitkwam.

De vreselijke beelden van vernietiging en dood moeten volgens hem 'een eyeopener' zijn: het bewijs dat 'we' de wereld vernietigen. Maar hoelang zullen die beelden op het netvlies blijven en straks mede de inhoud bepalen van een willekeurig boodschappenwagentje? 'Veel grond is hier soms tot wel twintig meter diep weggeslagen. Maar goede grond en goed bodembeheer zou toch in staat moeten zijn om 160 millimeter regen op te vangen?' Je moet als akkerbouwer veel verder durven kijken dan alleen maar wel of geen chemie en/of kunstmest. Daarom nog een keer: verbeter de wereld en begin bij de bodem. Liever gisteren dan vandaag.

II

Begin augustus 2021 komt de IPCC, het klimaatpanel van de Verenigde Naties, met een alarmerend rapport over de snel opwarmende aarde, met een stijgende zeespiegel tot gevolg. Ik sta met de vier protagonisten uit dit boek in de schuur van Nieuw Bromo, de boerderij van Ben van Tilburg. Ook Bens vader is erbij. We staan bij zestien kisten van ongeveer 1200 kilo elk, tot de nok gevuld met de geoogste *tricitale* (een kruising tussen tarwe en rogge), aangevuld met erwten. Kersvers en linea recta van het land van Ben van Tilburg, genoeg om de koeien een maand of drie van voldoende voedsel te voorzien. Biologisch voedsel. Hier is geen grammetje kunstmest of chemie aan te pas gekomen.

Ik stel ze de hamvraag: voelt de boer zich medeverantwoordelijk voor de alarmsignalen van de natuur? Elders in Europa, in Turkije en Griekenland, branden de bossen, maar hier in de Westpolder is het aangenaam zomerweer. Groeizaam zomerweer met af en toe een fikse bui en een temperatuur van een graadje of twintig. Het vuurtje van de discussie wordt opgestookt door Max van Tilburg, die omstreeks de eeuwwisseling vanuit de Utrechtse rivierendelta is neergestreken nabij Waddenzee en Lauwersmeer. 'Je hoeft geen milieuactivist te zijn om te bedenken dat Nederland te veel grondstoffen importeert uit andere delen

Rechts: *De groene vingers van Max van Tilburg*

van de wereld,' zegt hij uitdagend, met de toevoeging dat we 'heel gemakkelijk' zonder bijvoorbeeld die vermaledijde hoeveelheden soja uit Zuid-Amerika zouden kunnen. Het is een kwestie, zo zal straks nog worden bevestigd, van zaadveredeling. Dan verbouw je evengoed de eiwithoudende veldbonen die kunnen concurreren met het exotisch geteelde krachtvoer.

Kind kan de was doen, ja hoor, zeker weten, aldus de pater familias, vandaag in korte broek met kaplaarzen. Aan de fotograaf toont hij de binnenkant van zijn handen, getekend door het leven en het harde werken op het land. IJdelheid is hem vreemd, in tegenstelling tot rebelse uitspraken. Als we – hij bedoelt de collega-melkveehouders – er nu eens mee zouden beginnen genoegen te nemen met een jaarproductie van 8000 liter per koe, in plaats van de 10.000 of meer die nu kan worden aangetikt... 'Dan heb je helemaal geen krachtvoer meer nodig,' aldus senior, met een klaterende lach die weerkaatst tegen de wanden van de schuur waarin wij ons bevinden. En als je nog een stapje verdergaat en de grens zou stellen op 6000 liter per koe, breng je in één klap alle criticasters die de veestapel willen minimaliseren tot zwijgen.

Als, als, als. 'Als je het IPCC-rapport goed leest,' voegt Ben van Tilburg daaraan toe, 'moet je als melkveehouder zonder krachtvoer gaan werken.' Geert Jan Duisterwinkel probeert hem af te troeven. 'Je hebt als melkboer helemaal niets anders nodig dan alleen maar gras om verzekerd te zijn van 5000 liter per koe, dus waarom zou je op Nieuw Bromo krachtvoer (veldbonen) toevoegen aan het koeienmenu tenzij je de zekerheid van meer productie wilt.' Vertel dat maar eens, Ben van Tilburg, en geef toe dat de gangbare collega's precies hetzelfde doen, maar dan met de hulp van soja van veraf. 'Deze vruchtbare grond nabij de Waddenzee is zeer geschikt voor allerlei "mensenvoedsel", dus om die grond te gebruiken voor koeien is eigenlijk heel inefficiënt,' aldus de kritische vriend met de prominentste fietskuiten.

De boerendiscussie kent vele varianten en waar Ben van Tilburg als eerste zijn vinger opsteekt en de vraag van medeverantwoordelijkheid bevestigend beantwoordt, zijn vader van een afstandje roept dat het vlees 'nu eenmaal zwak is' (en daarbij doelt op de mens), wil IJsbrand de Weerd gezegd hebben dat iedereen zich de alarmerende klimaatverandering zou moeten aantrekken. Niet alleen de boeren. Duisterwinkel uit zich in dezelfde trant, maar rebelser. Tegen mij: 'Ja, ik voel me verantwoordelijk, maar niet meer dan jij.'

Max van Tilburg treedt in zijn korte broek ook nog even naderbij om fijntjes te verwijzen op goedkoop vliegen in het algemeen en de plannen voor luchthaven Lelystad in het bijzonder. 'Als die bouw wordt doorgezet kun je niet van boeren verwachten dat alleen zij moeten inleveren.' Zoals genoteerd: het vlees is zwak. 'Met z'n allen jagen we er in korte tijd,' zegt Geert Jan Duisterwinkel, 'de fossiele brandstoffen doorheen door alles te willen en wel zo goedkoop mogelijk. Ik voel me daarvoor als boer niet meer verantwoordelijk dan de gewone burger.' IJsbrand de Weerd: 'Een beter milieu begint bij jezelf.'

Zeg het maar, beste consument: wat heeft u over voor dat door Phytophthora aangetaste o zo biologisch geteelde veel te kleine aardappeltje? En wilt u sowieso extra betalen voor chemie-vrije groente? Onze 'voetafdruk', ook al een bekend begrip in tijden van overconsumptie, meteorologische records en natuurrampen, komt als vanzelfsprekend voorbij in de Westpolder op deze mooie dag in augustus. De voetafdruk van Oekraïners is de helft van de onze. 'En toch blijft iedereen daar in leven.'

Hierover zijn de vrienden het eens: er bestaat niet één panklare oplossing voor die betere, hopelijk minder hete wereld. Je moet uitgaan van een heel pakket: minder vlees eten, meer kiezen voor lokaal voedsel, minder vliegen, de fiets pakken in plaats van de auto, geen goedkope prullaria kopen en ook wat vaker kiezen voor 'biologisch'. Alles in één en ja, graag gisteren beginnen. Om over na te denken, nog een sneer naar 'de politiek': is het niet vreemd dat energiebelasting lager wordt naarmate je meer verbruikt?

III

Zou het mogelijk zijn dat we hier binnen afzienbare tijd zelf de soja telen die nu met scheepsladingen van de andere kant van de wereld moet komen – met alle schade voor natuur en milieu van dien? Philip Kramer van de nabijgelegen proefboerderij Kollumerwaard in Munnekezijl meent zeker te weten van wel, maar veel veehouders vertelden mij dat het niet kan vanwege ons klimaat. Dat er geen beter krachtvoer bestaat dan de soja van ver weg.

'Beter? Goedkoper zal je bedoelen,' aldus Philip Kramer. Het heeft ook een tijdje geduurd voordat maïs – waarmee heel Nederland inmiddels lijkt volgebouwd – in het noorden even welig tierde als aanvankelijk in het wat warmere zuiden. Kwestie van rassen verbeteren, 'robuuste en weerbestendige rassen'. Als je maar wilt. De akkers van de proefboerderij leveren al vijfentwintig jaar soja op. Niet zoveel als mogelijk zou moeten (en kunnen) zijn, eerlijk is eerlijk, en ook minder eiwitrijk. In de laboratoria van de veredelaars kan daar verandering in worden gebracht. Fluitje van een cent, zou je denken, met de expertise van onze kenniseconomie.

In de aanloop naar de nieuwe eeuw besloot de regering 27 proefboerderijen, her en der over het land verspreid, terug te brengen tot slechts zeven. Dat de meest noordelijk uitverkoren boerderij werd gepositioneerd in Drenthe bevestigde de indruk die allang in het noorden bestaat: hoe noordelijker je komt in Nederland, hoe minder belangrijk de belangen van de inwoners worden gevonden door 'Den Haag'. De reactie van de geschoffeerde boeren uit het noorden staat in vier hoofdletters gebeiteld: SPNA. Stichting Proefboerderijen Noordelijke Akkerbouw, een samenwerkingsverband tussen de drie noordelijke provincies.

Een van de bijzonderheden van de proefboerderij in Munnekezijl is dat hier geen onderscheid wordt gemaakt tussen biologische en gangbare (intensieve) teelt. Natuurlijk groeien de gewassen op aparte percelen, maar beide alternatieven zijn even belangrijk.

Kramer maakt daarbij de wat bittere kanttekening dat het veel gemakkelijker is subsidies los te weken voor gangbare experimenten dan voor biologische teelt. Het is een rechtstreeks gevolg van de veel grotere geldzakken van de partijen die gebaat zijn bij 'gangbaar' onderzoek en de macht in stilzwijgen kunnen uitbuiten. Om dezelfde reden is research, nodig om aan te tonen dat de natuurlijke teelt zonder kunstmatige hulpmiddelen meer voedingsstoffen bevatten, nooit goed van de grond gekomen.

Een van de belangrijkste redenen om te kiezen – zoals minimaal 90 procent van alle Nederlandse boeren doet – voor de intensieve 'gangbare' manier van produceren zou het grote verlies in opbrengst zijn bij het biologische 'natuurlijke' alternatief: percentages tussen de 20 en 30 procent. Niemand beter dan Philip Kramer kan antwoord geven op de vraag of de getallen wel kloppen, eenvoudigweg omdat beide opties hier op de grens van Friesland en Groningen aan bod komen. 'Het verschil,' zegt hij na een kort moment van gewijde stilte, met de ogen strak gericht op de vragensteller om diens reactie te polsen, 'het verschil is nul komma nul. Ik haal van een biologisch perceel evenveel ton aardappelen af als van het gangbare.'

'En ik kan het bewijzen,' zegt Kramer, die zoals elke boer verplicht is als een actuaris zijn administratie bij te houden, tot cijfers achter de komma. De gunstige resultaten hebben in de eerste plaats te maken met de jonge, vruchtbare grond, maar dan wel onmiddellijk gevolgd door de juiste expertise. Om te bewijzen dat het veel groener kan wil de boerderij – binnen nu en twee jaar à raison van vijf miljoen euro gepromoveerd tot Boerderij van de Toekomst – de chemische onkruidbestrijding snel helemaal uitbannen.

Dat voornemen staat boven aan de verlanglijst, met de hulp van mechanische onkruidbestrijding. De handen van mijn gids beginnen vanzelf te wapperen bij de poging deze toekomstmuziek vorm te geven. Robot, anderhalve meter breed, aan de onderkant een 'soort van' uitsteeksels. 'En die handjes trekken zomaar razendsnel het onkruid uit de grond!' Als het goed is komt er nog dit jaar een demonstratie van een dergelijke (nu nog peperdure) robot in Munnekezijl.

Er moet heel veel gebeuren de komende tijd om een andere kijk op ons dagelijkse voedsel op gang te brengen. 'En er gaat heel veel gebeuren,' aldus Philip Kramer vol overtuiging. Je zal het zien straks, misschien al binnen twee jaar: open de deuren van die emissiearme megastallen, hup, de koeien weer naar buiten! Zoals het hoort en zoals het ooit was. Geen halve maatregelen meer nemen om anderhalve weidevogel te redden, inmiddels heel veel geld over de balk smijtend, maar *hele* maatregelen. Door boeren die echt groen doen en produceren ten gunste van de natuur te belonen aan de hand van een puntensysteem. Simpel.

IV

Tot slot is er goed nieuws. We staan weer aan de rand van het perceel uien, drie hectare groot, en anders dan op het verlepte aardappelveld lijkt hier wel goud te glinsteren. De glans op de kaken van de drie mannen zal ook wel gezichtsbedrog zijn. Er is hier geen druppel chemie aan te pas gekomen, de mest kwam grotendeels van de koeien van Ben van Tilburg en anders was gras/klaver – zoals Marten Aedsges het 250 jaar geleden deed – een optie geweest.

Als de zon erop schijnt, lijkt het wel goud, het perceel met uien van de drie vrienden

Misschien kunnen deze uien straks wel 50 cent per kilo opleveren. Keer pakweg 40.000 kilo per hectare maakt dat 60.000 euro. Dat bedrag delen door drie. Het gezamenlijke biologische project lijkt geslaagd. Waar aardappelen leden onder de vochtige weersomstandigheden doen gewassen zoals uien het dit jaar opvallend goed. Het moet wel droog zijn straks tijdens het oogsten. 'Derde week van september,' zegt IJsbrand de Weerd met de vastberadenheid van een heilsprofeet. Zeker weten: hun experiment vraagt om herhaling.

Verantwoording en dank

'Schijten we ons dood tot de dood ons scheidt?' zo luidde een krachtige oneliner van Gerrit Braks, een van de landbouwministers die de afgelopen decennia het hoofdpijndossier 'intensieve landbouw en veehouderij' in goede banen moesten leiden. Zonder veel succes, hooguit op het gebied van de export. Het citaat slaat vooral op de enorme hoeveelheden mest die een gevolg waren van volle stallen, steeds vollere stallen. Een proces dat al decennia aan de gang was voordat Braks samen met toenmalig milieuminister Pieter Winsemius (2 november 1984) een soort coup pleegde door paal en perk te stellen aan uitbreiding, om een einde te maken aan 'de zondvloed' van stront en de groei van de veestapel. Ook weer grotendeels tevergeefs.

In dat olympische jaar deed ik in Los Angeles voor *Het Vrije Volk* verslag van de Spelen, mij volkomen onbewust van de problemen die zich voordeden op het platteland. Ik behoorde tot de destijds ongeveer 15 miljoen Nederlanders die het buikje rond aten zonder zich ooit een seconde te bekommeren om de gevolgen van onze vraatzucht. Vlees hoorde bij mij ook nog tot het dagelijkse menu en ik vrees dat ik daar in de buurt van de Santa Monica Boulevard een behoorlijk aantal hamburgers zonder nadenken heb weggewerkt.

In 2002 vestigde ik me als freelance journalist in Ee, een nietig dorpje nabij Dokkum, en zag vanuit de keukenramen van onze woonboerderij – bouwjaar 1704 – melkveehouders allerlei capriolen uithalen. Ook weer aanvankelijk zonder me af te vragen wat bijvoorbeeld het karretje achter de tractor toch inhield dat met grote regelmaat uitreed. Pas later kwam ik erachter dat het karretje kunstmest bevatte.

Toen kwam in 2015 het besluit om het melkquotum los te laten, dat ooit was bedoeld om overschotten te voorkomen, maar ook een handrem om 'de zondvloed' van stront tegen te gaan. In eerste instantie juichten de boeren, die spraken van 'bevrijdingsdag', terwijl je – ook weer achteraf – veel beter kunt spreken van 'bijltjesdag'. Hier begint mijn fascinatie voor het platteland en hoe de boeren er werken.

Het beklemde land is mijn vierde boek over een sector die door de discussies over stikstof en plannen om de veestapel in te dammen dan eindelijk in Den Haag de aandacht krijgt die het verdient, al zullen de meeste boeren daar misschien anders over denken. Gekscherend noem ik de publicaties weleens 'mijn eigen kleine bijdrage aan de leefomgeving'. Waarbij ik eerlijkheidshalve de kanttekening moet plaatsen dat ik zeer laat ben wakker geschrokken, vergeleken met degenen die al in 1972 waarschuwden voor 'de metamorfose van het platteland', na verschijning van het rapport 'Bio-industrie, Augiasstal in milieu en landschap'. De overheid liet onverminderd de oren hangen naar de lobbyisten uit de sector die maar bleven volhouden dat er niets aan de hand was en 'dat we ons er zoveel mogelijk voor moeten inzetten om veehouders te doen overleven'.

De wal lijkt dit schip van eeuwige groei te keren. Behalve de propvolle stallen met de grote risico's van milieuverontreiniging is ook de potentiële uitputting van onze akkers een bron van zorg geworden. Dat er heel veel op het spel staat, veel meer dan stedelingen zich ooit zullen afvragen, lijkt me duidelijk. Maar hoe genereer je de aandacht voor deze ver-van-mijn-bed-show van de huidige consument die – net als ik destijds in Los Angeles – gedachteloos een stukje koe of kip naar binnen schrokt, vaak met een blaadje 'groen' waarvan je ook geen idee hebt welke chemicaliën daaraan te pas zijn gekomen? Ik dacht: volg het spoor van de geschiedenis, 'de totale som van dingen die vermeden hadden kunnen worden' en breng de boeren in beeld die willen leren van de lessen uit het verleden.

Zo gezegd zo gedaan. Ik hoor de criticasters al brommen: wat nu boerenparadijs? Met de landarbeiders die bij dag en dauw op pad moesten om zich voor een herenboer uit te sloven en dat tegen 50 cent per dag. Nee, dat paradijs bedoel ik niet. Maar wel het land met het godsgeschenk van de vruchtbare bodem, de ideale ligging in betekenis van klimaat en infrastructuur en vooruitziende bouwers zoals de kleine Marten Aedsges uit De Soppige Peer. Dát Hof van Eden, met ooit de blauwe gloed van de vlasvelden of het goudgeel van het koolzaad. Nu alleen nog even goed beseffen om welke (bodem)schat het hier gaat en hoe 'schuldig landschap' weer kan worden terugveroverd en omgetoverd. Niet alleen door de boeren in de rol van rentmeesters, of zoals Ben van Tilburg wil: 'landschapsstoffeerders'. Maar net zo goed door u, consument, door u bijvoorbeeld te bekommeren om de (bijkomende) gevolgen van klimaatverandering. Met natuurlijk helemaal vooraan onze volksvertegenwoordigers.

In dit boek onderzocht ik hoe ons dagelijkse voedsel anno 2021 tot stand komt. Ik was voor honderd procent afhankelijk van akkerbouwers (waarlijk: bouwers) die in hun ziel wilden laten kijken, geen sinecure bij een beroepsgroep die al decennia fel wordt bekritiseerd en bijna altijd alleen maar braaf deed wat ze op school hadden geleerd. In volgorde van 'opkomst' wil ik mijn respect en dankbaarheid tonen aan Albert van der Ploeg, Frank de Schutter en Koos Koop. Zonder medewerking van Theo Mulder, de families De Weerd, Van Tilburg, Duisterwinkel en Van Wesemael was dit boek niet mogelijk geweest. Daarnaast dank ik alle andere mannen en vrouwen die aan het woord zijn gekomen in dit boek. Zij schonken mij hun vertrouwen. Ik dank ook mijn kritische meelezers Jos Graas, Marga en Louis de Jong, Erik de Bruin en Linda Jansen.

Minstens twee jaar geleden begon ik met de voorbereidingen, dankbaar gebruikmakend van de geweldige mogelijkheden van ‘hulptroepen’ zoals Delpher, Wikipedia, bibliotheken, archieven, boeken, kranten en bladen (zie de geraadpleegde bronnen). En ja, ik hoop werkelijk dat *Het beklemde land* niet alleen leesplezier zal geven, maar ook een kleine bijdrage levert aan een betere leefomgeving.

Geraadpleegde bronnen

Boeken:

N.G. Addens (red.), *Honderd jaar plattelandsleven in Groningen.* Groninger maatschappij van Landbouw, 1952 Groningen

Jan J. de Boer, *Veldgids landschapselementen. Noardlike Fryske Wâlden.* Beetsterzwaag 2014

IJnte Botke, *Zoo nuttig in zijne kring als landbouwer. Bewerking 'Het Schrijf-boek' van Marten Aedsges.* Nederlands Agronomisch-Historisch Instituut, Groningen 1988

IJnte Botke, *Boer en heer. De Groningse boer 1760-1960.* Groningen 1988

Almanak voor de landbouw, Groningen 1878

Nina van den Broek, *Boerderijen in de Marne.* Groningen 2021

College van Rijksadviseurs, *Pilot landschap-inclusieve landbouw. Op weg naar een new deal tussen boer en maatschappij De Marne.* September 2020 (digitaal)

H.M.L. Geurts, *Herman Derk Louwes, burgemeester van de Nederlandse landbouw.* Nederlands Agronomisch Historisch Instituut, Groningen 2002

C.A.J.M. de Gier, *De teelt der landbouwgewassen.* Zwolle, 1920

J.A. Hermers, *Godsdienstig handboek.* Utrecht 1815 (heruitgave)

Roel Houwink, *Verdwijnend volk. Van boer tot ondernemer.* Breda 1935

René Jochems, *Boerenwijsheid.* Zundert 2011

Oek de Jong, *Het glanzend zwart van mosselen.* Amsterdam 2020

Kees Kooman, *Boerenbloed.* Amsterdam 2015

Kees Kooman en Hans van Grinsven, *Dit is uw land*. Amsterdam 2017

Kees Kooman, *Nieuw Boeren. Je leent het land van je kinderen*. Gorredijk 2019

Hilde Krips-van der Laan, *Woord en daad. De zoektocht van Derk Roelfs Mansholt naar een betere samenleving*. Assen 1999

K. ter Laan, *Multatuli en twee van zijn discipelen Mansholt en de Raaf met brieven van en over Multatuli*. Leiden 1949

Jan P. van Loon, *Door eendrachtige samenwerking. De geschiedenis van de aardappelveredeling in Nederland, van hobby tot industrie (1888-2018)* (proefschrift) Wageningen 2019

D.R. Mansholt, *De donkere zijde van de(n) Handel*. Groningen 1907

D.R. en U.J. Mansholt, *De stikstofvoeding der landbouwcultuurgewassen*. Haarlem 1894

P.J. Meertens en Anne de Vries, *De Nederlandse volkskarakters*. Kampen 1938

Johan van Merriënboer, *Mansholt, een biografie*. Amsterdam 2006

Ineke Noordhoff, *Schaduwkust*. Amsterdam 2018

G.J. Nijland, *Ons eigen land*. Den Haag 1926

Theunis Piersma, Petra de Goeij, Willem Bouten en Carl Zuidhorn, *Sinagote. Het levensverhaal van een lepelaar*. Gaast 2021

Peter Priester, *De economische ontwikkeling van de landbouw in Groningen 1800-1910* (proefschrift). Wageningen 1991

R.P.J.J Rietra, *Achteruitgang van nutriënten-gehalten in voedselgewassen door een verminderde bodemkwaliteit?* Wageningen 2007

Meino Smit, *De duurzaamheid van de Nederlandse landbouw* (proefschrift). Wageningen 2018

Marten Douwes Teenstra, *De negerslaven in de kolonie Suri-*

name en de uitbreiding van het christendom onder de heidense beschaving. Dordrecht 1842
Jan Stoffel van Weerden, *De Westpolder. De geschiedenis van een Waddenpolder en zijn ingelanden*. Leens 1960
Frank Westerman, *De Graanrepubliek*. Amsterdam 1999
Auke van der Woud, *Het landschap, de mensen*. Amsterdam 2020
Geuchien Zijlma, *Ommelander schetsen*. Leens 1891
Jan Zijlma, *De Marne*. Zuurdijk 1884

Overig: *Shell en het platteland*, uitgave Shell Nederland N.V. (Den Haag, ca. 1960)

Kranten en archieven:

Noorderbreedte, Dagblad van het Noorden, Leeuwarder Courant, Friesch Dagblad, de Volkskrant, Trouw, Akker van het Noorden, de Boerderij, Nieuwe Oogst
De Groninger Archieven.

Beeld en geluid:

Betere tied'n in Groningen. Uitzending *Andere Tijden*, 2011
Landbouw in de Marne in vier getijden. Film ter gelegenheid van 100-jarig jubileum Vereniging ter bevordering van Landbouw en Nijverheid te Leens, 1941
TV Noord, *Noord Vandaag*, april 2001
Voorland Groningen (radiodocumentaire), VPRO, 2020

Websites:

www.zuurdiek.nl
deverhalenvangroningen.nl
www.marnegebied.nl
www.demensenvandestrokarton.nl
www.collegevanrijksadviseurs.nl